本书受"江苏高校哲学社会科学重点研究基地——新时代应用型旅游人才研究中心"资助。
国家级、省级职业教育教师创新团队"酒店管理与数字化运营"团队建设阶段性成果。

新时代应用型旅游人才研究

周春林　操　阳　邸平伟

主编

北京·旅游教育出版社

编委会名单

主　编：周春林　操　阳　邱平伟
副主编：张　骏
编　委：顾至欣　苏　炜　朱　丽　李　伟
　　　　张岳军　郑菲菲　张晓玲　陆明华
　　　　潘　慧　崔英方　谷　静

深化旅游教育供给侧改革
培养高质量应用型旅游人才

（代序）

一、缘起

党的二十大报告提出要"加快建设教育强国、科技强国、人才强国"。增强教育对科技强国、人才强国的支撑力，是教育强国建设的核心要义。2020年南京旅游职业学院与北京第二外国语学院中国旅游人才发展研究院共同申报的"新时代应用型旅游人才研究中心"入选江苏高校哲学社会科学重点研究基地，2023年"酒店管理与数字化运营"团队入选了第三批国家职业教育教师创新团队建设项目。我们整合校内外资源，以习近平新时代中国特色社会主义思想为引领，紧密结合新时代文化旅游产业发展的新业态、新趋势，致力于新时代应用型旅游人才的市场需求现状、内涵及特征、培养与培训体系、评价标准以及可持续发展等研究，推出了一系列有质量的理论研究与实践成果，为提高学校旅游人才培养质量和旅游企业人才培训质量做出了贡献。

结合基地、团队建设和南京旅游职业学院发展，研究人员梳理相关研究报告，我也扼要梳理"十四五"以来全国旅游教育专业建设和人才培养取得的成绩与存在不足，以期为进一步深化旅游教育供给侧改革，培养高质量创新型、应用型旅游人才提供参考。

二、探索

国家级教学成果奖创立于1989年，是教育教学领域最高级别的奖励，代表我国教育教学工作的最高水平。每4年1次的教学成果奖评选，本质上可被视为推动学校积极关注和理性思考当下发生的现实问题并不断创造性地解决新问题的一种动力机制。通过参评，鼓励学校或专业"往回看"，梳理过去办学的好经验和好做法。历届教学成果奖既有关于国家层面教育发展典型问题的宏观解决方案，也有关于各级各类教育办学和人才培养的中观成果，更有以课程、教材等为载体解决点状问题的微观成果，它们构成了中国特色教育发展模式的理论基础和实践经验，为解决内部问题和推广中国经验提供了样板和思路①。

2022年共评出高等教育本科、研究生国家级教学成果奖856项，其中特等奖成果3项，一等奖成果105项，二等奖成果748项。中山大学保继刚教授领衔的"面向新时代乡村振兴国家战略的旅游人才创新创业培养体系"、海南大学郭强教授领衔的"双跨融合，旺工淡学：海南自贸港新型旅游人才培养体系的创新与实践"成果获得了高等教育（本科）旅游类的2项国家级教学成果奖二等奖。同年职业教育国家级教学成果奖评出572项，其中特等奖2项、一等奖70项、二等奖500项。旅游大类共获得二等奖15项，其中，南京旅游职业学院等高职院校牵头获得9项国家级教学成果奖二等奖，沈阳市旅游学校等中职学校牵头获得6项国家级教学成果奖二等奖。

纵向与上一届（2018年）相比，无论是高等教育还是职业教育，获奖数量都有长足进步，有本届扩大获奖指标的原因，更是全国旅游类院校和专业努力探索、用心总结的结果。横向与其他专业类相比，获奖的等级和数量仍有不小差距。最明显的是本届没有获得一等奖项，而上届桂林旅游学院曾获得职业教育国家级教学成果奖一等奖1项；此外，研究生教育国家级教学成果奖尚未实现零的突破。这从一个侧面反映了我国旅游教育教学工作的总体水平。

三、深耕

（一）旅游管理硕士专业学位教育

旅游管理硕士专业学位（MTA）教育项目从2011年实施以来，正在经历从规模扩大到质量提升的转变，探索并逐渐建立了以实践能力培养为重点、以产教融合为途径的特色学位培养模式。据MTA教指委报告，截至2021年末，全国共有MTA教育培养单位139家。这些年来在核心课程指南与核心教材编写、优秀教学案例征集评选、文旅部"提质培优"项目实施等方面取得了较好的成果，尤其是中山大学旅游学院研究生参与的"阿者科计划"②入选教育部高校精准扶贫精准脱贫十大典型项目，被教育部誉为"全球旅游减贫的一个中国解决方案"，也堪称旅游管理专业研究生培养的经典案例。当然，当前MTA教育仍存在个别院校招生情况不理想、培养目标不明确、课程设置缺乏特色、导师团队不合理、实践教学重视不够等问题，需要各培养单位在产学研

---

① 李政.职业教育教学成果的生产与再生产［J］.职业技术教育，2023（15）.
② 世界旅游联盟.中山大学：旅游脱贫的"阿者科计划"［EB/OL］.（2020-09-22）［2024-05-22］.https://article.xuexi.cn/articles/index.html?art_id=15494360056544392076.

协同育人、强化导师岗位管理、提高学位论文质量、"把论文写在祖国的大地上"等方面再深耕。

(二) 旅游管理类本科教育

旅游本科教育办学规模呈现总体上升、增速放缓的变化态势。截至2021年末，全国有609所高校举办旅游管理类本科教育，涉及旅游管理、酒店管理、会展经济与管理、旅游管理与服务教育4个专业；有143所院校的152个旅游管理类专业进入国家一流专业建设试点名单，其中旅游管理126个、酒店管理16个、会展经济与管理9个、旅游管理与服务教育1个①。2021年教育部启动新文科建设与改革，全国有11个旅游管理类专业相关项目入选首批新文科研究与改革实践项目，涉及原有文科专业改造提升改革实践类、新文科建设改革与发展研究类、新兴文科专业建设探索与实践类、新文科课程体系和教材体系建设实践类、政产学研协同育人机制创新与实践类、文科复合型人才培养创新与实践类。在教育部认定的两批国家级一流本科课程中，旅游管理类一流课程有52门。其中，线上一流课程8门、线下一流课程18门、线上线下混合式一流课程13门、虚拟仿真实验教学一流课程5门、社会实践一流课程8门。2023年3月，教育部等三部委发布通知，开展第二批现代产业学院建设工作，明确对文化旅游等领域予以重点支持，培养高素质应用型、复合型、创新型人才，协调推进新工科与新农科、新医科、新文科融合发展。新文科建设为旅游管理类专业改革提供了抓手，指明了方向。值得注意的是，旅游管理类专业在新文科建设发展理念研究、高素质涉外人才培养创新与实践、新文科创新创业教育与实践、新文科教师专业发展探索与实践、融合现代信息技术的教师教学方法创新与实践等领域以及现代产业学院建设等项目仍处于空白。此外，"双一流"高校开始撤销旅游管理专业，其他本科院校旅游类专业招生人数也有所减少，第一志愿录取比例低，学生对旅游本科教育的满意度出现波动。

(三) 旅游管理类职业教育

2020年以来，由于新冠疫情影响，高职旅游类专业招生院校数和招生人数均呈小幅下降趋势。2022年全国设有高职旅游管理专业的院校807所，酒店管理与数字化运营专业678所，烹饪餐饮类专业362所。全国有5所院校旅游类专业群入选"中国特色高水平高职学校和专业建设计划"（简称"双高计划"）建设单位。首批"双高计划"2019年启动，入选建设单位共197所，其中高水平学校建设高校56所（A档10所、

---

① 田里，刘亮.中国旅游本科教育年度报告（2020—2021）[M]//中国旅游协会旅游教育分会.中国旅游教育蓝皮书2021—2022.北京：中国旅游出版社，2022.

B档20所、C档26所），高水平专业群建设高校141所（A档26所、B档59所、C档56所）。海南经贸职业技术学院旅游管理专业群入选高水平学校建设单位C档，浙江旅游职业学院的导游专业群和陕西职业技术学院旅游管理专业群入选高水平专业群建设单位B档，青岛酒店管理职业技术学院酒店管理专业群和长沙商贸旅游职业技术学院餐饮管理专业群入选高水平专业群建设单位C档。从"双高计划"入选数量和入选层次来看，全国高职旅游类专业群建设水平处于中等偏后的位置。

2021年教育部正式颁布《职业教育专业目录（2021年）》，推进专业升级和数字化改造，新增高职本科专业类。适应新变化和新要求，旅游大类新专业扩容，中高本专业一体化设计，研制专业简介与专业教学标准，旅游职业教育发展迈出新步伐。目前旅游职业教育全面覆盖了旅游大类的9个中职专业和18个高职专科专业，4个高职本科专业除旅游管理开设外，酒店管理、旅游规划与设计、烹饪与餐饮管理3个专业尚未有学校开设。随着五年一贯制高职教育规模的扩大，基本建成从中职到专业硕士的现代旅游职教体系。

在历届全国旅游行指委的指导下，旅游职业教育获得长足发展。2021年首届全国教材建设奖共评出全国优秀教材999种，其中获奖旅游类教材16种，高等教育类2种（二等奖），职业教育与继续教育类一等奖3种、二等奖11种。2022年旅游大类共获得职业教育国家级教学成果奖二等奖15项，在20个职业教育专业大类中排在十名之后，有文献将其列为14名[①]。截至2023年12月，教育部公布了三批国家级职业教育教师教学创新团队立项（培育）建设单位，共511个。有16所院校入选旅游类国家级职业教育教师教学创新团队立项（培育）建设单位，其中，本科专业教学创新团队2个、高职专业11个和中职专业3个，涉及中职旅游服务与管理、高星级饭店运营与管理专业，高职旅游管理、酒店管理与数字化运营、研学旅行管理与服务、餐饮智能管理和智慧景区开发与管理专业。

四、展望

（一）更新教育教学理念，落实立德树人根本任务

要认真贯彻党和国家的教育方针，对照《国家职业教育改革实施方案》（2019）、《教育部关于深化本科教育教学改革全面提高人才培养质量的意见》（2019）、《关于推动现代职业教育高质量发展的意见》（2021）、《普通高等学校本科教育教学审核评估实施方案（2021—2025年）》（2021）、《普通高等教育学科专业设置调整优化改革方案》

---

① 马林才，王婷婷，阎晗，等.2022年职业教育国家级教学成果奖：分布特征、理性思考与培育启示[J].职业技术教育，2023（15）.

（2023）等文件要求，全面落实立德树人根本任务，深化供给侧结构性改革，强化内涵建设，完善人才培养协同机制和教学质量评价体系，将"产教融合、文旅融合、科教融汇、职普融通""学生中心、产出导向、持续改进"理念贯穿并落实到专业建设和人才培养工作全过程，全力提高人才培养目标的达成度、社会需求的适应度、师资和条件的保障度、质量保障运行的有效度、学生和用人单位的满意度。

（二）坚持问题导向，推进旅游类专业转型升级

"教改改到要处是专业。"无论是专业研究生培养，还是专业设置调整优化改革都要面向世界科技前沿、面向经济主战场、面向国家重大需求、面向人民生命健康，突出优势特色，强化协同联动，推进文旅现代产业学院和专业特色学院建设。基于"普职融通"实现"应用逻辑"和"学术逻辑"的互动共生，加快发展应用学科和专业，培育与不同类型院校办学定位与战略目标相匹配的优势特色学科方向，夯实专业建设根基，增强"产学研用"创新汇聚能力，促进教育链、人才链与产业链、创新链的融通。加快专业数字化转型，以本科专业审核评估、高职专业认证为抓手，走好高质量、应用型、创新型、复合型旅游人才自主培养之路。

（三）强化岗课赛融通，多维融合推进教学改革

"教改改到深处是课程。"以旅游产业实践为根基，以产业运行规律为基础，以知识模块为依据构建旅游本科课程体系①，"科教融合""文旅融合"赋能教学内容系统性变革、模块化重构。跟踪产业数字化转型、智能化提升趋势，"产教融合"构建基于新职业标准和职业资格证书制度、职业技能等级证书的职教课程体系，融入世赛和国赛技能标准与技术方案，完善项目化、模块化课程内容。"专创融合"提升课程创新创业教育与服务行业企业发展功能，开发专创一体化课程，探索创新创业人才培养模式。设计跨学科课程，深化信息技术与课程教学融合，提升师生数字素养，推动人工智能、大数据、虚拟现实等新技术在教育教学中的创新性应用。实施线上线下混合式教学，提升智慧交互教学能力，加快一流课程和优质教材建设。

（四）提升教科研组织化程度，建构教师成长发展新体系

"教改改到痛处是教师。"要围绕教师能力建设，加强教师培训培育，提升教师专业能力、实践能力以及协同创新能力。通过教师教学比赛、学生技能比赛和"双创"大赛，提升和检验教师的教学设计能力、教学实施能力、信息化技术应用能力以及指导竞赛的业务能力和创新水平。持续推行校企共育"双师型"教师，选择产教融合型

---

① 田里，刘亮.新文科背景下旅游本科专业课程体系建设研究［M］//中国旅游协会旅游教育分会.中国旅游教育蓝皮书2021—2022.北京：中国旅游出版社，2022.

企业、专精特新企业和区域行业头部企业，有计划地将教师派往旅游业产业链上企业，项目化、任务化锻炼和考核，提高教师新技术、新工艺、新规范实践应用能力。进一步发挥全国旅游管理专业学位研究生教育指导委员会、教育部高校旅游管理类专业教学指导委员会、全国旅游职业教育教学指导委员会和中国旅游协会旅游教育分会的指导作用，加强教研室、课程模块教学团队、课程组等基层教学组织建设，强化集体协作能力和技能互补的优势，提高跨学科、跨专业、跨校企协同创新能力。组建校企、校地、校校联合的协同育人中心和融实践教学、社会培训、真实生产和技术服务功能为一体的学校实践中心、企业实践中心和示范培训基地，有效衔接中职、高职和本科教育，吸纳优秀异质教师，打造校内外结合的高水平教学创新团队。

（五）坚守质量底线和国际视野，完善面向产出的人才培养

深化"三全育人，五育并举"改革，完善教学质量评价体系，全面推进质量文化建设。坚持成果导向，开设问题解决、领导力培训课程，在模拟情境和项目实践中锻炼学生的领导力和沟通力，培养学生的批判性思维和创新能力。加强与国内外院校交流合作，开设国际化课程，推动学生参与跨文化交流和国际实习项目，培养具有国际视野和跨文化交流能力的人才。积极利用校友资源和合作企业资源，为学生提供学业、就业、创业指导和培训，学会"自己尺子量自己"，帮助学生更好地融入职业发展，提高旅游类专业学生的专业和行业认同感，为学生可持续发展奠定基础。

五、致谢

在本文写作过程中，部分观点和数据来自中国旅游协会旅游教育分会编著的《中国旅游教育蓝皮书2021—2022》，还有些来自网络文献和个人阅读摘要，没有按照严格的学术规范一一列出参考文献并做出具体的引文注释，在此谨向相关专家、学者和同行致敬。

感谢南京旅游职业学院科研处处长、"新时代应用型旅游人才研究中心"学术秘书邱平伟教授为组织本书编写、文稿修改和质量把关所做的一切。科研处谷静副研究员作为本书编写工作的联络人和基地日常工作管理者，默默无闻地做了大量工作，感谢她的辛勤付出。最要感谢的是"新时代应用型旅游人才研究中心"的各位研究人员，他们克服疫情影响，围绕各自选题、各尽所能地开展相关研究和实践工作，并在本书中呈现了各自的研究成果，希望他们努力将相关研究成果应用于日常教育教学和管理实践之中，不断检验、修正和完善，为培养新时代应用型旅游人才做出新的贡献。

感谢南京旅游职业学院为基地课题研究提供经费支持和相关条件保障。感谢北京第二外国语学院中国旅游人才发展研究院同仁,特别是执行院长韩玉灵教授为本研究中心所做的一切。

江苏高校哲学社会科学重点研究基地"新时代应用型旅游人才研究中心"主任

南京师范大学地理科学学院教授

周春林

2023 年 12 月 24 日

目 录

第一篇 中华优秀传统文化与高职旅游人才培养研究　　　　　　　　李　伟　1
　一、中华优秀传统文化对高职旅游人才培养的价值 1
　二、中华优秀传统文化融入高职人才培养的现状 3
　三、中华优秀传统文化融入高职旅游人才培养的内容 4
　四、中华优秀传统文化融入高职旅游人才培养的路径 7
　结语 9

第二篇 江苏旅游人才供给与需求研究（2021）
　　　　　操　阳　苏　炜　王新宇　张晓玲　张　骏　马　卫　崔英芳　许超友　11
　一、江苏省旅游业发展概况 12
　二、需求侧调研：江苏省旅游企业人力资源状况 17
　三、供给侧调研：江苏省院校旅游类专业人才培养状况 31
　四、旅游类应用型人才需求规模预测与分析 45
　五、旅游类人才岗位需求预测与质量要求分析 59
　六、对策及建议 81

第三篇 新时代应用型旅游职教"文旅融合"人才培养策略研究
　　　　　　　　　　　　　　　　　　　　　　　张　骏　陆明华　89
　一、研究背景及概念分析 89
　二、文旅融合发展现状及趋势 93
　三、江苏文旅人才需求分析 95
　四、江苏文旅人才培养的主要问题 106
　五、文旅融合背景下江苏文旅人才培养新模式构建与培养策略 107

· 1 ·

第四篇 新时代应用型旅游人才培养质量评价研究 ……………顾至欣 潘 慧 115
　一、绪论…………………………………………………………………………115
　二、国内外旅游人才培养质量评价研究综述…………………………………118
　三、应用型旅游人才培养质量评价体系构建…………………………………123
　四、实证研究……………………………………………………………………134
　五、应用型旅游人才培养的对策与建议………………………………………139

第五篇 新时代应用型旅游人才的胜任力研究
　………………………郑菲菲 方法林 谷 静 张慧婕 王新宇 耿 海 145
　一、研究背景……………………………………………………………………146
　二、研究方法……………………………………………………………………150
　三、相关概念与理论……………………………………………………………151
　四、旅游应用型人才胜任力的维度研究………………………………………158
　五、旅游应用型人才胜任力内涵研究…………………………………………160
　六、旅游人才胜任力的实证研究与结果………………………………………163

第六篇 新时代应用型旅游人才培养质量监测与预警研究
　………………………张晓玲 崔英方 倪月犁 朱 丽 王 媛 李俊楼 175
　一、引言…………………………………………………………………………175
　二、研究价值……………………………………………………………………176
　三、研究现状述评………………………………………………………………176
　四、基于招聘信息的旅游企业人才需求模型的构建…………………………178
　五、新时代应用型旅游人才培养质量的调研现状及分析……………………186
　六、新时代应用型旅游人才培养质量监测与预警指标体系的构建…………199
　七、基于毕业生视角的新时代应用型旅游人才培养质量监测与预警模型的
　　　构建…………………………………………………………………………202
　八、基于企业满意度视角的新时代应用型旅游人才培养质量监测与预警模型的
　　　构建…………………………………………………………………………206
　九、新时代应用型旅游人才培养质量监测与预警机制构建的策略分析……211

第七篇 新时代应用型旅游人才人文素质培养与提升研究 …………朱 丽 214
　一、研究背景……………………………………………………………………214
　二、概念厘定……………………………………………………………………215

三、研究价值……………………………………………………………216
　　四、研究成果……………………………………………………………216

第八篇　新时代应用型旅游人才实训基地建设机制与路径研究…………张岳军　228
　　一、应用型旅游人才实训基地的建设理念………………………………229
　　二、数字经济时代应用型旅游人才实训基地的建设机制………………234
　　三、新时代劳动教育与高职实训基地建设的融合路径…………………239

后　记……………………………………………………………………………244

第一篇　中华优秀传统文化与高职旅游人才培养研究

李　伟[①]

摘　要：中华优秀传统文化对于高职旅游人才培养具有重要意义，不仅使学生深刻领会习近平新时代中国特色社会主义思想、坚定文化自信、传承中华优秀传统文化，而且推动文旅融合，讲好中国故事，传播好中国声音。在融入内容上，根据价值维度、政治维度和时代维度，结合旅游类高职院校的特点、旅游行业的人才需求，突出精神内涵，选择家国情怀、天人合一、崇德向善、求新求变的理念融入培养内容，并就中华优秀传统文化融入旅游类高职院校人才培养的具体路径进行了思考。

关键词：中华优秀传统文化；思政课教学；教学创新

习近平总书记指出，加强高校思想政治工作，要更加注重以文化人以文育人。中华优秀传统文化是中华民族创造出来的智慧结晶，蕴含着丰富的精神资源，充满着深厚的精神力量，中华优秀传统文化为思政课提供丰富的教学资源。从研究现状来看，中华优秀传统文化融入高职课程的研究已有不少，但是结合旅游类高职院校特色的研究则相对不多。如何有效地将中华优秀传统文化融入旅游类高职院校课程，如何有效地培养高职旅游人才，本文将从融入的价值、融入的现状、融入的内容、融入的路径来进行探讨。

一、中华优秀传统文化对高职旅游人才培养的价值

习近平总书记在文化传承发展座谈会上指出，"中国式现代化赋予中华文明以现代力量，中华文明赋予中国式现代化以深厚底蕴"。中华优秀传统文化是中华民族的精神命脉，中国式现代化根植于源远流长、博大精深的中华文明，是赓续古老文明的现代

[①] 作者简介：李伟，南京旅游职业学院马克思主义学院讲师、博士研究生，研究方向为思政教育、历史文化研究。

化。全面建设社会主义现代化国家，以高质量发展推进中国式现代化，比以往任何时候都更加需要思想的引领、文化的滋养，需要更好地构筑中国精神、中国价值、中国力量。这一论述明确指出了中华优秀传统文化对高职旅游人才培养具有重要意义。

一是深刻领会新思想。习近平总书记在庆祝中国共产党成立100周年大会上的重要讲话中深刻指出，在新的征程上，必须"坚持把马克思主义基本原理同中国具体实际相结合、同中华优秀传统文化相结合，用马克思主义观察时代、把握时代、引领时代，继续发展当代中国马克思主义、21世纪马克思主义"。有学者指出，在党的历史上首次从党的指导思想高度、马克思主义中国化角度明确提出"坚持把马克思主义基本原理同中华优秀传统文化相结合"的命题，并将之放到与"坚持把马克思主义基本原理同中国具体实际相结合"的同等高度。这是习近平新时代中国特色社会主义思想的重要创新，也是新征程中继续发展当代中国马克思主义、21世纪马克思主义的原则要求和必须完成的伟大课题。这充分表明，中华优秀传统文化在习近平新时代中国特色社会主义思想形成中的重要地位，换句话说，只有了解中华优秀传统文化，才能更深刻地认识习近平新时代中国特色社会主义思想。因此，推动中华优秀传统文化融入旅游类高职院校课程，有助于学生更好地理解马克思主义中国化的内涵，有助于学生更深刻地领会习近平新时代中国特色社会主义思想。

二是坚定文化自信。文化自信，是更基础、更广泛、更深厚的自信。以习近平同志为核心的党中央立足实现"两个一百年"奋斗目标和中华民族伟大复兴中国梦的高度，着力推进文化建设，特别是把文化自信提到新高度。党的二十大报告指出，中华优秀传统文化源远流长、博大精深，是中华文明的智慧结晶，其中蕴含的天下为公、民为邦本、为政以德、革故鼎新、任人唯贤、天人合一、自强不息、厚德载物、讲信修睦、亲仁善邻等，是中国人民在长期生产生活中积累的宇宙观、天下观、社会观、道德观的重要体现，同科学社会主义价值观主张具有高度契合性。习近平总书记强调，中华文明历经数千年而绵延不绝、迭遭忧患而经久不衰，这是人类文明的奇迹，也是我们自信的底气。坚定文化自信，就是坚持走自己的路。这表明，中华优秀传统文化为国家、民族发展提供了不竭的精神动力和强大的智力支持。只有坚定文化自信，才能使学生充分认识到中国的过去、现在和未来，才能更加认同自己的国家和民族。因此，加强中华优秀传统文化融入旅游类高职院校课程，有助于引导学生增强文化自觉和文化自信，树立正确的世界观、人生观、价值观，坚定爱国主义信念，认同社会主义道路。并为中华民族的伟大复兴奉献自己的力量。

三是传承优秀文化。马克思说过，人们自己创造自己的历史，但是他们不是随心所欲地创造，并不是在他们自己选定的条件下创造，而是在直接碰到的、既定的、从过去承继下来的条件下创造。毛泽东指出："今天的中国是历史的中国的一个发展；我们是马克思主义的历史主义者,我们不应当割断历史。从孔夫子到孙中山,我们应当给以总结,承继这一份珍贵的遗产。"习近平总书记指出,中国共产党人是马克思主义者,但不是历史虚无主义者,也不是文化虚无主义者。我们深刻认识到,"当代中国是历史中国的延续和发展,当代中国思想文化也是中国传统思想文化的传承和升华,要认识今天的中国、今天的中国人,就要深入了解中国的文化血脉,准确把握滋养中国人的文化土壤";"如果没有中华五千年文明,哪里有什么中国特色?如果不是中国特色,哪有我们今天这么成功的中国特色社会主义道路?"归根结底,"我们开辟了中国特色社会主义道路不是偶然的,是我国历史传承和文化传统决定的"。而且,"博大精深的中华优秀传统文化是我们在世界文化激荡中站稳脚跟的根基。"因此,中华民族之所以生生不息,就在于人们对中华优秀传统文化的传承。正如学者指出,中华文明讲仁爱、重民本、守诚信、崇正义、尚和合、求大同,注重天人合一、道法自然,强调仁者爱人、德育教化,倡导兼收并蓄、和而不同,蕴含着中华民族的文明特质。这些优秀的文化特质铸就了中国人的共同意识,具有共同意识的人们在中华大地上不断创造自己的历史。因此,推动中华优秀传统文化融入旅游类高职院校课程,不仅使学生充分感受到中华优秀传统文化的价值和魅力,而且使学生意识到传承和弘扬中华优秀传统文化的责任,使他们更主动地推动文旅融合,真正做到"讲好中国故事、传播好中国声音,展现可信、可爱、可敬的中国形象"。

二、中华优秀传统文化融入高职人才培养的现状

一是对中华优秀传统文化教育的重视不够。部分高职院校对中华传统优秀文化在人才培养方面的作用重视程度不够。主要表现为:首先,在人才培养理念上有误区。高职院校肩负着培养面向生产、建设、服务和管理第一线需要的高技能人才的使命,因此,在对人才培养的认识上,部分高职院校更注重实用价值,而忽视精神内涵。其次,在课程设置上不平衡。高职院校在课程设置上更重视专业课程,而对于人文通识课程则关注不够,专业课与人文通识课程资源比例失衡。最后,在教育评价上有偏差。高等职业院校更突出就业导向,即重视对学生专业知识和专业技能掌握程度的评价,而忽视了中华优秀传统文化对学生综合素质培养的评价要求。

二是对中华优秀传统文化教育的内涵认识不深。部分高职院校对于中华优秀传统文化的价值内涵的认识还不够深入,特别是对其在学生人文素养培养中的重要作用认识还不足。首先,课程开设流于形式。部分高职院校虽然开设了中华优秀传统文化相关课程,但课程内容未结合人才培养方案,未结合高职学生的特点,课程设置主观性较强。其次,对师资方面的重视不够。能够教授中华优秀传统文化的教师不足,特别是部分教师的知识储备不足、理解感悟不高、人文素养不够,且教学方法陈旧,习惯

灌输，不能很好地胜任教育教学。最后，对教育内涵的认识不足。对中华优秀传统文化所蕴含的思想观点、价值追求、体验感悟和品格涵养不能深入挖掘，不能有效地融入高职院校课程，只能生硬地将中华优秀传统文化内容搬进课堂，导致学生对中华优秀传统文化的感知不深。

三是中华优秀传统文化教育缺乏系统设计。主要体现在对中华优秀传统文化知识体系缺乏宏观把握。首先，文化育人缺乏贯通性。仅以校内文化讲座、主题班会、橱窗展板、活动仪式等形式为主，未能将中华优秀传统文化教育贯通于学校各类活动和实施环节中。其次，课程体系不完善。由于缺乏国家层面统一的中华优秀传统文化教育课程大纲和教学标准，高职院校关于传统文化教育的课程体系尚未建成，课程开设随意性较大、课程设置的范围有限。最后，课程层次不明晰。对中华优秀传统文化的研究深度不够，对于中华优秀传统文化的精髓把握不到位，因此，在课程内容设置上缺乏系统设计，难以利用课程主渠道对学生施加有效的影响。

由于上述情况，导致部分高职学生在人文素养和德育认知方面存在偏差。首先，忽视中华民族的传统美德。在部分高职学生中间，奉行以自我为中心，强调个人主义，对中华民族传统美德中的"仁爱""乐群""为公"的观点没有丝毫共鸣。其次，认同功利主义思想。在当前的社会中，部分高职学生认同和奉行实用主义，在学习和就业的认知上越来越功利，他们觉得追求社会理想、实现社会抱负是不切实际的事情，而对有利于自己就业、有利于"钱途"发展的方面却趋之若鹜。最后，追求西方的价值方式。在经济全球化背景下，西方的一些腐朽的生活方式、价值取向通过网络新媒体方式逐渐侵入高职学生的思想领域，使得缺乏理性批判和鉴别能力的青年学生为其所惑，转而奉行所谓的享乐主义、金钱至上，去追求所谓的感官享受的生活方式。因此，旅游类高职院校本着对学生健康成长负责的态度，应该重视中华优秀传统文化在人才培养中的作用。

三、中华优秀传统文化融入高职旅游人才培养的内容

中华优秀传统文化博大情深，究竟选择哪些内容融入旅游类高职院校课程呢？选择的标准是什么呢？教育部颁发的《完善中华优秀传统文化教育指导纲要》提到，"开展以天下兴亡、匹夫有责为重点的家国情怀教育""开展以仁爱共济、立己达人为重点的社会关爱教育""开展以正心笃志、崇德弘毅为重点的人格修养教育"。据此，融入内容应关注价值、政治、时代三个维度：价值维度，融入的内容要包含优秀的价值理念；政治维度，融入的内容要坚持正确的政治方向；时代维度，融入的内容要与新时代的国家发展、社会发展、个人发展要求相适应。此外，还要结合文旅融合的背景下旅游类高职院校、旅游行业对人才培养的需求等因素。习近平在俄罗斯"中国旅游年"

开幕式上的致辞里提到，旅游是传播文明、交流文化、增进友谊的桥梁，是人民生活水平提高的一个重要指标，出国旅游更为广大民众所向往。旅游是综合性产业，是拉动经济发展的重要动力。旅游是修身养性之道，中华民族自古就把旅游和读书结合在一起，崇尚"读万卷书，行万里路"。因此，我们主要选择四个理念。

一是家国情怀。中华民族自古以来就重视国家、重视家庭，中国人民历来都抱有家国情怀，如《大学》的"修身、齐家、治国、平天下"、陆游的"位卑未敢忘忧国"，都是家国情怀的生动表达。习近平总书记曾对家国情怀的内涵做过清晰的诠释，他在全国抗击新冠疫情表彰大会上的讲话中指出，中国人历来抱有家国情怀，崇尚天下为公、克己奉公，信奉"天下兴亡，匹夫有责"，强调和衷共济、风雨同舟，倡导守望相助、尊老爱幼，讲求自由和自律统一、权利和责任统一。这为"家国情怀"理念融入旅游类高职类院校课程指明了方向。以《道德修养与法治》课程为例，具体融入四个方面。其一，理想信念。家国情怀理念重视"天下为公、克己奉公"，历史上的"先天下之忧而忧，后天下之乐而乐"的范仲淹、"鞠躬尽瘁，死而后已"的诸葛亮等即是典范，这与共产主义理想有共通之处。其二，爱国主义。家国情怀理念强调"天下兴亡，匹夫有责"，即个体也肩负着爱国的责任和义务，这与新时代的爱国主义非常契合。在中华民族悠久的历史长河中，"天下兴亡，匹夫有责""临患不忘国，忠也""公而忘私，国而忘家""苟利国家生死以，岂因祸福避趋之"等生动的先贤例证和名言警句，都是在倡导为国为民无私奉献的爱国主义精神，而屈原、岳飞、文天祥、林则徐等无数仁人志士，更成为激励后人的典范和中华优秀传统文化的符号。其三，中国精神。家国情怀理念倡导"和衷共济、风雨同舟、守望相助、尊老爱幼"，实际上就是中国精神里所提到的伟大的团结精神。其四，法治素养。家国情怀理念讲求"自由和自律统一、权利和责任统一"，这与公民自觉接受法律的约束、履行法定的义务的法治素养相一致。

二是天人合一。中华文明历来讲求人与自然的和谐，尊重自然。老子曰："人法地，地法天，天法道，道法自然。"《淮南子·精神训》载："天地运而相通，万物总而为一。"充分体现了人与自然朴素的辩证法、与生态旅游的理念相契合，可以有机地融入思政课程或专业课程。具体融入三个方面：其一，系统思维。天人合一理念强调人与自然的密切联系，其本质就是一种整体观，这与系统思维有一致性，系统思维强调从整体和全局上把握问题的思维方式。其二，生态文明思想。天人合一理念强调人与自然和谐共生，这与习近平生态文明思想相契合。习近平总书记在浙江安吉考察时，鼓励当地走一条"生态立县"的道路，并提出，绿水青山就是金山银山。我们过去讲既要绿水青山，也要金山银山；其实绿水青山就是金山银山。通过古代的旅游文学名篇如庄子的《逍遥游》、谢灵运的山水诗的引用和讲解，使学生更加深刻领会习近平生态文明思想对中国传统自然观的继承、发展和创新，从而引导学生树立科学的生态观，践行生态旅游的理念。其三，命运共同体。天人合一理念强调人与社会、人与人的和谐。尤其是人类面临日益严峻的生态环境危机，人与自然的关系日趋紧张。应对这一挑战，除了要进行环境治理，更应从思想上纠正关于人与自然关系的认识偏差。中华优秀传统文化中的天人合一思想，对今天的人们仍有重要启示意义，这与习近平总书记提出构建人类命运共同体的理念相适应，该理念的核心就是建设持久和平、普遍安全、共同繁荣、开放包容、清洁美丽的世界。通过引入陆上丝绸之路与海上丝绸之路的历史，有助于学生深刻理解中国为推动人类命运共同体提出的中国智慧。

三是崇德向善。中华民族自古就重视道德的价值，《世说新语》载："士有百行，以德为首。"进入新时代，中华优秀传统文化在道德建设方面依然发挥着重要作用。2019年中共中央、国务院印发《新时代公民道德建设实施纲要》明确提出，深入阐发中华优秀传统文化蕴含的讲仁爱、重民本、守诚信、崇正义、尚和合、求大同等思想理念，深入挖掘自强不息、敬业乐群、扶正扬善、扶危济困、见义勇为、孝老爱亲等传统美德，并结合新的时代条件和实践要求继承创新，充分彰显其时代价值和永恒魅力，使之与现代文化、现实生活相融相通，成为全体人民精神生活、道德实践的鲜明标识。由此可见，中华优秀传统文化蕴含着宝贵的道德理念和实践价值。因此，中华优秀传统文化可以有机地融入《道德修养与法治》《旅游职业道德》等课程。具体融入三个方面：其一，社会主义核心价值观。崇德向善理念讲求诚信，《论语》有"人而无信，不知其可也"，强调信任在社会人际交往中的价值；讲求友善，即人与人之间的和睦关系。有学者指出，人心和善是中国人精神领域的特质禀赋，彰显着中国人道德观的风格和气派。这都与社会主义核心价值观所倡导的"爱国、敬业、诚信、友善"相契合。其二，旅游职业道德。崇德向善理念强调敬业乐群，即尽职事业，和睦团结。这与旅游职业道德相适应，所谓旅游职业道德是旅游从业人员在旅游职业活动中形成的道德观念、道德情操、道德规范。国家旅游局2017年颁布《导游管理办法》，明确规定导游应当恪守职业道德，提升服务水平，自觉维护导游行业形象。其三，个人品德。崇德向善理念注重个人品德的修养，强调人格的塑造。习近平在《成才必须先学做人》一文中指出："人而无德，行之不远。没有良好的道德品质和思想修养，即使有丰富的知识、高深的学问，也难大器。"因此，对于旅游类高职院校学生要重视社会公德、职业道德、个人品德的修养，为成才打下良好的基础。

四是求新求变。习近平总书记在文化传承发展座谈会上强调："中华文明具有突出的创新性，从根本上决定了中华民族守正不守旧、尊古不复古的进取精神，决定了中华民族不惧新挑战、勇于接受新事物的无畏品格。""富有之谓大业，日新之谓盛德，生生之谓易""穷则变，变则通，通则久""世异则事异，事异则备变""天行健，君子以自强不息""苟日新，日日新，又日新""革弊创新者，先皇之志也"……中华民族这些与时俱进的创新品格，是创造博大精深的文化并形成数千年绵延不断的伟大文明的重要保障，是我们不断取得成功的精神财富。党的二十大报告提出："坚持以文塑旅、以旅彰文，推进文化和旅游深度融合发展。"文化塑造旅游，必须要用文化精品来塑造。旅游彰显文化，必须要用高品质的旅游来彰显。作为旅游类高职院校，对于旅游人才更要培养其创新思维和创新理念，对于中华优秀传统文化，我们要坚持古为今用、推陈出新，通过创新思维，提炼出传统文化元素，使其在今天焕发出新的生机和活力。即如根植于传统文化元素，融入电视剧《长安十二时辰》IP、由原班美术团队制景的长安十二时辰主题街区，沉浸式展现唐朝市井文化，让游客走进电视剧中构建的唐长安城，所见所闻、所玩所乐，尽是唐风唐韵。因此，将传统文化中的求新求变的理念融入旅游人才培养内容，尤其是融入旅游文创产品开发、旅游创意学等相关课程，则具有很强的现实意义。

总之，将中华优秀传统文化中的重要理念即家国情怀、天人合一、崇德向善、求新求变融入旅游类高职院校人才培养内容，不仅丰富了思政课和专业课程的教学内容，提升学生的学习兴趣，而且对旅游类高职院校学生的理想信念、专业认知、人格修养、创新思维提升发挥重要的作用。

四、中华优秀传统文化融入高职旅游人才培养的路径

中华优秀传统文化融入旅游类高职院校人才培养是一项系统的工程。在具体实施过程中，应从整体性、专业性、主体性、实践性等要求出发，构建融入路径，更好地发挥中华优秀传统文化融入的效果，更充分展现中华优秀传统文化在旅游人才培养过程中的独特价值。

一是加强体系设计。旅游类高职院校要坚持把立德树人作为根本任务，充分认识中华优秀传统文化融入思政课的重要性，加快建立中华优秀传统文化融入思政课的各项机制。首先，推动学校主导、马院及专业学院参与实施、旅游行业参与的课程融入的新格局。其次，为加快融入思政课提供完善保障机制，健全激励政策，制订切实可行的设计方案，构建文化育人体系。再次，健全思政课堂教学管理体系。改进课堂教学过程管理，提高中华优秀传统文化融入思政课水平。将融入内容落实到课程目标设计、教学大纲修订、教案课件编写各方面，贯穿于课堂讲授、教学研讨、实践教学、作业论文各环节，建立并完善过程性评价机制。

二是发挥专业引领。旅游类高职院校将中华优秀传统文化教育纳入人才培养方案设计和课程标准实施中，明确课程建设中的中华优秀传统文化所对应的核心能力和综合素养，将精神内核、道德价值、人文素养融入课程体系中。首先，开设特色课程。

旅游类高职院校结合其自身的人才培养规格和办学特色，根据专业人才培养质量与核心素养能力要求，把中华优秀传统文化所蕴含的人文精神和道德涵养融入学生技术技能提升和专业成长发展中，实现中华优秀传统文化课程与专业课程的相互融合。在现有的课程体系中可适当增设中国文化概论、中国通史等必修课程，此外，还可以增设书法、国画、传统音乐、古典诗词等选修课。其次，编撰特色教材。注重从文化价值、文化内涵、文化形式等方面选取经典文本内容，优化教材内容编排，在充分把握学情的基础上，根据学生的兴趣及需求，选择难易适度的特色内容。在呈现方式上，积极采用影视资源、诵读音频、多媒体课件等形式展示中华优秀传统文化，并且利用线上平台推动中华优秀传统文化在线课程建设。最后，整合特色资源。旅游类高职院校要依托地方优秀传统文化资源，充分利用博物馆、美术馆、图书馆、文化馆等文化资源，打造中华优秀传统文化教育实践基地，同时建设校史馆或专题陈列馆，深入挖掘校史文化资源。例如，南京旅游职业学院充分利用自身专业特色，积极打造酒店博物馆和烹饪博物馆，发挥其育人功能。

三是注重主体优势。教师对中华优秀传统文化的理解直接影响到融入结合的效果。如果思想政治理论课教师具有广阔的视野、坚定的政治信仰、高效的方法和深厚的知识，就能正确引导学生，增加中华优秀传统文化对学生的吸引力。因此，要把中华优秀传统文化更好地融入高校思想政治理论课教学中，必须加强高校思想政治理论课教师队伍建设，通过多种渠道和方式提高其思想政治素质、专业知识和传统文化素养，充分发挥思想政治理论课教师的主体作用，增强他们的积极性。因此，思政课教师是课程改革创新的实施主体，中华优秀传统文化融入思政课离不开思政课教师的参与。如何发挥思政课教师的主体优势呢？首先，加强课程研讨。思政课教师充分发挥集体备课的优势，将中华优秀传统文化理念有机地融入思政课。通过集体研讨，将融入内容掰开揉碎，认真消化，提升课堂的质量。正如学者指出，核心是讲授马克思主义文化观，阐释马克思主义对待中华优秀传统文化的立场、观点和方法，通过中华优秀传统文化融入思政课的案例，提升对当代中国马克思主义的认识和理解。其次，加强理论学习。思政课教师还要提升中华优秀传统文化的理解和认知，完善原有的知识结构。为了实现这一要求，通过传统文化经典读本、线上传统文化课程、传统文化专题讲座，快速提升教师知识储备。此外，还要加强教学研究。思政课教师必须加强马克思主义与中华优秀传统文化的内在交融性与一致性研究，为中华优秀传统文化有效融入思想政治理论课教学提供学理支撑。同时，还要加强中华优秀传统文化的理论研究与价值挖掘，不断增强将中华优秀传统文化有效融入思想政治理论课教学的文化自觉和自信。再次，加强行业融入。邀请旅游行业中的专家、劳模作为兼职教师，结合行业案例，讲授中华优秀传统文化在行业中的价值。即如餐饮业，依然有师徒传承的文化传统，通过兼职教师的授课，让学生直接感受到中华优秀传统文化在今天社会中的价值。

四是创新教学手段。旅游类高职院校课程要充分融入中华优秀传统文化，还应创新教学方法和教学手段。有学者指出，要想更好地推动融入工作，唯有通过推陈出新，在历史与现实的对话中，用新的内涵、新的话语、新的表现形式与时代同频共振，以激发学生兴趣，引起学生共鸣，增强融入效果。首先，实施思政实践教学，发挥行业特色。加强与历史文化景区的合作，建立思政实践教学基地，并充分利用教学基地的历史文化资源，开展思政实践教学。以南京为例，可以在石头城、玄武湖开展情境教学、行走课堂，使学生深入了解六朝文化深厚的历史底蕴，增强爱国意识，提升文化自信。再如，为宣传党的二十大精神，南京旅游职业学院马克思主义学院、酒店管理学院和南京最美乡村钱家渡共同打造"红色乡建"体验区，把乡村的绿水青山转化为"体验好、景色美"的理论宣讲新阵地。其次，推进信息技术的应用，激发学习兴趣。采用信息技术手段，生动再现历史情境，激发学生求知欲。如采用VR技术游览历史文化景区，让学生在沉浸式体验中感受中华优秀传统文化的博大精深。最后，开展专业实践活动，推动理实一体。结合旅游职业特色，将中华优秀传统文化有机融入实践活动。如组织开展博物馆义务讲解、旅游企业实践、景区志愿服务等，在活动中融入体现尊师重道的拜师仪式、体现文化传承的"非遗"文化宣传与保护、汉服展示活动等。以南京旅游职业学院为例，在2022年专业文化节中，烹饪与营养学院推出了以唐文化元素为主题的系列作品，从美食产品研发、门店创意美化、互动节目表演等方面全方位打造沉浸式美食街区。

结语

旅游类高职院校应坚持以马克思主义为指导，深刻认识中华优秀传统文化融入旅游人才的重要意义，充分发挥中华优秀传统文化在立德树人中的积极作用，使学生深刻领会习近平新时代中国特色社会主义思想、坚定文化自信、传承中华优秀传统文化。在融入内容上，把握好价值、政治、时代三个维度，结合旅游高职院校的特点，选择家国情怀、天人合一、崇德向善、求新求变四个传统理念融入培养内容。在融入路径上，加强体系设计、发挥专业引领、注重主体优势、创新教学手段，充分发挥中华优秀传统文化的育人价值，提升旅游类高职院校课程质量，推动立德树人目标的实现。

参考文献

[1] 沈湘平. 坚持把马克思主义原理同中华优秀传统文化相结合[J]. 中国高校社会科学, 2021(5): 9-18.

[2] 龙国贻. 弘扬中华文明蕴含的全人类共同价值[N]. 人民日报, 2022-07-19(05).

［3］吴潜涛．结合时代要求践行人心和善的道德观［N］．人民日报，2022-06-20（09）．

［4］余双怀．中华优秀传统文化与思想政治理论课教学［J］．理论与改革，2021（1）：30-35．

［5］李国娟．中华优秀传统文化融入高校思想政治理论课教学研究［J］．思想理论教育，2014（7）：65-69．

［6］张学亮，赵瑶．中华优秀传统文化融入高校思政课教学的实践遵循［J］．北京教育，2020（6）：62-66．

第二篇　江苏旅游人才供给与需求研究（2021）

操　阳　苏　炜　王新宇　张晓玲　张　骏　马　卫　崔英芳[①]　许超友[②]

摘　要：2021年是"十四五"开局之年，在疫情防控常态化背景下，江苏省旅游市场逐步恢复，乡村旅游业发展如火如荼，文旅融合新业态、新产品蓬勃发展，智慧技术在旅游业中逐步渗透，对旅游人才供给也提出新的要求。本报告通过采用焦点访谈、问卷调研、数据爬虫等方法从需求侧和供给侧两个角度，全面梳理了江苏省旅游企业人力资源及院校旅游人才培养现状，并预测了江苏省旅游业发展对人才需求的规模和规格，在此基础上，分别从政府、企业和院校三个层面提出相关对策和建议，从而为江苏旅游教育高质量人才培养和改革提供支撑和依据。

关键词：江苏旅游人才；供给；需求

2021年是"十四五"开局之年，江苏省旅游业坚持以习近平新时代中国特色社会主义思想为指导，以推动高质量发展为主题，紧扣"强富美高"的总目标总定位，聚焦"争当表率、争做示范、走在前列"，认真落实省委、省政府关于文化强省、旅游强省建设的部署要求，积极把握机遇，迎接挑战，呈现出新特点、新趋势，也对旅游职业教育人才提出了新要求。

本报告通过开展深入细致的调查研究，从需求侧和供给侧两个角度，开展江苏旅游企业人力资源状况调查和院校旅游人才培养状况调查，全面梳理江苏旅游人才需求与供给现状，旨在为江苏旅游教育高质量人才培养和改革提供支撑和依据。

---

① 操阳，南京旅游职业学院院长、三级教授，博士研究生；张骏，南京旅游职业学院副院长，教授；苏炜、王新宇、张晓玲、马卫、崔英芳，南京旅游职业学院副教授。

② 许超友，南京奥派信息股份有限公司项目经理。

一、江苏省旅游业发展概况

（一）江苏省旅游业发展现状

1. 防疫常态化背景下旅游市场逐步恢复

2021年新冠疫情仍然在全球肆虐，给旅游行业带来诸多不确定因素。江苏省旅游业发展过程中服从疫情防控工作大局，严格落实常态化疫情防控要求，全省各地根据疫情防控需要动态调整旅游场所开放政策，更新疫情防控指南，推动"限量、预约、错峰"常态化，建立健全跨省旅游"熔断"机制、启动旅游热点防疫预报机制，有效地预防了旅游行业疫情的发生。

面对疫情给文旅行业带来的持续冲击，江苏省及时研究出台助企纾困"苏八条"，调剂安排资金8100万元加大对旅行社、旅游景区、演出场所经营单位纾困帮扶力度，并对南京、扬州等地的文旅企业予以优先支持。在全国率先出台促进文化和旅游产业融合发展指导意见，组织261个重点文旅项目集中签约、总授信额622.2亿元，推出首家文旅特色支行和"乡旅E贷"专项信贷产品。江苏推进纾困政策落实与企业创新发展工作，通过一系列有效的措施，江苏省旅游市场恢复明显，2021年度全省文旅消费总额3954亿元，占全国10.32%，居各省份之首；接待境内外游客7.07亿人次，实现旅游业总收入11 672.72亿元，分别恢复到2019年的80.3%和81.5%，其中，接待国内旅游人次、国内旅游收入恢复程度分别高出全国23.3个和28.5个百分点[①]，展现出江苏文旅发展的韧劲与活力。

2. 通过重点任务服务中心工作

2021年是中国共产党建党一百周年，在全国深入开展党史学习教育，学习习近平总书记"七一"重要讲话精神的背景下，江苏省旅游业聚焦重点任务，服务全国、全省中心工作，取得了一系列显著的成绩。

红色旅游掀起新热潮，红色文化已经成为江苏省旅游业的重要组成部分，也为讲好党史故事做出了新贡献。全省各地红色旅游持续升温，进入高质量发展新阶段。红色旅游在核心内涵、市场结构、游客行为、产品创新、目的地发展、融合方式、科技赋能等方面呈现新特征、新趋势。同时，全省有5条线路入选全国"建党百年红色旅游百条精品线路"，多地入选全国红色旅游最热目的地、新晋目的地。

在"乡村振兴"国家战略实施背景下，江苏省乡村旅游业发展如火如荼。2021年，新增了11家全国乡村旅游重点村镇，第十二届江苏省乡村旅游节顺利开展，持续打造

---

① 全省文化和旅游工作会议在南京召开［EB/OL］．（2022-01-28）［2024-05-23］．http://wlt.jiangsu.gov.cn/art/2022/1/28/art_74058_10346508.html.

优质乡村旅游品牌，吸引社会资源投入，不断推进乡村旅游高质量发展。尤其是在疫情防控常态化期间，乡村旅游作为生态、休闲的近郊旅游产品受到越来越多的旅游者青睐。各地还普遍依托红色文化资源和绿色生态资源大力发展"红色乡村旅游"，为乡村旅游发展注入了新的动能。

此外，江苏文旅资源宣传推介进一步加强，"水韵江苏"广告亮相央视、进入北京、上海等地高铁站，部省共建了海牙中国文化中心，9家江苏境（涉）外旅游推广中心运转良好，"水韵江苏"全球传播中心也启动建设，江苏文旅品牌逐步打响，旅游业成为加强对外交流合作和提升江苏省文化软实力的重要渠道。

3. 文旅融合新业态、新产品蓬勃发展

江苏省是文旅深度融合发展的先行省份，文旅融合发展持续深入，2021年高水平建成开放扬州中国大运河博物馆、成为大运河国家文化公园标志性项目和旅游网红打卡地，创新开展无限定空间非遗进景区活动、认定首批25个省级试点项目，江苏发展非遗旅游的经验在全国得到推广。

2021年，江苏省文旅融合发展还呈现出两大显著特点。其一，深入推进文旅消费集聚区建设。无锡市拈花湾小镇等6个项目入选首批国家级夜间文化和旅游消费集聚区，无锡、连云港、淮安成为国家文化和旅游消费试点城市，数量均居全国第一。其二，文旅融合旅游新产品不断涌现。在文旅融合的过程中，江苏省以博物馆、美术馆、艺术馆、书店等为代表的文化场所因各自本身的资源属性正发挥着越来越重要的作用；以剧本杀、沉浸式演艺、汉服体验等一系列文旅融合的体验性"新玩法"越来越受到追捧；以沉浸式购物中心、亲子文旅体验馆、文旅不夜城项目为代表的文旅新地标越来越具有吸引力。江苏省正依托深厚文化底蕴和丰富旅游资源，推动文旅融合发展从理念走向行动，用文化的理念发展旅游，让旅游更有"诗意"；用旅游的载体传播文化，让文化走向"远方"。

4. 科技助力旅游行业持续转型升级

新一轮科技革命推动江苏省旅游行业持续转型升级，一系列新设备、新工艺、新技术、新业态、新产品改变了旅游业的运营管理模式，也提升了旅游者的感知和体验。尤其是在疫情防控常态化的背景下，以旅游预约平台建设，分时段预约游览、流量监测监控、科学引导分流等为代表的智慧化旅游管理；以无接触预订、虚拟展示、智慧导览等为代表的科技化旅游服务全面普及，已经成为江苏省旅游行业发展的常态。

为深入发展"大众旅游、智慧旅游，创新旅游产品体系，改善旅游消费体验"，加快推进以数字化、网络化、智能化为特征的智慧旅游发展，文化和旅游部资源开发司确定了2021年全国27个智慧旅游典型案例。南京市牛首山文化旅游区智慧旅游系统建设应用、"君到苏州"文化旅游总入口平台提升文旅综合服务效能两个江苏案例入选，这2个案例分别代表了江苏省城市级全域旅游目的地的智慧旅游公共服务水平和景区型旅游目的地建设运营智慧化水平。此外，江苏省还遴选了盐城市荷兰花海景区、宿迁市洪泽湖湿地景区等13家景区为首批省级智慧旅游景区，这些景区在智慧管理、智慧服务、智慧营销等方面都有不少好做法，已探索出"云旅游、云运营"新模式，体现了江苏省旅游业全面智慧化、科技化发展的新特点。

（二）江苏省旅游业发展的新使命、新任务、新要求

江苏省政府办公厅印发了《江苏省"十四五"文化和旅游发展规划》，明确了"十四五"期间江苏省旅游业发展的目标，即"建成文化建设高地、旅游高质量发展示范省、文化和旅游深度融合发展样板区，人民群众文旅获得感、幸福感、安全感、认同感大幅提升，推动江苏成为水韵人文魅力充分彰显的世界著名旅游目的地"。展望2035年，"以国际一流旅游目的地、优质旅游服务为代表的高质量旅游供给更加丰富，世界级旅游景区、度假区形成江苏方阵，'水韵江苏'文旅品牌国际国内影响力全面提升，文化和旅游在弘扬中华文化、向世界传递中国声音中发挥重要作用，成为实现人的全面发展和全省人民共同富裕的重要途径"[①]。在这一目标的引领下，"十四五"期间江苏省旅游业的发展将迎来新使命、新任务、新要求。

1. 高质量发展阶段的新使命

目前，人民群众旅游消费需求将从低层次向高品质和多样化转变，由注重观光向兼顾观光与休闲度假转变，对旅游行业的发展也提出了一系列新需求。"十四五"期间，江苏省要坚持稳中求进工作总基调，推动旅游业发展行稳致远，统筹好发展和安全的要求，在守住疫情防控底线、安全生产底线、生态安全底线、意识形态安全底线的同时，满足人民群众日益增长的多样化、普及化的文旅新需要，不断推动江苏文化和旅游高质量发展走在前列。

2. 新发展格局背景下的新任务

目前，我国正在构建以国内大循环为主体、国内国际双循环相互促进的新发展格局。在这一背景下，对内，江苏省旅游业发展应当承担扩大内需的重要任务，成为加快释放内需潜力、形成强大国内市场、畅通国民经济循环、促进国民经济增长的重要引擎。这就需要江苏省旅游业进一步发挥涉及面广、带动力强、开放度高的优势，推动自驾游、红色旅游、乡村旅游、研学旅游等业态创新内容提质升级，加强全国、全省乡村旅游重点村镇建设，推出更多定制化旅游产品、旅游线路，开发体验性强、互动性强的旅游项目，更好地满足大众旅游特色化、多层次需求。对外，江苏省旅游业要加大"水

---

① 江苏省人民政府办公厅：《江苏省"十四五"文化和旅游发展规划》（苏政办发〔2021〕88号），2021年10月15日。

韵江苏"全球推广，加强与国际主流媒体合作，继续推进"水韵江苏"全球传播中心"一中心、四基地"建设，生动讲好江苏故事，推动江苏精彩传得更远、传得更广。

3. 创新驱动发展战略下的新要求

新一轮科技革命和产业变革深入推进，对旅游业提出了创新发展的新要求。旅游业的创新需要充分运用数字化、网络化、智能化科技创新成果，升级传统旅游业态，改革旅游信息获取、供应商选择、消费场景营造、便利支付以及社交分享等旅游全链条，从而实现旅游管理和服务方式、旅游业态和旅游产品的全面升级。然而，对标新时代高质量发展要求，江苏省旅游业发展不平衡不充分的问题依然存在，旅游供给的品质还难以满足美好生活新需求，江苏旅游的标识度、美誉度尚需进一步提高，文化和旅游融合发展、创新发展还面临体制机制制约。尤其是如何推动旅游业从资源驱动向创新驱动转变，需要彻底改变粗放型的旅游开发、管理、运营模式和急功近利的发展观念，探索实现旅游业转型升级的新思路、新路径。

（三）江苏省旅游业的发展趋势

1. 科技引领，实现智慧旅游新进展

我国《"十四五"旅游业发展规划》中明确提出要实施"国家智慧旅游建设工程"[①]，以科技为引领，实现智慧旅游的新进展。江苏省旅游业要抓住"国家智慧旅游建设工程"等政策机遇，实施智慧旅游"上云用数赋智"行动计划，促进智慧旅游的新发展。通过实施文旅和科技融合关键技术突破，开展智能场景感知、用户行为分析、人机交互、混合现实、全息展演、沉浸式演出等体验互动与呈现技术研发，打造兼具文旅特色的数字化新业态、新主体、新模式。

具体而言，一是支持建设一批部省重点实验室、国家旅游科技示范园区、国家文化和旅游科技创新工程项目，全面提升旅游科技创新能力。计划到2025年，认定省级文旅重点实验室15家、省级文旅装备技术研发中心20家，新增智慧文旅示范和培育项目100个。构建数字文旅产业生态，强化旅游领域知识产权保护利用，促进创新链高效服务产业链。二是继续增强"互联网+旅游"发展聚合力，以提升便利度和改善服务体验为导向，引导旅游公共服务模式创新，普及电子地图、线路推荐、语音导览等智慧化服务，科学推进预约、错峰、限量，推广电子票、云排队、无接触服务等新方式，支持旅游公共服务平台开发针对老年人等特殊群体的专门应用程序和友好界面。三是开展数字文旅商结合促进行动，鼓励电商平台拓展"旅游+地理标志产品+互联网+现代物流"功能。提高旅游景区数字化、网络化、智能化发展水平，建设景区监测设施和大数据综合服务平台，推动景区、度假区发展数字化体验产品和服务，建成

---

① 国务院，《"十四五"旅游业发展规划》（国发〔2021〕32号），2021年12月12日。

一批智慧旅游景区、旅游度假区、村镇和城市，在国家4A级及以上旅游景区中推出一批示范性智慧旅游景区样板。

2. 统筹协调，推进全面和均衡发展

面对江苏省旅游业还存在的发展不平衡、不充分的问题，江苏省将促进旅游空间格局的进一步优化，抓住用好"一带一路"建设、长江经济带发展、长三角区域一体化发展、大运河文化带建设和美丽江苏建设、沿海地区高质量发展等战略机遇，以江河湖海为脉络，构建省域宜居宜业宜游的全域魅力空间。一方面，要彰显江苏省"水＋文化"鲜明融合特质。系统推动沿江、沿海、沿大运河、沿湖地区文旅特色发展，充分展现"水韵江苏"之美。以水为脉，打造一批跨区域的世界级、国家级旅游景区、度假区和旅游廊道。以文铸魂，构筑大运河文化、海洋文化、长江文化、江南文化等区域文化传承弘扬高地。区域联动，鼓励苏南、苏中、苏北地区发挥比较优势，推动陆海统筹、江海联动、河海联通、湖海呼应、跨江融合。城乡融合，深入实施新型城镇化和乡村振兴战略，坚持景城联动、景区带村，统筹推进旅游景区、特色小镇建设与历史文化名城名镇名村、传统村落保护。另一方面，要构建江苏省东方魅力绽放的特色文旅空间。培育打造世界级运河文化遗产旅游廊道，把大运河江苏段建设成具有世界眼光、中国气派、江苏特色的文旅"美丽中轴"。培育打造世界级滨海生态旅游廊道，形成最富人文魅力的文化海岸带、具有世界影响的滨海旅游景观带。培育打造扬子江世界级城市休闲旅游带，发挥长三角世界级城市群和滨江生态文化优势。培育打造陆桥东部世界级丝路旅游带，构建丝路特色鲜明的"一带一路"人文交流深度融合区。培育打造沿太湖世界级生态文化旅游区，形成向世界展示中国"最江南"文化的重要窗口。培育打造沿洪泽湖世界级生态文化旅游区，打造富有水乡田园韵味的国际生态旅游目的地等。

3. 提质增效，促进产业供给侧结构性改革

在未来江苏省旅游业发展过程中"提质增效"将成为主要趋势，从旅游供给侧角度而言，江苏省旅游业将坚持精益求精，在三个维度集中发力。其一，促进文旅融合深度发展。实施文化和旅游融合品牌培育计划，迭代升级红色旅游、乡村旅游、旅游演艺、文化遗产旅游、主题公园等已有融合业态。发展主题乐园体验游，打造一批行业领先的文化科技主题公园、沉浸式文化体验乐园。其二，引导乡村旅游创新发展。将乡村旅游、旅游民宿连点串线成片发展，突出乡村风情特色，打造以运河风情、滨海湿地、江畔休闲、江南水乡、竹海茶田等为主题的乡村旅游集聚区，培育"水韵江苏·美好乡村"品牌集群，建设一批国际国内知名乡村旅游目的地。其三，实施壮企强企工程，加强旅游企业主体建设。实施支持文化和旅游企业通过资产重组、股份合作、品牌输出、转制上市等多种形式做优做强，拓展产学研协同创新平台，加快发展

"新技术、新业态、新模式"企业，积极招引产业头部、区域总部企业，培育根植江苏、以文旅为主业、拥有自主品牌和核心竞争力的骨干企业和大型集团。引导中小微旅游企业树立工匠精神，锻造独门绝技，在提供个性化、多样化、品质化产品和服务方面形成竞争优势，培育细分领域"冠军"企业[1]。

二、需求侧调研：江苏省旅游企业人力资源状况

（一）江苏旅游企业发展概况

2021年，江苏省以25家5A级景区数量稳占全国各省5A级景区数量榜首，占全国318家5A级景区的7.86%[2]。2021年，为了推进旅游景区数字化、智慧化转型升级，高标准建设一批智慧旅游景区，江苏省推进了智慧旅游景区名录建设，南京市牛首山文化旅游区等13家旅游景区名列其中[3]。红色旅游消费旺盛，全国300家红色旅游经典景区中，江苏省有11家[4]。

旅行社企业虽然受疫情影响较大，但在政府的大力支持下，2021年江苏省旅行社企业数量稳中有升。2021年9月，江苏省文化和旅游厅联合教育厅、财政厅等多个部门出台《关于积极应对疫情影响进一步支持旅行社企业高质量发展的若干政策措施》，调剂安排省级文化和旅游发展资金2100万元，鼓励旅行社企业创新旅游产品体系和服务模式。2021年，江苏省有旅行社3155家，位列全国第三，比2020年增长3.21%[5]。

从住宿企业来看，2021年江苏省星级饭店仅有372家，比2020年减少32家，除四星级饭店数量没有变化外，其他星级饭店数量都有不同程度减少，其中五星级饭店为81家，比2020年减少2家[6]。为支持省内饭店企业创新发展，江苏省文化和旅游厅于2021年开展了文化主题旅游饭店和精品休闲度假饭店的评选，共遴选金鼎级、银鼎级文化主题旅游饭店各3家，精品休闲度假酒店20家。民宿企业在江苏省各地级市发展势头正盛。2021年7月，江苏省文化和旅游厅开展《江苏省民宿业促进条例》立法调研，2021年9月出台《关于印发〈关于推动旅游民宿高质量发展的指导意见〉的通知》，江苏省民宿从数量和品质上都有较大提升。目前，江苏省有甲级、乙级民宿各2家，分别占全国甲级、乙级民宿总量的6.45%和9.52%。

为了适应居民休闲度假旅游快速发展的需要，旅游度假区蓬勃发展。江苏现有汤

---

[1] 江苏省人民政府办公厅，《江苏省"十四五"文化和旅游发展规划》（苏政办发〔2021〕88号），2021年10月15日。
[2] 文化和旅游部官方微信号，《数说文旅这十年／我国A级旅游景区数量显著增长》，2022年10月12日。
[3] 江苏省文化和旅游厅，《关于公布2021年度江苏省智慧旅游景区名录的通知》，2021年12月30日。
[4] 数据来源：文化和旅游部网站公布数据。
[5] 文化和旅游部，《2021年全国旅行社统计调查报告》，2022年5月10日。
[6] 江苏省文化和旅游厅，《江苏省星级饭店发展报告2022》，2022年6月。

山温泉旅游度假区、天目湖旅游度假区等国家级旅游度假区 7 家、省级旅游度假区 55 家，数量均居全国之首①。

"十四五"期间，江苏省要向国际国内知名旅游目的地迈进，到 2025 年预计建设 3 个左右世界级旅游景区和度假区，100 家以上智慧旅游景区、度假区，100 家以上高星级旅行社，4 家以上省内饭店集团进入中国饭店集团 60 强，3 家以上企业进入中国旅游企业集团 20 强。而培养壮大适应新时代江苏文化和旅游高质量发展要求的高素质专业化人才队伍，是江苏旅游产业发展之根本，也是江苏省"十四五"文化和旅游发展规划目标得以实现的重要保障。

（二）调研方案设计与说明

1. 调研内容

本课题采用定量定性相结合的方法，围绕 2021 年江苏旅游企业人力资源的现状，以及对人才的需求情况开展调研。调研内容主要包括：旅游企业类型及分布、2021 年营业额、企业员工的编制数、学历结构、员工流失率及其主要原因、企业招聘渠道、疫情后的招聘计划、企业招聘员工及员工晋升时关注的职业素养、专业偏好以及 2021 年旅游企业员工培训、考核和薪资情况等。

2. 调研方法及样本

（1）焦点小组访谈

围绕 2021 年度江苏旅游企业的经营状况、招聘计划、对旅游类专业学生的用工需求变化、旅游企业中新技术和新工艺的应用等问题对 11 个旅游企业的人力资源负责人进行线上焦点小组访谈，为调查问卷的优化、调研样本的选择和调研开展奠定基础。旅游企业涵盖景区、旅行社、酒店、会展公司、民宿等不同类型，覆盖苏南、苏中、苏北地区。

（2）问卷调研

通过邮件、问卷星向各类旅游企业人力资源负责人发放问卷，采集问卷 131 份，其中有效问卷 126 份，有效问卷回收率达 96.18%，具体掌握 2021 年度江苏旅游企业的人力资源需求、薪酬、培训以及疫情对其人力资源管理带来的挑战等数据。

（3）数据挖掘

使用爬虫技术对"前程无忧""最佳东方"等主流招聘平台的江苏旅游企业员工招聘数据进行挖掘并进行文本分析，共计 797 个酒店、471 个景区、325 个旅行社、129 个会展公司以及 59 个研学（教育科技）公司共计 12 132 个岗位招聘数据，以掌握江苏旅游企业对旅游人才的需求规模和规格。

---

① 《江苏省高质量推进旅游度假区建设》，新华日报，2022 年 7 月 23 日。

（三）被调查企业基本情况

1. 旅游企业类型及分布

本次问卷调研主要覆盖旅游度假区、酒店、景区、线上线下旅行社、会展公司、民宿等旅游企业（见图2-1）。有效回收的126个旅游企业样本中，酒店企业占34.13%，线下、线上旅行社分别占11.90%、2.38%，景区占22.22%，会展公司占7.94%，民宿占6.35%，旅游度假区占2.38%，研学公司占5.56%。按照旅游企业的级别划分，五星或5A级企业占29.60%，四星或4A级企业占27.20%，甲级民宿1家，另有16.80%旅游企业没有参与评星，主要是会展公司和精品酒店。

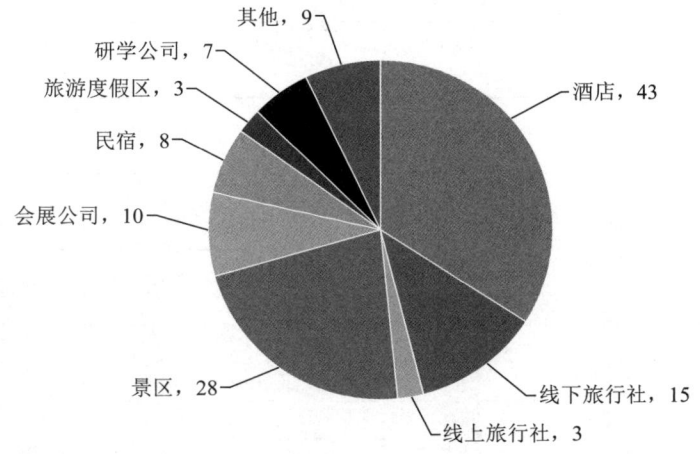

图2-1 被调研不同类型企业

从被调研旅游企业的地理位置分布来看，样本企业覆盖了江苏省13个地级市，其中南京市被调研企业数量最多，宿迁市数量最少（见图2-2）。其中，苏南地区旅游企业数量较多，占被调研企业数量的52.38%。苏中三市被调研企业有28家，占被调研企业数量的22.22%。苏北五市被调研企业有32家，占被调研企业数量的25.4%。

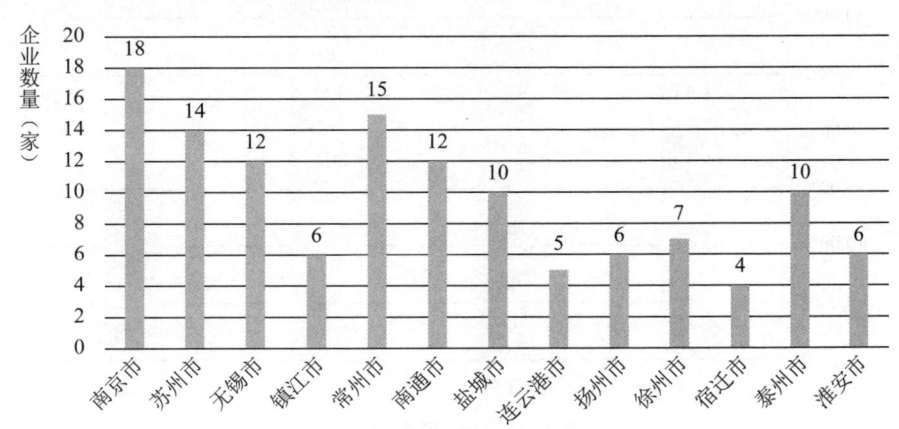

图2-2 被调研企业地理位置分布

2. 旅游企业经营情况

从旅游企业经营情况看，被调研企业中，42.86%企业开业时间超过了10年，只有15.08%的企业是开业低于3年的新企业，且主要为一些民宿、研学公司（见图2-3）。从企业性质来看，被调研企业以民营企业居多，占35.71%，国际集团旗下旅游企业相对较少，只占21.43%，且主要为酒店企业（见图2-4）。从2021年的经营情况来看，仅有8.73%的企业营业额超过了1亿元，主要为部分酒店企业、景区和旅游度假区，72.22%被调研企业的2021年营业额低于5000万元，其中33.33%的企业营业额低于1000万元，多为一些小型的民宿、研学公司（见图2-5）。

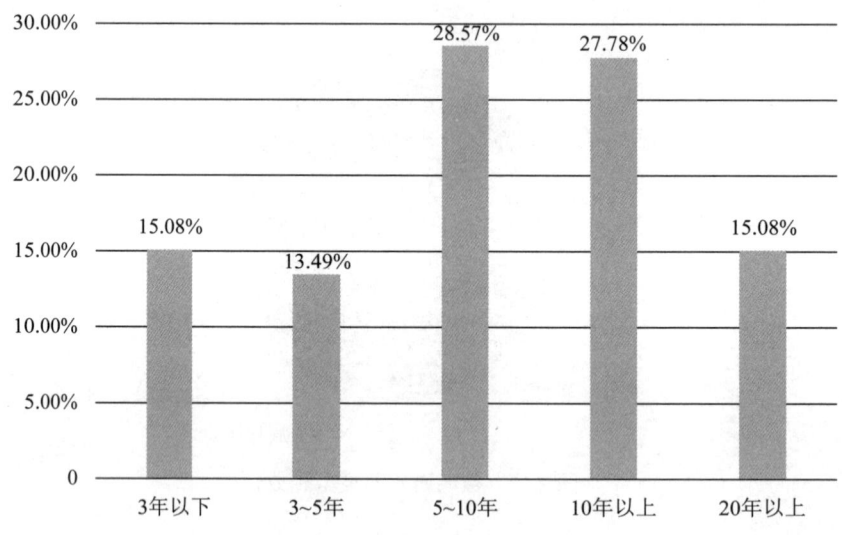

图 2-3　被调研企业开业时长

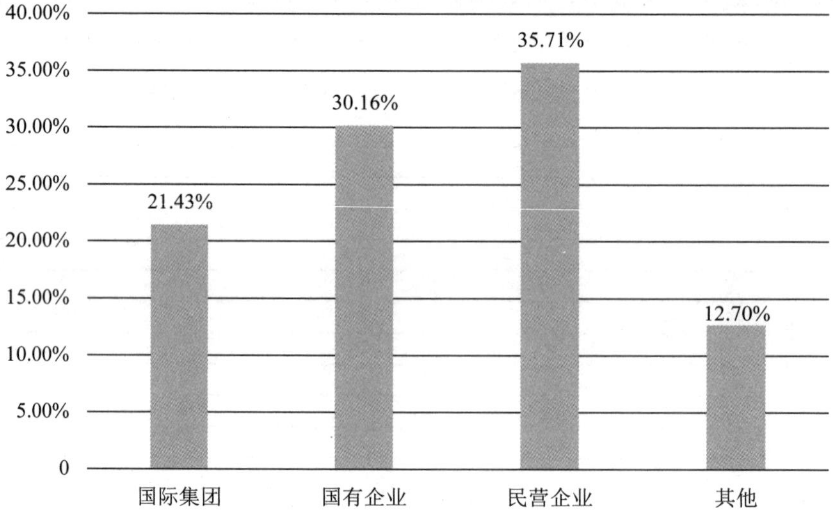

图 2-4　被调研企业性质

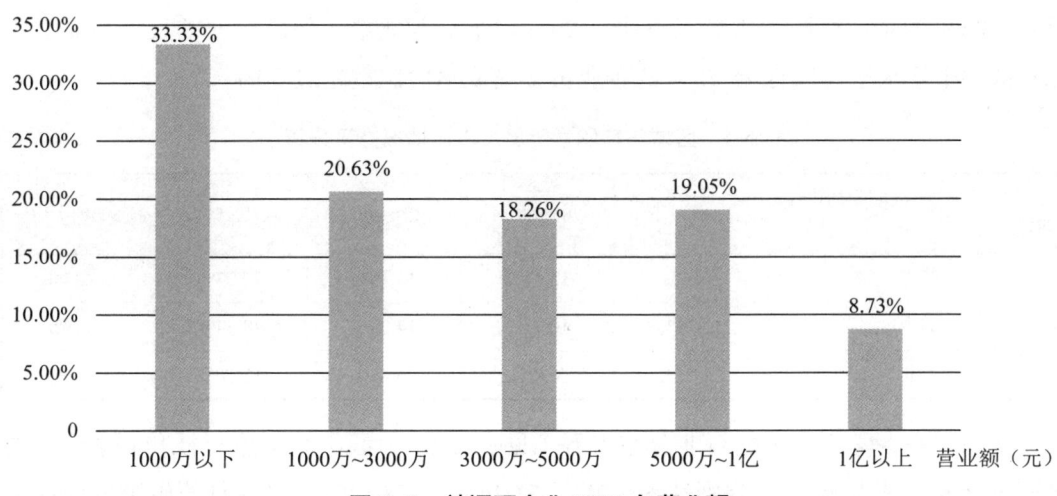

图 2-5 被调研企业 2021 年营业额

（四）江苏省旅游企业人力资源的基本情况

1. 江苏省旅游企业员工学历结构

从现有员工的学历层次来看（见图 2-6），30.16% 被调研企业的高职学历员工占比超过 50%，23.81% 被调研企业的高职学历员工占比为 40%~50%，另有 10.32% 被调研企业的高职学历员工在 20% 以下，说明高职高专学历员工是江苏省旅游企业的主力。本科学历员工在江苏省旅游企业中的比例相对较低，67.46% 的被调研企业的本科学历员工比例在 30% 以下，只有 11.9% 被调研企业的本科学历员工占比在 50% 以上。

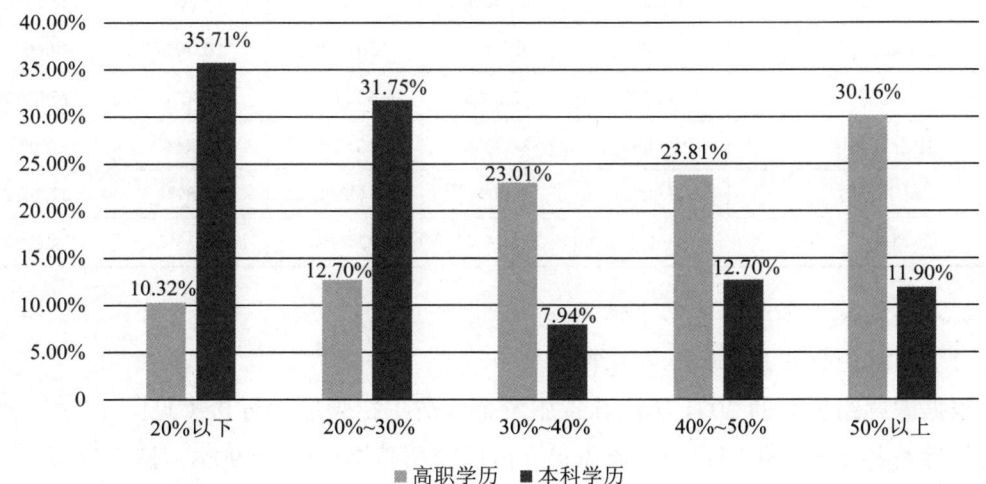

图 2-6 被调研企业员工学历情况

从旅游企业学历的区域分布来看（见表 2-1），苏南五市旅游企业的员工学历层次相对较高，36.37% 的被调研企业高职学历员工占比在 50% 以上，超过全省平均水平，仅有 6.06% 的企业高职学历员工占比在 20% 以下。苏北地区旅游企业的员工高职学历比重低于平均水平，仅有 18.75% 的企业员工高职学历比重超过 50%。

表 2-1 区域与高职学历员工占比情况交叉分析

地区\高职学历占比	20% 以下	20%~30%	30%~40%	40%~50%	50% 以上
苏南	6.06%	15.15%	15.15%	27.27%	36.37%
苏中	10.71%	10.71%	14.29%	28.57%	35.72%
苏北	18.75%	3.12%	46.88%	12.50%	18.75%

从高职高专学历员工的行业分布来看（见表 2-2），线上线下旅行社和研学公司的高职学历员工占比较高，分别达 66.67%、53.34% 和 57.14%。被调研的旅游度假区的高职员工学历占比均在 40% 以下，酒店和民宿的高职学历员工占比也相对较低，分别只有 18.60% 和 25% 被调研企业的高职学历员工占比超过 50%。

表 2-2 企业类型与高职学历员工占比情况交叉分析

企业类型\高职学历占比	20% 以下	20%~30%	30%~40%	40%~50%	50% 以上
酒店	18.60%	6.98%	18.61%	37.21%	18.60%
线下旅行社	0.00%	20.00%	13.33%	13.33%	53.34%
线上旅行社	0.00%	0.00%	0.00%	33.33%	66.67%
景区	14.28%	25.00%	14.29%	17.86%	28.57%
会展公司	0.00%	0.00%	50.00%	10.00%	40.00%
民宿	0.00%	12.50%	62.50%	0.00%	25.00%
旅游度假区	0.00%	33.33%	66.67%	0.00%	0.00%
研学公司	0.00%	0.00%	14.29%	28.57%	57.14%
其他	11.11%	11.11%	22.23%	33.33%	22.22%

2. 江苏省旅游企业员工需求情况

（1）旅游企业员工需求的学历结构

根据课题组抓取的 2021 年江苏省旅游企业员工招聘数据分析（见图 2-7），高职学历仍然是各旅游企业招聘的主流需求，占所有招聘岗位的 58.90%，初中学历、硕士及以上学历要求的员工招聘数量相对较低，分别占 1.85% 和 1.07%，只有 10.22% 岗位学历要求为本科。

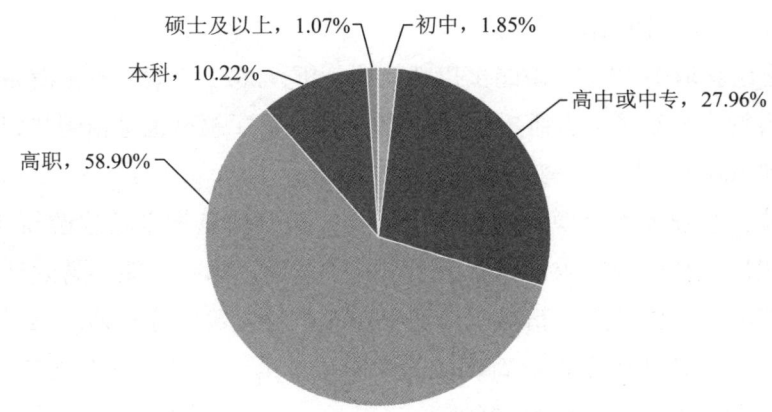

图 2-7 江苏旅游企业员工招聘学历需求

（2）旅游企业员工需求的专业结构

在江苏旅游企业员工招聘的高职类专业需求方面（见图 2-8），旅游管理仍是需求量最高的专业，达到被调研企业的 88.89%。酒店管理与数字化运营专业的高职人才需求也较高，占被调研企业的 69.84%。随着旅游产品需求结构的不断调整，研学越来越受消费者的喜爱，研学旅行管理与服务专业的人才需求也相对较高，占被调研企业的 41.27%。疫情管理常态化为各类会展活动的举办提供了可能，会展策划与管理专业的高职学历人才需求达到了 32.54%。相比之下，各类企业对智慧旅游技术应用、葡萄酒文化与营销、定制旅行管理与服务等新开设的旅游类专业人才需求量不高，均在被调研企业的 20% 以下。此外，还有部分旅游企业提出了对英语、空乘服务等专业人才的需求。

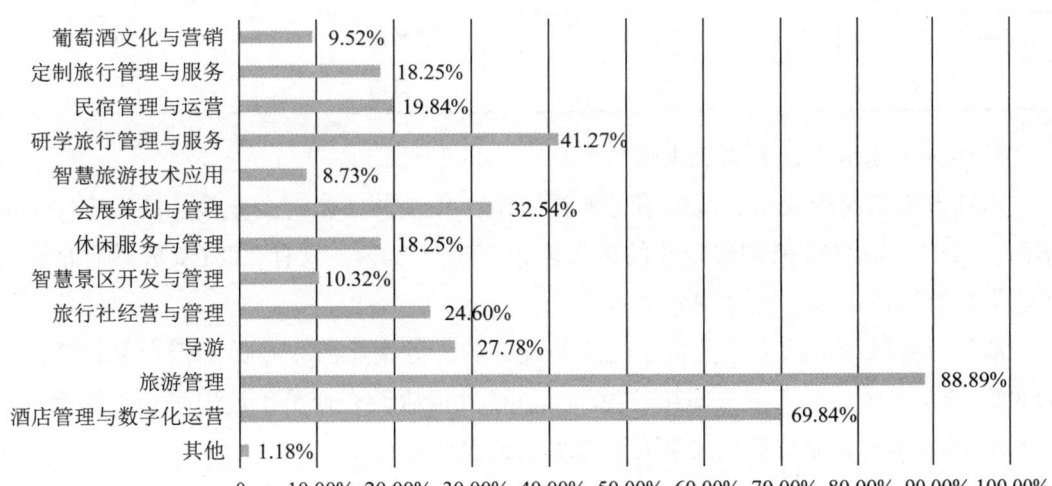

图 2-8 被调研旅游企业对高职旅游类专业的招聘需求情况

（3）旅游企业的岗位需求情况

根据课题组获取的 12 132 条岗位招聘数据分析，2021 年江苏省旅游企业中需求量最大的岗位为餐饮服务员，达到 2486 人。咖啡师、餐厅领班也是招聘热门岗位，分别达到 978 人和 866 人（见表 2-3）。

此外，旅游企业人力资源管理负责人提到，随着信息技术及旅游新业态的发展，企业中也逐步出现新岗位需求，具体表现在三个方面：第一，能够高效地分析消费者相关数据，能够提供旅游产品精准营销和服务的旅游大数据分析师；第二，负责线上页面设计与开发、音视频编辑的新媒体运营岗位；第三，具有创新服务能力的岗位，如旅游顾问、旅游体验师、旅游定制师等。

表 2-3　网络平台数量排名前十岗位

酒店企业		其他旅游企业	
岗位	招聘数量	岗位	招聘数量
餐饮服务员	2486	旅游产品销售	271
咖啡师	978	模特	245
餐厅领班	866	演员／群众演员	181
酒店／宾馆经理	797	行程管理／计调	137
酒店前台	697	驻唱／歌手	136
礼仪／迎宾	620	灯光师	133
茶艺师	400	主持人	112
西点师	332	票务	93
客房服务员／楼面服务员	287	旅游顾问	79
大堂经理／领班	264	计调	70

3. 江苏省旅游企业员工流失情况

从江苏省旅游企业员工流失情况来看，2021 年被调研旅游企业整体员工流失率都偏高。其中，30.16% 被调研企业的员工流失率超过 30%，只有 23.81% 被调研企业员工流失率控制在 10% 以下（见图 2-9）。

从江苏各区域的旅游企业员工流失情况来看，苏南旅游企业员工流失率较高，有 37.88% 被调研企业员工流失率超过 30%。苏北地区旅游企业员工流失率相对较低，有 65.62% 的被调研企业员工流失率低于 20%（见表 2-4）。

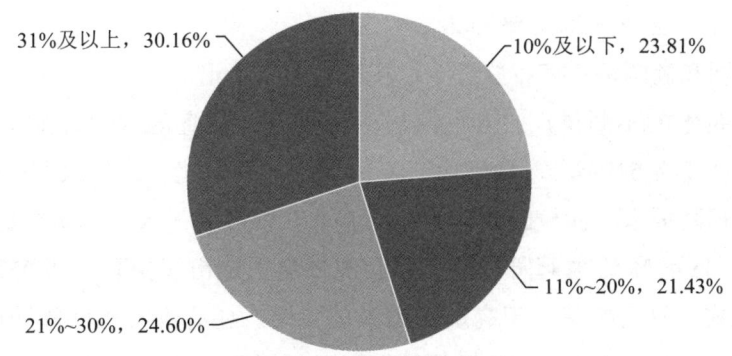

图 2-9 被调研旅游企业员工流失率情况

表 2-4 地区与员工流失率交叉分析

地区 \ 高职专业	10% 及以下	11%~20%	21%~30%	31% 及以上
苏南	15.15%	18.18%	28.79%	37.88%
苏中	21.43%	28.57%	25.00%	25.00%
苏北	43.75%	21.87%	15.63%	18.75%

在疫情多点散发的旅游市场背景下，不同类型旅游企业员工流失率各不相同。通过对不同类型旅游企业的员工流失率的交叉分析可以看到（见表2-5），2021年江苏省酒店企业员工流失率相对最高，41.86%的被调研酒店企业员工流失率在31%及以上，20.93%的被调研酒店企业员工流失率在21%到30%之间。这与酒店受疫情影响较大直接相关。江苏省星级饭店登记数据显示，2021年全省星级饭店从业人数从2020年的5.3525万人下降为4.9754万人，同比下降7.05%[①]。线上旅行社的员工流失率较低，被调研的3家线上旅行社员工流失率均在20%以下。

表 2-5 旅游企业类型与员工流失率交叉分析

企业类型 \ 员工流失率	10% 及以下	11%~20%	21%~30%	31% 及以上
酒店	16.28%	20.93%	20.93%	41.86%
线下旅行社	33.33%	26.67%	26.67%	13.33%
线上旅行社	33.33%	66.67%	0.00%	0.00%
景区	28.57%	14.29%	25.00%	32.14%
会展公司	30.00%	40.00%	10.00%	20.00%
民宿	37.50%	12.50%	25.00%	25.00%
旅游度假区	0.00%	66.67%	33.33%	0.00%
研学公司	28.57%	14.29%	28.57%	28.57%

---

① 数据来源：全省星级饭店登记经营数据，2020年，2021年。

4.江苏省旅游企业员工招聘情况

（1）互联网和校园是江苏省旅游企业招聘的主要渠道

随着信息技术的不断推广，互联网成为人们获取信息的主要方式（86.51%），越来越多的旅游企业将51job、智联招聘、58同城、前程无忧、最佳东方等网络招聘平台作为最主要的招聘渠道。而校园则成为旅游企业获取高质量人才的重要选择（76.19%）（见图2-10）。48.41%的被调研旅游企业会选择从人才市场招聘，19.05%的被调研企业选择猎聘方式，且主要集中于高层管理人员招聘。还有部分国际集团旗下酒店会通过集团内部招聘方式实现员工的内部调转，以降低招聘成本。

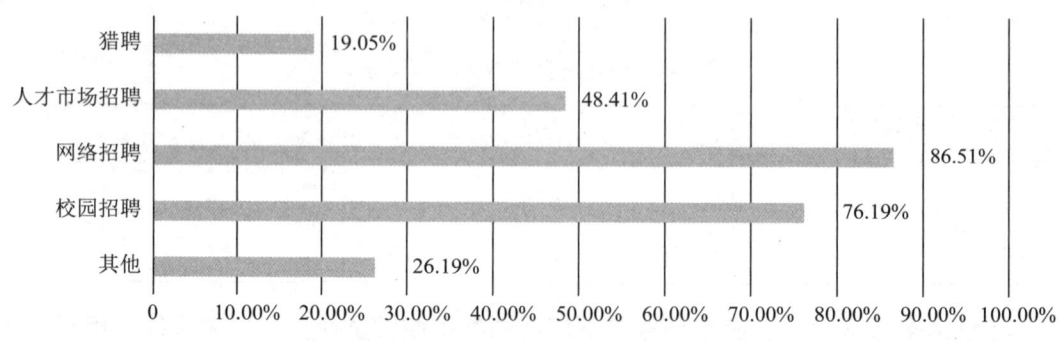

图2-10　江苏省旅游企业招聘的渠道

（2）江苏省旅游企业员工招聘需求呈下降趋势

因为企业经营状况的不稳定，江苏省旅游企业普遍通过压缩企业人员编制，控制人力成本来缓解经营压力。被调研企业中，仅有5.55%企业的2021年招聘需求有所增加，且主要是一些开业在三年以内，正处于发展上升期的新企业。66.67%的被调研企业在2021年不同程度地降低了招聘需求（见图2-11）。

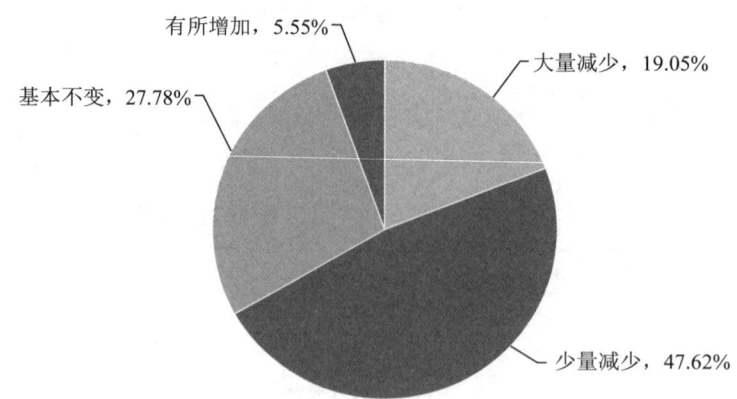

图2-11　被调研企业2021年的招聘需求

（3）江苏省旅游企业更为重视员工软技能

在员工素质要求方面，江苏省旅游企业在招聘时较为重视服务意识（64.29%）、团队意识（60.32%）、吃苦耐劳（56.35%）、抗压耐挫（53.17%）等软技能，而对职业技能证书（4.76%）、外语能力（5.56%）、毕业院校（6.35%）等因素要求不高（见图2-12）。江苏省旅游企业人力资源管理负责人在接受访谈时，提到目前江苏省重点打造全域旅游示范区，重点打造生态康养、研学、体育、工业、水上等多产业融合发展的旅游产品，乡村旅游也处于全国领先水平，因此未来对乡村旅游人才以及复合型专业人才提出更多需求。

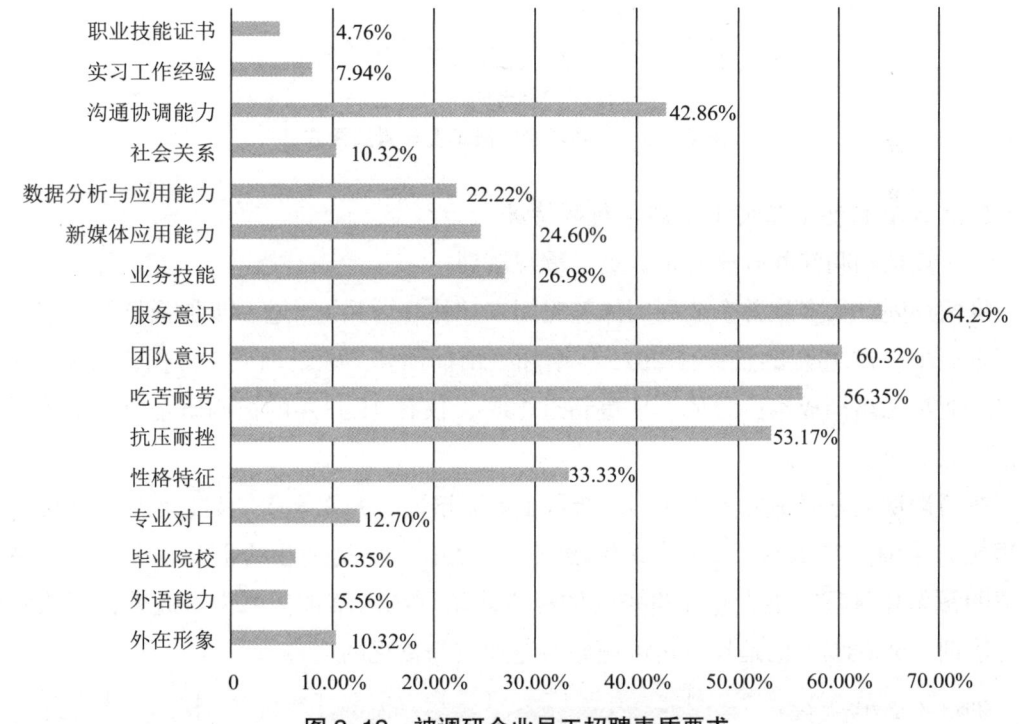

图2-12 被调研企业员工招聘素质要求

此外，2020年高职院校旅游类专业目录更新，进一步提出了提升旅游人才新媒体应用能力、数据分析与应用能力。在进行旅游企业人力资源负责人访谈时，他们表示信息化、数字化已经成为旅游业的重要发展趋势，未来旅游人才应能够更熟练地运用信息化、数字化的技术工具，以进一步提高服务质量和效率。

随着员工工作角色的转变，企业对员工素质的要求也发生改变。当员工晋升时，江苏省旅游企业更为重视员工的职业道德（70.63%）、管理水平（60.32%）、专业知识（58.73%）和忠诚度（53.17%）。而学历层次（8.73%）、外语能力（10.32%）和国际化水平（13.49%）等因素相对不重要（见图2-13）。

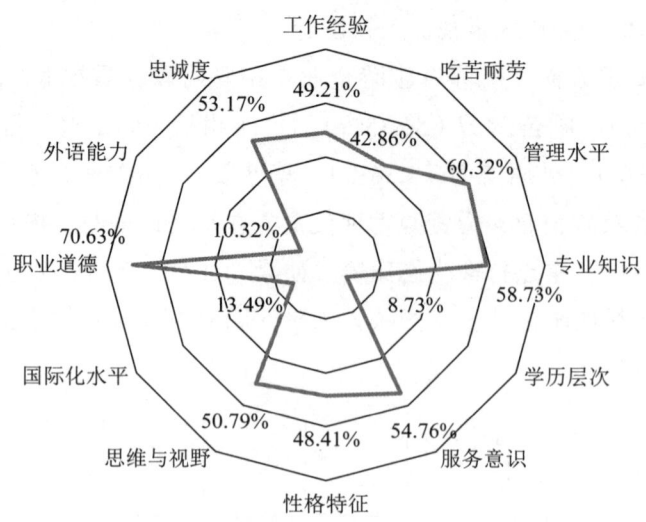

图 2-13 被调研企业员工晋升素质要求

5. 江苏省旅游企业员工培训与薪酬情况

（1）疫情期间江苏省旅游企业更加重视培训

疫情期间，很多旅游企业利用休整时间来"秣马厉兵"，进一步加强员工培训。被调研企业中，77.78%的企业在2021年增加了培训预算。在培训成本方面，61.9%的被调研企业员工培训成本占总成本比重超过10%，仅有21.43%的被调研企业员工培训成本占比低于5%。

在培训种类方面（见图2-14），新员工入职培训（96.03%）、技能培训（93.65%）、管理能力培训（72.22%）、职业礼仪培训（68.25%）仍是企业的主要培训内容。随着疫情的常态化管理，不少企业将疫情防控方法培训纳入培训体系中。此外，团队协作能力培训（65.08%）也是长三角区域旅游企业较为重视的内容。

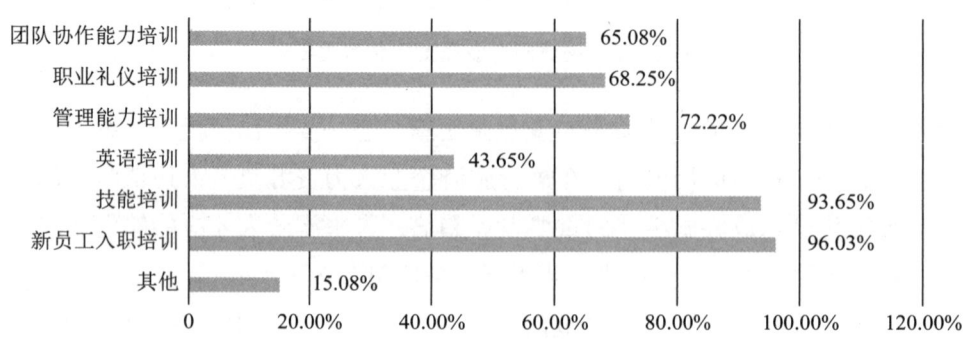

图 2-14 旅游企业主要培训内容

（2）旅游企业薪酬水平偏低

在旅游企业的人力成本方面，被调研的江苏省旅游企业中，96.83%的企业人力成本占比超过 20%，仅有 3.17% 的企业人力成本占比在 20% 以下（见图 2-15）。

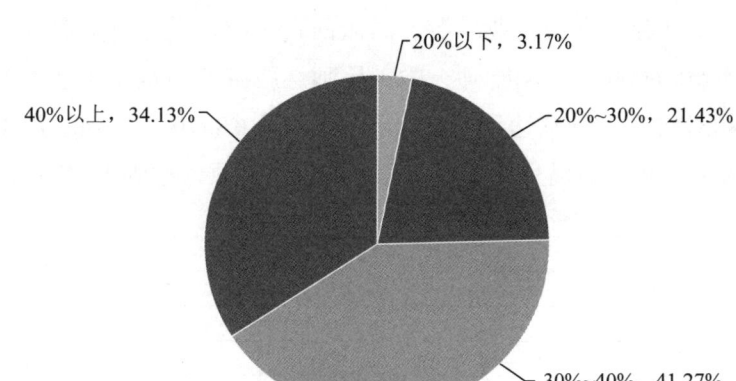

图 2-15 被调研旅游企业人力成本占比

由于旅游企业多属于劳动密集型产业，虽然江苏省旅游企业的人力成本较高，但薪酬水平却较低。从被调研企业来看，55.56% 的企业的一线员工月收入水平在 4000 元以下，59.52% 的企业的主管平均月薪在 6000 元以下，部门经理收入水平有所提高，但也仅有 38.1% 的企业的部门经理平均月薪超过 1 万元（见图 2-16）。这与全国实际情况相符，根据智联招聘发布的《2021 年春季求职期行业平均薪酬排行榜》数据，在被调研的 51 个行业中，酒店/餐饮以 7251 元/月的薪酬水平位于排行榜最后一名，旅游企业以 7822 元/月的薪酬水平位于排行榜第 44 名[①]。

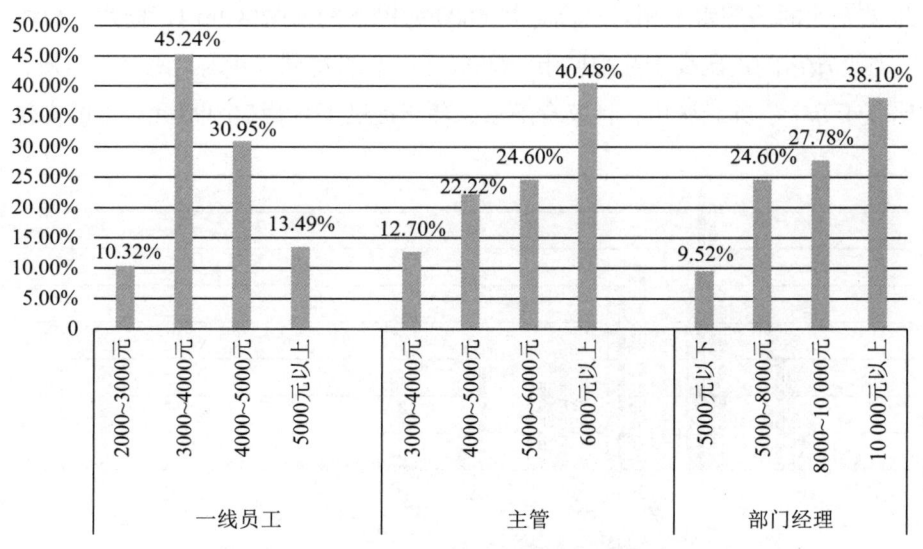

图 2-16 被调研企业不同级别员工薪酬区间

---

① 数据来源：《2021 年春季求职期行业平均薪酬排行榜》，智联招聘，2021 年 6 月 15 日。

从不同岗位的薪酬水平来看，根据课题组获取的 2021 年代表旅游企业岗位月薪数据（见图 2-17），江苏省旅游企业导游、酒店前台、收银员、餐饮服务员等一线员工的月薪水平在 4650~6000 元，咖啡师、中餐厨师、旅游产品销售等技术要求较高的岗位的月薪收入相对较高，分别达到 5885 元、6230 元、8470 元。随着员工岗位级别的提升，月薪收入水平有较快提升，酒店经理级岗位月薪收入达到 11 485 元。

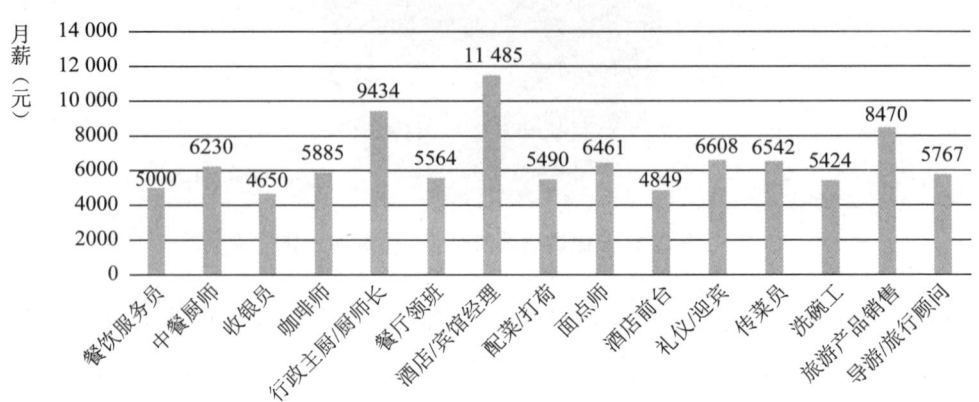

图 2-17 江苏省旅游企业典型岗位的月薪情况

（3）苏南地区旅游企业薪酬水平相对较高

从地区的薪酬水平来看，根据课题组在前程无忧、最佳东方两个主流招聘平台获取的 2021 年江苏省典型城市的旅游企业岗位月薪数据（见图 2-18），南京、苏州、无锡等城市的旅游企业的薪酬水平相对较高。在 6000 元以下的薪酬区间内，扬州、盐城和徐州等苏中、苏北城市的占比高于苏南城市。6000 元以上的薪酬区间内，南京、苏州、无锡的岗位占比高于苏中、苏北城市，且仅有南京、苏州提供了月薪 20 000 元以上的岗位需求。

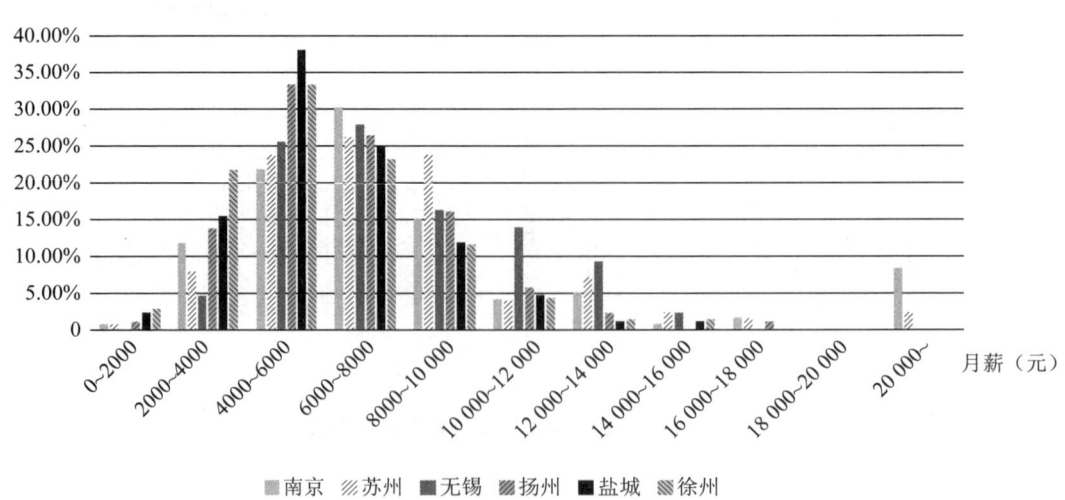

图 2-18 江苏省典型城市旅游企业薪酬区间

（五）调研结论

江苏省旅游资源丰富，"水韵江苏"文化旅游品牌形象渐入人心，全域旅游示范区、5A级旅游景区、国家级旅游度假区、星级饭店等数量均居全国前列。"十四五"期间，江苏省深入挖掘地域文化、旅游资源特色，进一步深化旅游供给侧结构性改革，向世界级旅游目的地迈进。课题组通过焦点小组访谈、问卷调研、数据挖掘等方式梳理了2021年江苏旅游企业的人才需求情况，具体而言，目前江苏省旅游企业对人才需求的特点主要表现在以下几方面。

第一，高职学历员工是江苏省旅游企业的主流需求，旅游管理专业最受欢迎。根据问卷调研和招聘网站数据分析，高职学历员工在现有江苏省旅游企业员工中占比最高，30.16%的被调研企业的高职学历员工占比超过50%。同时，旅游企业招聘对高职学历需求最高，占所有招聘岗位的58.9%。在人才需求的专业结构方面，旅游管理专业需求量遥遥领先，占被调研企业的88.89%。

第二，江苏省旅游企业的人力资源情况存在着区域间的差异。由于区域旅游经济发展的不平衡，江苏省的苏南、苏中、苏北的旅游企业在用工学历结构、薪酬水平、员工流失率等人力资源发展情况方面都存在差异。相比而言，苏南旅游企业的员工学历水平和薪酬水平较高，但员工流失率也较高，而苏中、苏北城市旅游企业的员工学历层次和薪酬水平较低，员工队伍也相对较为稳定。

第三，江苏省旅游产业转型发展，催生对复合型专业人才的需求。在疫情、新技术发展、旅游消费结构转型以及江苏省文旅产业发展规划等多重因素的影响下，江苏省旅游产品与互联网技术、其他产业之间的融合成为重要发展趋势，工业旅游、康养旅游、体育旅游等新产品的出现，对拥有创新思维、善于经营管理的复合型人才提出更高要求。而个性化、高品质的旅游消费需求也催生了对旅游产品策划师、旅游定制师、旅游体验师、研学产品销售、民宿管家、旅游大数据分析师等人才的需求。这也要求江苏省旅游人才培养院校要努力适应区域旅游产业发展需要，培养适应新时代旅游高质量发展要求的高素质专业化人才队伍，筑牢旅游高质量发展的人才根基。

三、供给侧调研：江苏省院校旅游类专业人才培养状况

（一）江苏旅游教育发展概况

1. 江苏院校招生情况

2021年，江苏省各院校旅游人才招生规模基本稳定。课题组采集本省院校在各省市的2021年高考招生数据，其中采集高职专业涉及省市23个，采集本科专业涉及省市29个。通过采集数据整理分析显示，2021年江苏省本专科旅游类专业招生人数合计

为 6940 人。其中，江苏院校 2021 年在 23 个省市旅游类高职专业的招生数量为 5030 人（见图 2-19）；江苏院校招生生源输出排名前三位的省份分别为江苏、安徽和贵州，其中江苏省的高职旅游类生源达 2197 人，安徽和贵州省招生高职旅游类专业的招生数量为 411 和 368 人。江苏院校在 29 个省市旅游类本科专业的招生数量为 1910 人（见图 2-20），生源输出排名前三位的省份分别为江苏、贵州和广西，其中江苏省的旅游类本科生源达 952 人。

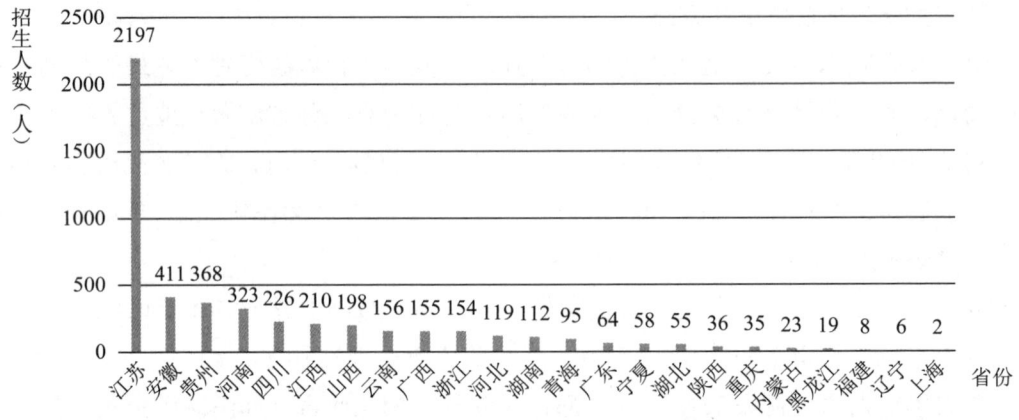

图 2-19　江苏院校 2021 年在 23 个省市招收高职旅游类专业的招生数量

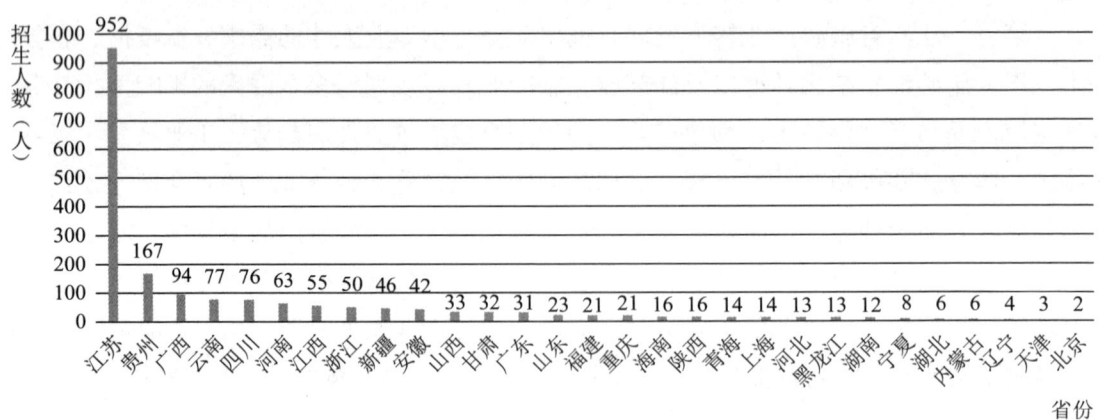

图 2-20　江苏院校 2021 年在 29 个省市招收本科旅游类专业的招生数量

从江苏院校在 23 个省市招生数据显示，2021 年高职旅游类专业招生排名前三位的分别是旅游管理、酒店管理与数字化运营、烹饪工艺与营养 3 个专业，招生人数分别为 1907、1554 和 393 人（见图 2-21）。招生数据显示，江苏院校 2021 年在 29 个省市本科旅游类的旅游管理和酒店管理 2 个专业的招生人数分别为 1278 和 632 人（见图 2-22）。

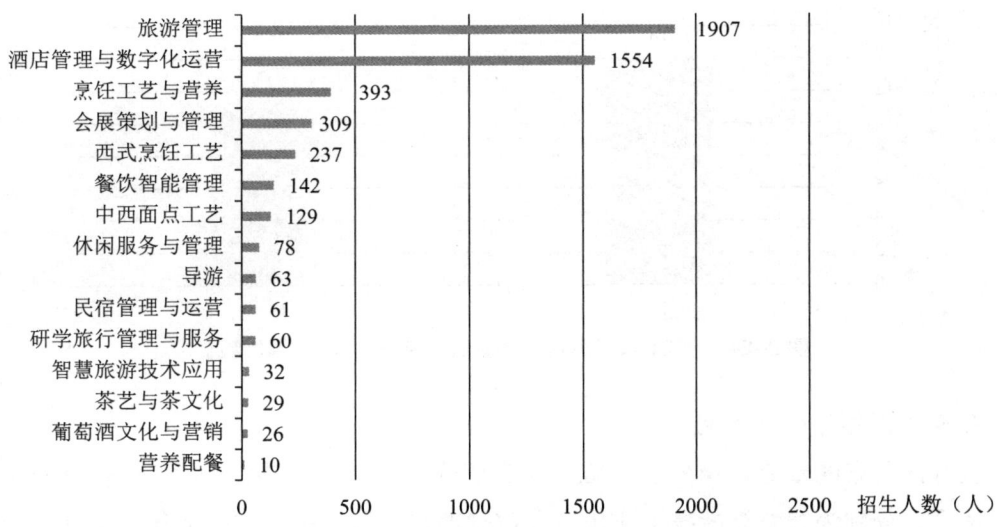

图 2-21　江苏院校 2021 年在 23 个省市高职旅游类专业招生情况一览

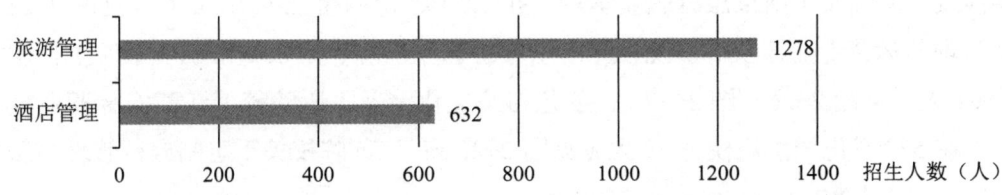

图 2-22　江苏院校 2021 年在 29 个省市本科旅游类专业招生情况

2. 江苏院校情况

2021 年江苏高校招收旅游类专业学生的院校共有 83 所，其中招收高职旅游类专业的院校数为 58 所，招收本科旅游类专业的院校数为 25 所，高职和本科旅游类专业各招生院校数量情况如图 2-23、图 2-24 所示。

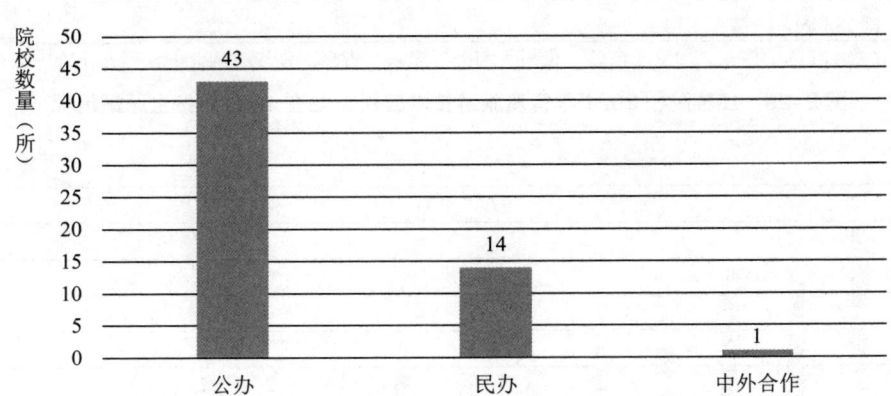

图 2-23　2021 年江苏省高职旅游类专业各招生院校情况

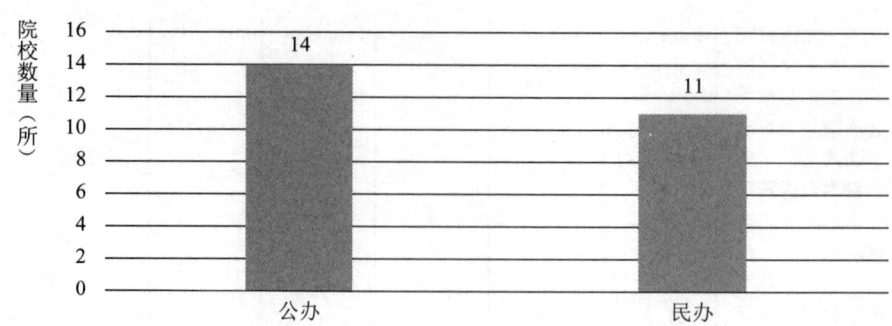

图 2-24　2021 年江苏省本科旅游类专业各招生院校情况

3. 专业设置与调整情况

教育部公布的专业目录显示，2021 年高职旅游大类专业共计 18 个，比 2020 年新增了 4 个，分别为智慧旅游技术应用、民宿管理与运营、茶艺与茶文化和定制旅行管理与服务专业。2021 年新增专业招生规模不大，课题组调研数据显示，智慧旅游技术应用涉及 1 所院校（南京旅游职业学院）在 10 个省份招生规模为 32 人（见图 2-25）；民宿管理与运营专业涉及 2 所院校（南京旅游职业学院、南京城市职业学院）招生规模为 61 人（见图 2-26、图 2-27）；茶艺与茶文化涉及 1 所院校（江苏农林职业技术学院）在 5 个省份招生规模为 29 人（见图 2-28）；江苏院校关于定制旅行管理与服务专业暂无招生人数。

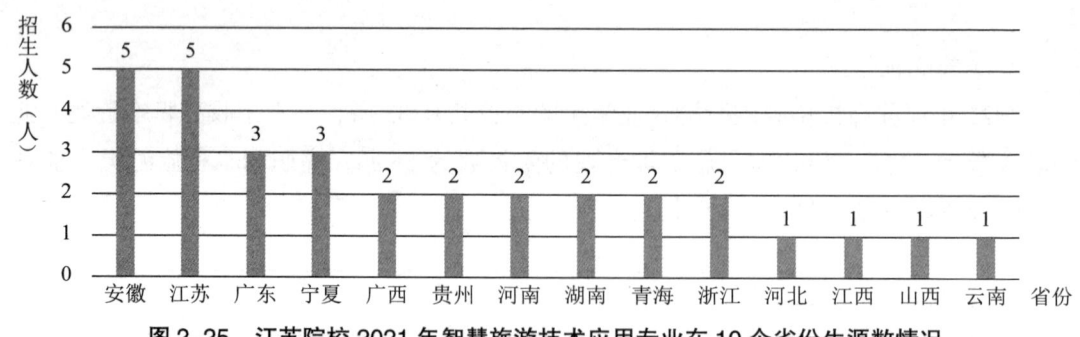

图 2-25　江苏院校 2021 年智慧旅游技术应用专业在 10 个省份生源数情况

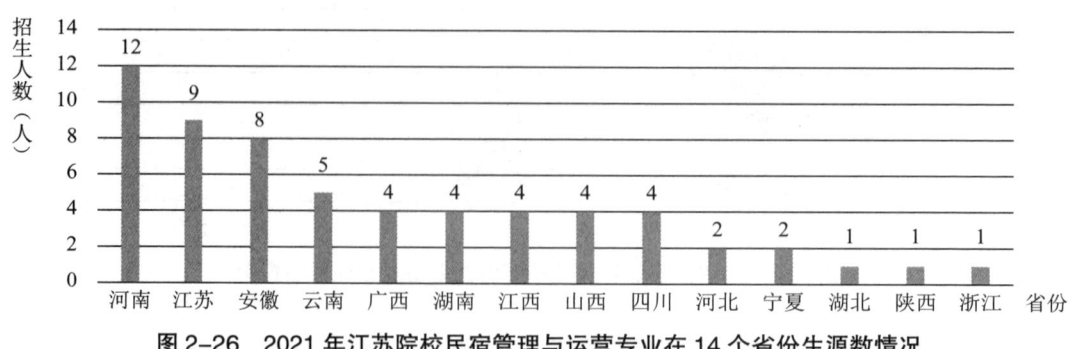

图 2-26　2021 年江苏院校民宿管理与运营专业在 14 个省份生源数情况

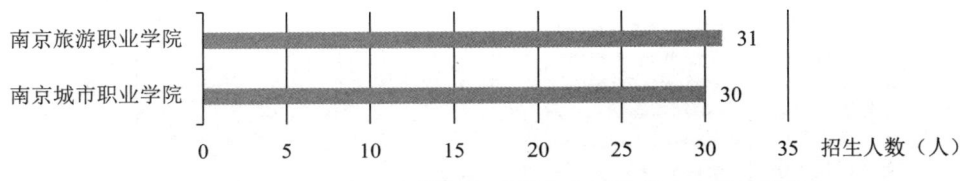

图 2-27 2021 年民宿管理与运营专业的江苏院校招生情况

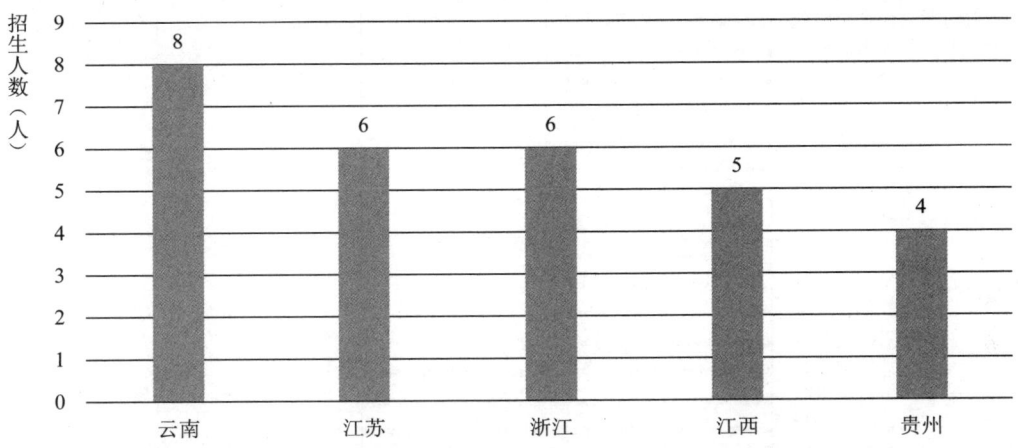

图 2-28 2021 年江苏院校茶艺与茶文化专业在 5 个省份招生数情况

此外,江苏院校招收高职旅游类达 3 个专业及以上的院校数为 12 所,其中,南京旅游职业学院旅游类招生专业数最多,达 10 个,如图 2-29 所示。江苏院校招收本科旅游类专业的院校数为 25 所,具体招生专业情况如图 2-30 所示。

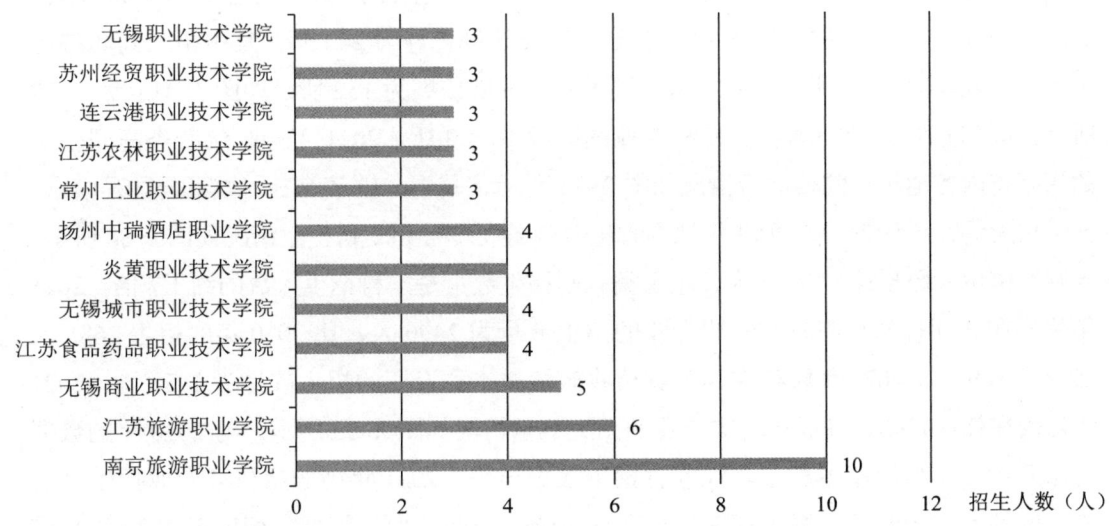

图 2-29 江苏院校招收高职旅游类达 3 个专业及以上的院校情况

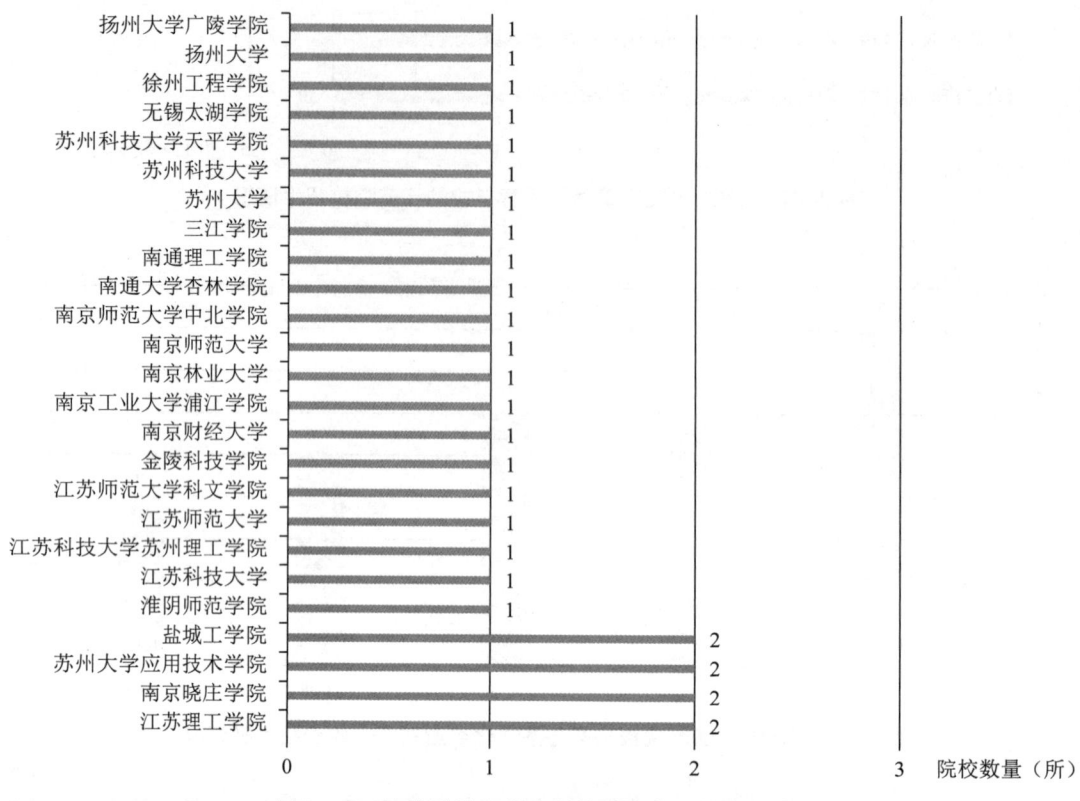

图 2-30 江苏院校招收本科旅游类专业的院校情况

4. 江苏生源情况

课题组采集全省高职和本科的 2021 年高考招生生源数据,通过整理分析发现,2021 年接收江苏生源的全国各省市旅游类院校数量合计为 243 所,其中招收高职旅游类专业的院校数为 94 所,招收本科旅游类专业的院校数为 152 所,如图 2-31、图 2-32 所示,同时招收旅游类本科和专科专业的院校数为 3 所。2021 年接收旅游类高职生源的江苏省内各地级市院校数量情况如图 2-33 所示,其中,排名前三的城市分别是南京、苏州和无锡,合计 30 所。2021 年江苏省生源旅游类本科和专科招生情况如图 2-34 所示,旅游类招生人数累计为 3954 人,旅游类高职招生数量是本科招生人数的约 1.7 倍。2021 年院校在江苏省招收旅游类高职专业的招生数量为 2496 人,比 2020 年的招生 2685 人减少了 189 人。2021 年院校在江苏省招收旅游类本科专业的招生数量为 1458 人。2021 年院校在江苏省招收高职旅游类专业的招生数量情况如图 2-35 所示,与 2020 年的数据对比显示招生情况基本稳定。江苏省招生数据显示,2021 年高职旅游类专业招生排名前三位的是旅游管理、酒店管理与数字化运营、会展策划与管理,相比于 2020 年,排名位次前二位不变,会展策划与管理专业从第五名提升到第三名,招生人数增加了 115 人,排名前三的专业招生人数分别为 871 人、843 人和 207 人。另外,2021 年本科旅游类专业招生有旅游管理和酒店管理2个专业，招生人数分别为35 099和11 252人。图2-36为2021年接收江苏本科旅游类生源的省内各地级市院校数量，排名前三的分别是南京、苏州和徐州，分别为8所、5所和3所。图2-37为2021年院校在江苏招收本科旅游类专业的招生数量，其中，旅游管理专业招生985人，酒店管理专业招生473人。

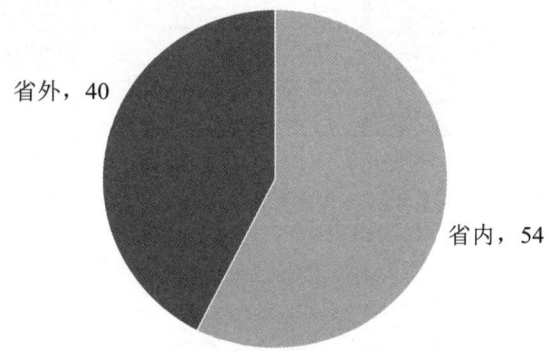

图2-31　2021年招收江苏省高职旅游类专业的院校数量分布情况

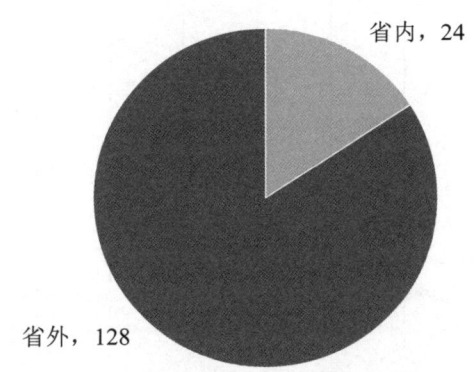

图2-32　2021年招收江苏省本科旅游类专业的院校数量分布情况

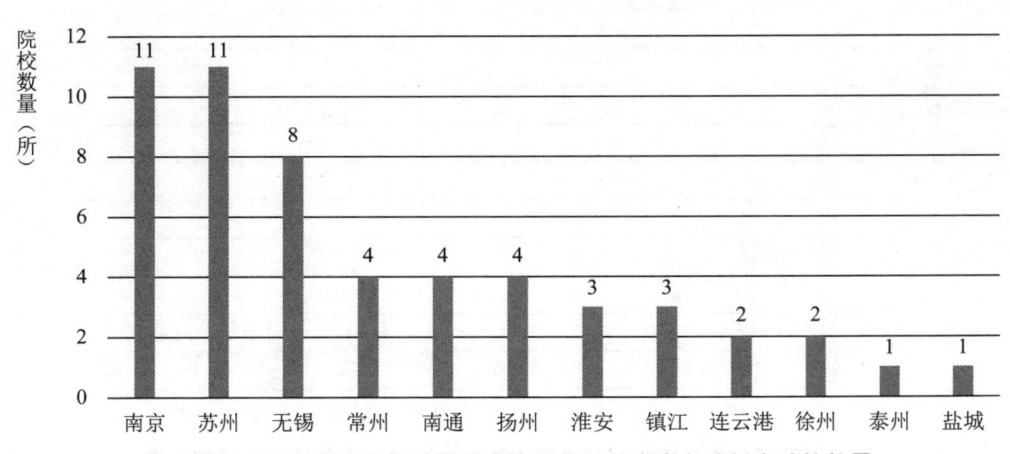

图2-33　2021年接收江苏旅游类高职生源的省内各地级市院校数量

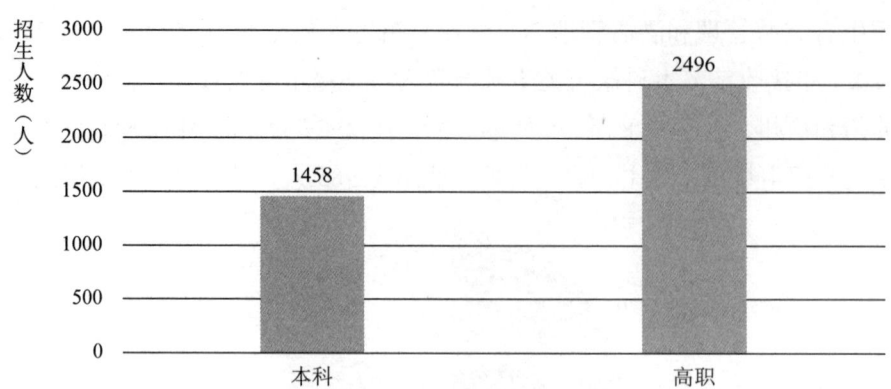

图 2-34 2021 年江苏省生源旅游类本科和专科招生情况

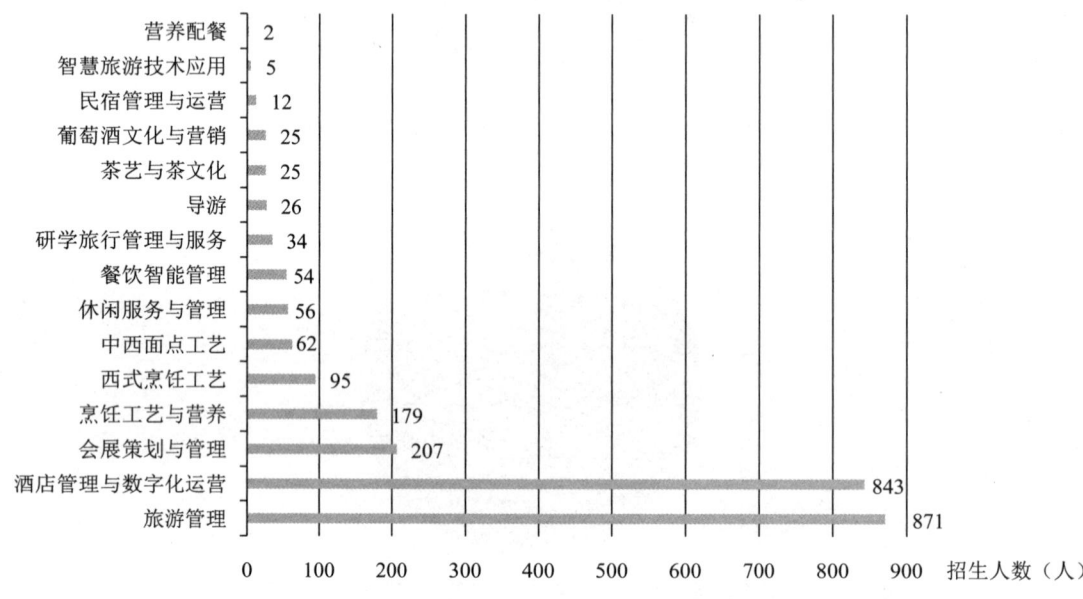

图 2-35 2021 年院校在江苏招收高职旅游类专业的招生数量

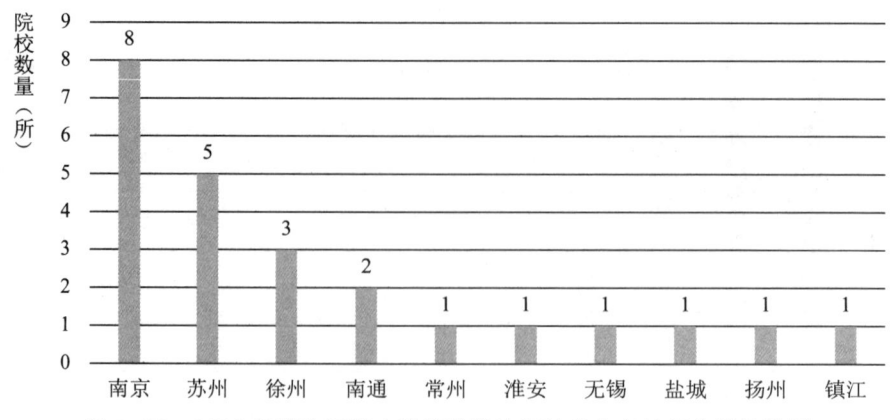

图 2-36 2021 年接收江苏本科旅游类生源的省内各地级市院校数量

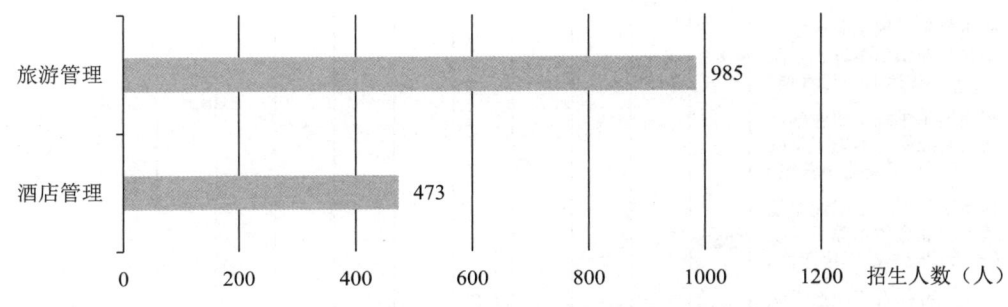

图2-37 2021年院校在江苏招收本科旅游类专业的招生数量

2021年江苏省3+2分段培养项目高职旅游类专业招生345人,具体分布见图2-38。2021年江苏生源高职和本科旅游类专业中外合作办学招生情况分布见图2-39和图2-40。总体来看,2021年江苏旅游类职业院校数量及招生规模相对稳定。

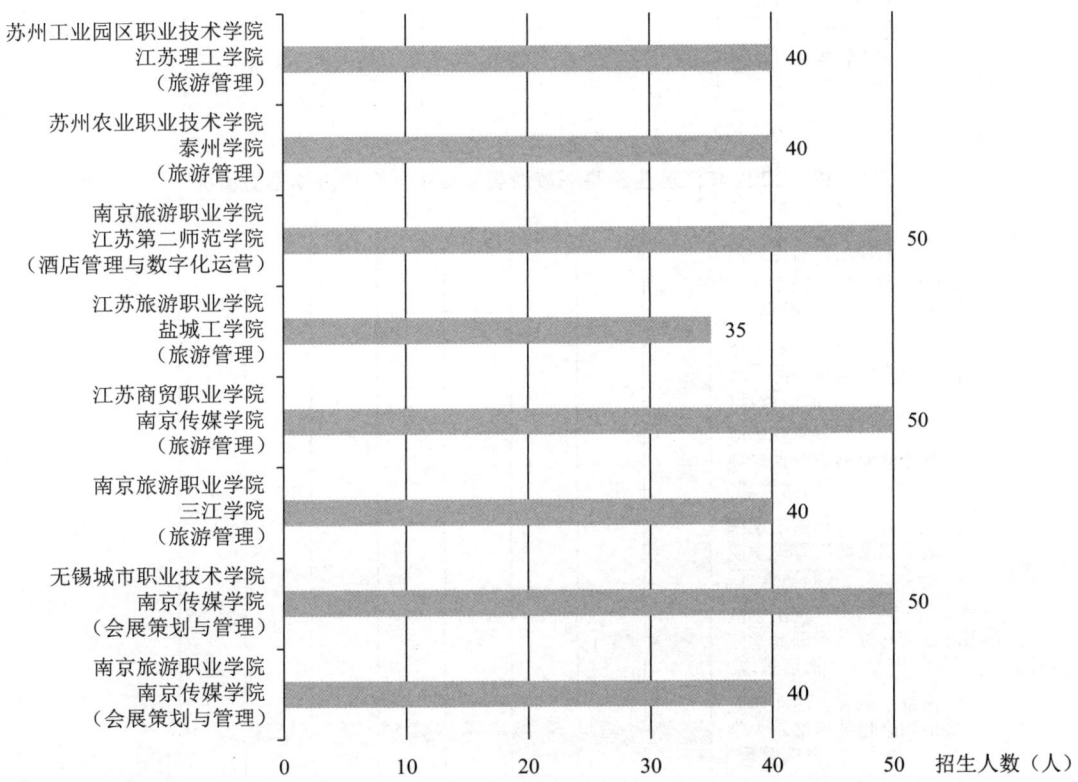

图2-38 2021年江苏3+2分段培养项目高职旅游类专业招生情况

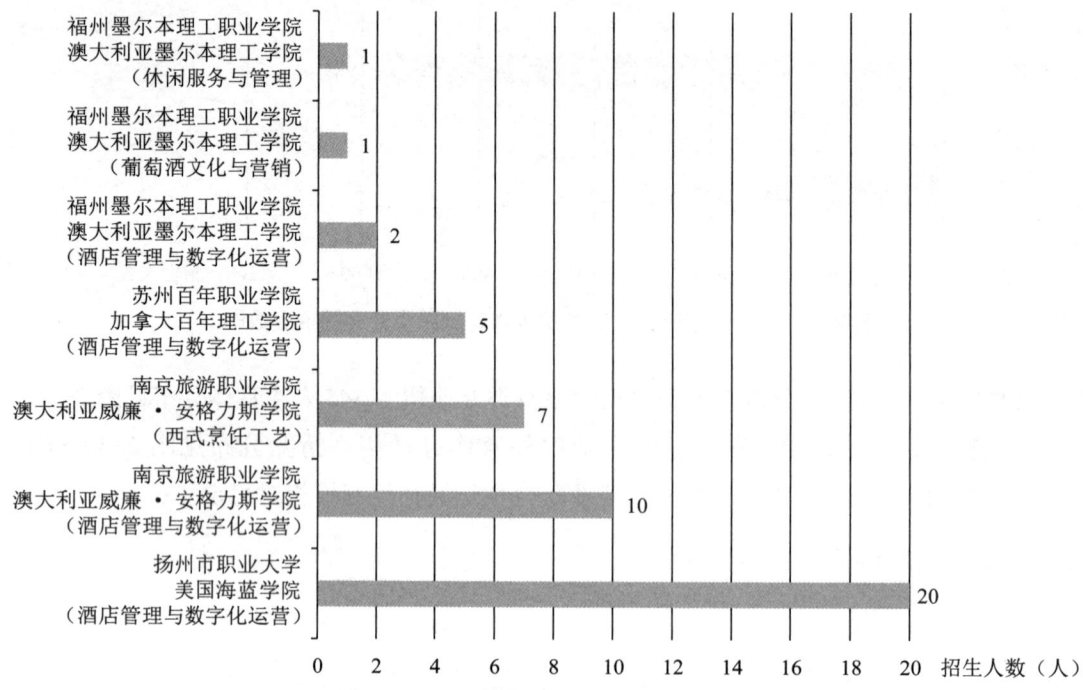

图 2-39　2021 年江苏生源高职旅游类专业中外合作办学招生情况

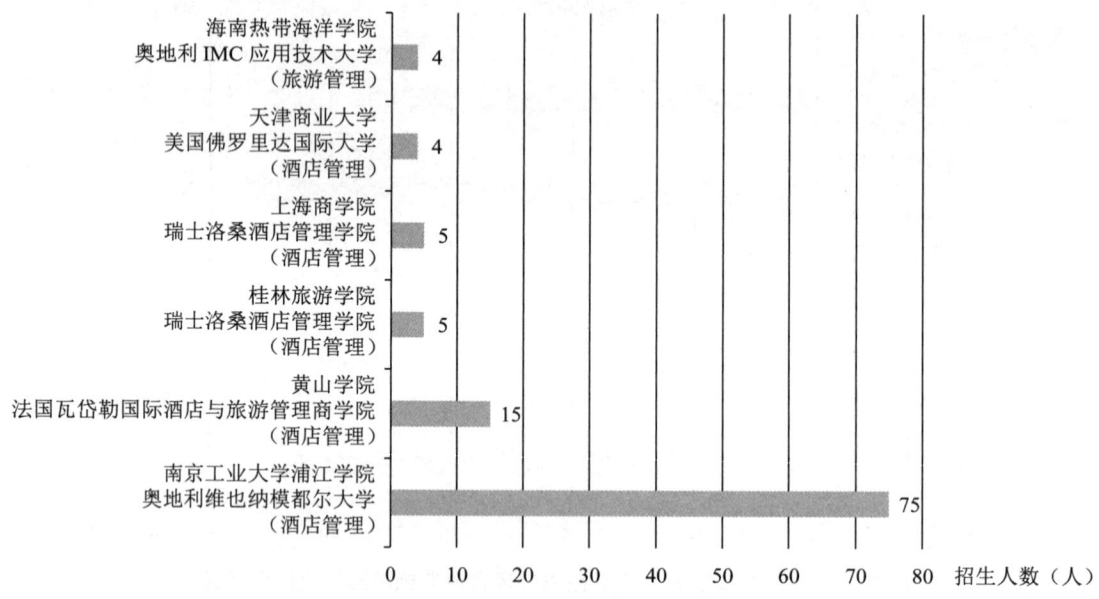

图 2-40　2021 年江苏生源本科旅游类专业中外合作办学招生情况

（二）调研方案的设计与说明

1. 调研内容

本课题面向江苏省内开设旅游类专业的院校开展旅游人才需求的供给侧调查。设计调查问题如下：旅游类专业开设情况，包括新增专业情况等；旅游类专业学生情况，包括在校生人数、学生生源情况等；旅游类专业招生就业情况，包括社会扩招情况；"1+X"证书制度试点工作推进情况；校企合作情况，包括产业学院建设情况，合作企业数量、类型、等级、合作方式、订单班开设情况等；毕业实习情况，包括实习岗位、实习薪酬等；院校视角下，企业对学生最为看重的素养要素。

2.调研方法

（1）现场访谈

课题组选取了20所旅游类院校（其中5所本科、10所高职、5所中职），就招生情况、社招情况、实习薪酬等问题进行了访谈调研。

（2）数据分析与问卷调研

本次调研通过对全省的高考招生数据分析、网络问卷及现场问卷等方式进行问卷设计与发放，具体掌握2021年院校在旅游类专业开设、招生就业等实际调研数据。

3.调研样本

院校调查对象包括本科、高职和中职院校，其地域分布包含了苏南、苏中和苏北地区，以保证地域上的全覆盖性。其中现场问卷发放17份，网络问卷呈有效回收34份，共涉及本科院校11所、高职院校17所、中职院校14所。

（三）被调查学校基本情况

本次调查的学校以高职院校为主，兼顾本科和中职院校，地域分布涉及全省12个市，其中苏南调研院校17所，苏中4所，苏北5所，地区分布较为全面，具体分布情况如图2-41所示。被调查的院校从性质来看，公办的旅游类高职院校占92.31%，民办综合类高职院校占7.69%；各调研类型学校基本覆盖。

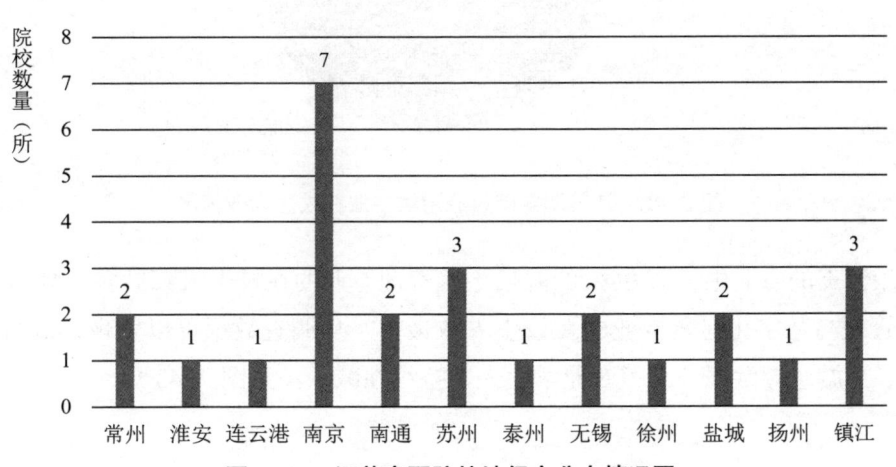

图2-41　江苏高职院校地级市分布情况图

（四）被调查学校人才培养的基本情况

1. 专业开设情况

在所调查的高职院校中，开设专业占前三位的是旅游管理（70.37%）、酒店管理与数字化运营（63.98%）、烹调工艺与营养（39.44%）。

所调查的本科院校中，开设较多的是酒店管理和旅游管理2个专业。有些本科院校的旅游管理类招生专业含国际导游、旅游管理与服务教育、生态旅游、旅游经济战略与管理、会展策划与管理、会展经济与管理、数智旅游和酒店管理等招生方向；酒店管理专业招生包含了奢侈品管理与开发、酒店财务、国际酒店运营、旅居新业态和数字化运营与管理等招生方向。中职院校中，开设专业数量占前三位的是高星级饭店运营与管理、旅游服务与管理、中餐烹饪专业。

2. 专业学生存量情况

（1）旅游类在校生规模总体稳定，传统专业招生优势明显

在被调查的院校中，多数学校旅游类专业在校学生人数位于100~2000人的区间段中。其中，100~299人区间段的学校占11.76%，2000~2999人区间段学校占5.88%。在校生人数位于3000人以上区间段的为独立的旅游类院校（见图2-42）。

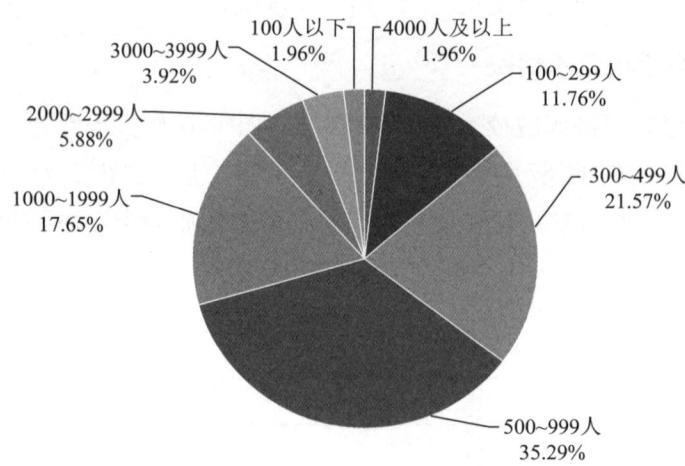

图2-42　江苏职业院校旅游类专业在校生人数情况

在旅游类的专业中，47.06%的院校旅游管理专业的在校生人数最多；41.18%的院校酒店管理与数字化运营专业的在校生人数最多。从调查数据可以发现，旅行社经营与管理、导游（导游服务）等专业学生人数持续在减少（见图2-43）。

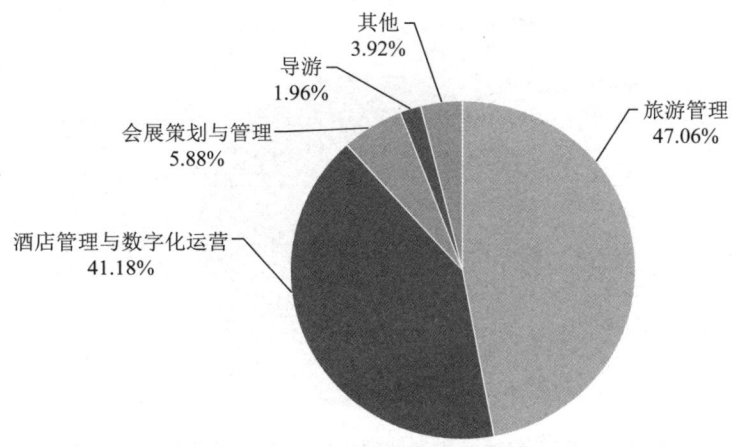

图 2-43 各院校关于在校人数最多的旅游类专业情况

（2）江苏省内区域招生比例有所下降，生源结构全国招生占比持续上升

在对旅游类专业生源情况进行调查的过程中，我们发现，46.32%的院校主要生源来自本省，15.76%的院校表示其主要生源来自周边省份，37.92%的院校表示其主要生源来自全国各地。和 2021 年的数据相比，主要生源来自本省的院校数量占比有所下降（见图 2-44）。

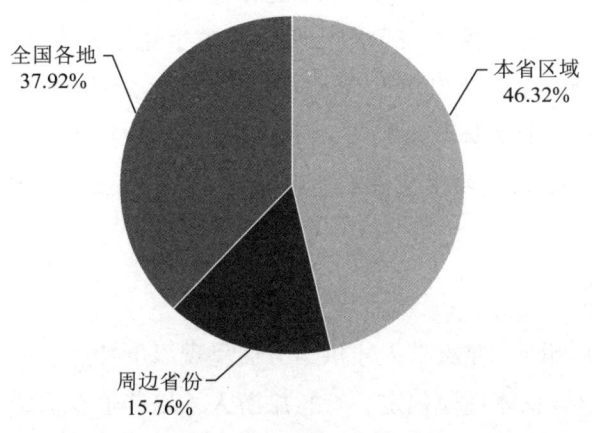

图 2-44 各院校旅游类专业主要生源情况

3. 招生情况

2021 年，江苏省内旅游类专业招生规模基本稳定。在被调查的院校中，大多数学校旅游类专业招生规模人数位于 100~1999 人的区间段中，2000 人及以上区间段学校占 3.92%，招生人数位于 2000 人以上区间段的主要为独立的旅游类院校（见图 2-45）。

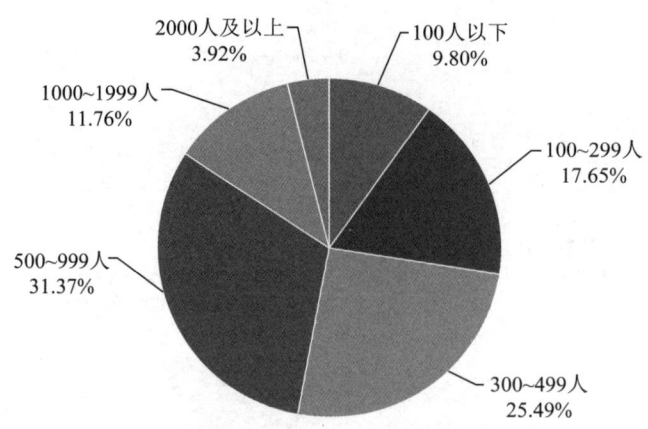

图 2-45　2021 年旅游类专业招生规模各区间段院校占比情况

此外，全国职业院校专业设置管理与公共信息服务平台公布的 2022 年高等职业学校拟招生专业设置备案结果显示，本次共撤销或停招 14 个专业点，旅游类专业撤销或停招备案主要集中在导游专业，位居 2022 年高职院校撤销或停招备案专业 TOP20 名单的第 19 位[①]。

4. 就业情况

29.43% 的院校表示旅游管理专业就业率较高，该专业就业率在 91% 以上，专业对口率约为 31.2%。26.58% 的院校表示酒店管理与数字化运营专业就业率较高，该专业就业率在 96.2% 以上，专业对口率约为 61.1%。从总体的调研结果来看，2021 年由于受疫情影响，旅游类专业整体就业情况不太理想，专业对口率比往年有所下降。调查结果还显示，2021 年招聘实习生最多的企业类型排名前三的为酒店、会展公司和线上旅行社。

（五）调研结论

课题组通过本次调研，在旅游人才供给方面呈现以下特点。

第一，旅游类招生总体规模稳定，智慧旅游人才培养迫在眉睫。

旅游类招生规模总体保持稳定，专业结构也顺应旅游产业转型升级以及数字文旅融合的发展趋势进行变化调整，很多学校开设旅游数字化、智能化、智慧化的相关专业，并增加招生数量。如新增了智慧旅游技术应用、餐饮智能管理、智慧景区开发与管理等专业。如何对接旅游产业办好这些新专业，不断扩大新专业的招生规模，提高旅游人才培养质量成为院校人才培养工作中急需解决的问题。

第二，产教深度融合持续推进，积极探索现代产业学院建设模式。

---

① 最新！2022 年全国高职院校撤销专业 TOP20 名单出炉［EB/OL］.（2022-03-04）［2024-05-23］. https://www.sohu.com/a/527200367_451178.

目前校企合作、产教融合不断深入，在旅游行业数字化转型的背景下，教师、教材、教法都面临改革挑战，本科院校、高职院校都在积极探索现产教融合的新模式，特别是现代产业学院的建设和运行模式。如根据产教深度融合的"双主体"育人目标，探索建立并不断完善校企共同治理模式，实现校企共同决策、共同治理，师资互相评聘共建共享，校企合作制订人才培养方案，开发新课程、新形态教材等；提高人才培养质量，从而充分发挥校企双元育人的功效。

第三，坚持三全育人、五育并举，不断提升毕业生的职业素养。

调研结果显示，企业最看重毕业生的素质和能力中，职业道德、抗压能力、学习能力、适应环境能力、服务意识、团结协作能力等排在前面，企业希望院校能够高度重视培养学生的这些素质和能力。因此，院校应根据旅游企业人才需求的特点和要求，将职业素养课程纳入人才培养方案，科学设计课程体系和教学内容，旅游职业院校应积极推进"全员育人、全程育人、全方位育人"的"三全育人"综合改革，把立德树人融入思想道德教育、文化知识教育、技术技能培养、社会实践教育各环节。始终坚持"德智体美劳"五育并举，加强学生的劳动教育和思想政治教育，提升学生的抗挫抗压能力、团结协作能力，提高学生对职业的认同感，不断深化学生的职业理想和职业道德教育，切实提升学生的职业热爱、综合素质和职业胜任能力。

四、旅游类应用型人才需求规模预测与分析

（一）需求规模预测理论模型的选择、计算工具及数据来源

为科学预测，本次采用灰色预测 GM(1, 1) 模型和 Elman 神经网络模型两种模型作为对比参考，两种模型的实现工具均采用 MATLAB（版本为 R2020b）编写计算程序来实现模型计算过程，并用这一程序进行旅游人才需求的预测。

1. 灰色预测 GM(1, 1) 模型

灰色系统常用的预测模型是 GM(1, 1) 模型，GM(1, 1) 模型表示一阶的、单变量的线性动态预测模型，其预测原理是将离散的随机数，经过生成变成随机性被显著削弱的较有规律的生成数，在此基础上建立数学模型，建模步骤如下：

（1）历史数据的采集和累加序列的生成

设研究对象的历史数据为：

$$X^{(0)} = \{X^{(0)}(1), X^{(0)}(2), X^{(0)}(3), \cdots X^{(0)}(n)\}$$

一般情况下，对于给定的原始数据列不能直接用于建模，因为这些数据多为随机的、无规律的，为了减弱原始数据序列的波动性和随机性，需对原始序列进行数据处理，即通过累加生成方式将原始数据列转化为规律性较强的递增数列，累加的规则是：

将原始序列的第一个数据作为生成列的第一个数据，将原始序列的第二个数据加到原始序列的第一个数据上，其和作为生成列的第二个数据，将原始序列的第三个数据加到生成列的第二个数据上，其和作为生成列的第三个数据，按此规则进行下去，便可得到生成列。

设累加后生成的序列为：

$$X^{(1)} = \{X^{(1)}(1), X^{(1)}(2), X^{(1)}(3), \cdots X^{(1)}(n)\}$$

$$X^{(m)}(k) = \sum_{i=1}^{k} X^{(m-1)}(i)$$

上标 1 表示一次累加，同理，可作 m 次累加；其中对于非负的数据列，累加的次数越多，则随机性弱化越明显，规律性越增强，这样就较容易用指数去逼近。经过这样的数据处理能达到两个目的：一是弱化了原始数据列的随机性，而找到了其变化的规律性；二是为建立动态模型提供了中间信息。

累减，就是将原始序列前后两个数据相减得到累减生成列。累减是累加的逆运算，累减可将累加生成列还原为非生成列，在建模中获得增量信息。

一次累减的公式为：

$$X^{(1)}(k) = X^{(0)}(k) - X^{(0)}(k-1)$$

（2）构建 GM(1, 1) 模型

在第 1 步中已经生成了 X(0) 和 X(1) 序列，则 GM(1, 1) 模型相应的微分方程为：

$$\frac{dX^{(1)}}{dt} + aX^{(1)} = \mu$$

其中：a 称为发展灰数；μ 称为内生控制灰数。

设 $\hat{a}$ 为待估参数向量，$\hat{a} = \begin{pmatrix} a \\ \mu \end{pmatrix}$

$$\hat{a} = (B^T B)^{-1} B^T Y_n$$

根据最小二乘法有：

$$B = \begin{bmatrix} -\frac{1}{2}[X^{(1)}(1) + X^{(1)}(2)] & 1 \\ -\frac{1}{2}[X^{(1)}(2) + X^{(1)}(3)] & 1 \\ \vdots & \vdots \\ -\frac{1}{2}[X^{(1)}(n-1) + X^{(1)}(n)] & 1 \end{bmatrix}, Y_n = \begin{bmatrix} X^{(0)}(2) \\ X^{(0)}(3) \\ \vdots \\ X^{(0)}(n) \end{bmatrix}$$

求解微分方程，即可得预测模型：

$$\hat{X}^{(1)}(k+1) = \left[X^{(0)}(1) - \frac{\mu}{a}\right]e^{-ak} + \frac{\mu}{a} \quad k=0, 1, 2, \cdots, n$$

（3）误差检验

本课题采用后验差检验法评判模型的精度。后验差是对残差分布的统计特性进行精度检验，考察残差较小的点出现的概率，以及与残差方差有关的指标的大小，该检验法由后验差比值 C 和小误差概率 P 来共同描述。

设 $X^{(0)}$ 为原始序列，$\bar{X}^{(0)}$ 为相应的模拟序列，$\varepsilon^{(0)}$ 为残差序列，$\bar{X} = \frac{1}{n}\sum_{k=1}^{n} X^0(k)$ 和 $S_1^2 = \frac{1}{n}\sum_{k=1}^{n}(X^0(k) - \bar{X})^2$ 分别是 $X^{(0)}$ 的均值和方差，$\bar{\varepsilon} = \frac{1}{n}\sum_{k=1}^{n}\varepsilon(k)$ 和 $S_2^2 = \frac{1}{n}\sum_{k=1}^{n}(\varepsilon(k) - \bar{\varepsilon})^2$ 分别为残差的均值和方差，称 $C = \frac{S_2}{S_1}$ 为均方差比值，称 $P = P\{|\varepsilon(k) - \bar{\varepsilon}| < 0.6745 S_1\}$ 为小误差概率，均方差比值 C 越小越好，小误差概率 P 越大越好。

按照 C 和 P 两个指标，可以综合评判模型精度，各精度等级如表 2-6 所示。

表 2-6　后验差检验法精度等级表

模型精度等级	后验差比值 C	小误差概率 P
一级（好）	$C < 0.35$	$0.95 < P$
二级（合格）	$0.35 \leq C < 0.50$	$0.80 < P \leq 0.95$
三级（勉强合格）	$0.50 \leq C < 0.65$	$0.70 < P \leq 0.80$
四级（不合格）	$0.65 \leq C$	$P \leq 0.70$

2. Elman 神经网络模型

本次预测，采用的第二种模型是 Elman 神经网络模型。Elman 神经网络适合处理时间序列问题，因此常常用于一维或多维信号的预测。下面以 2018 年全国星级酒店人才需求预测为例，来说明该模型的实现，江苏的算法与此相同，只是数据需要更换为江苏省的数据。

（1）样本设计

原始数据是全国连续 18 年的星级酒店从业人数（2000—2017 年），把这些数据作为训练样本，其中连续 5 年的从业人数作为训练输入，第 6 年的从业人数作为对应的期望输出。

（2）模型的实现与训练

MATLAB 神经网络工具箱为神经网络的使用者和研究者带来了巨大的便利，提高了工作效率。

使用 MATLAB 进行 Elman 神经网络模型编程时，可以使用工具箱提供的 newelm 或者 elmannet 函数进行创建，这里采用较新的 elmannet 函数，设置迭代次数为 2000 次，为了取得较好的效果，训练前对数据进行归一化处理，最后用同样的数据进行测试，并将训练好的网络保存，以备预测时使用。

图 2-46 为残差图，图 2-47 为真实值和测试的对比，从图中可以看出，网络训练效果较好，真实值与测试值相差很小，完全可以用于预测。

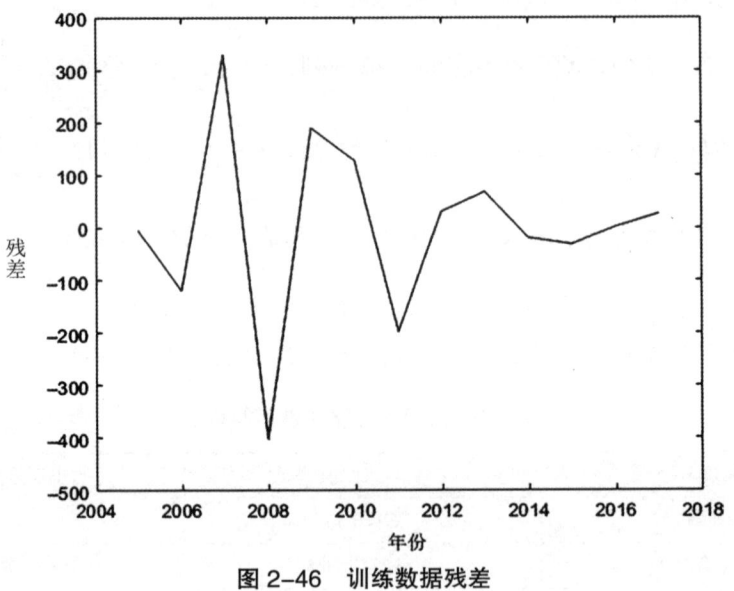

图 2-46　训练数据残差

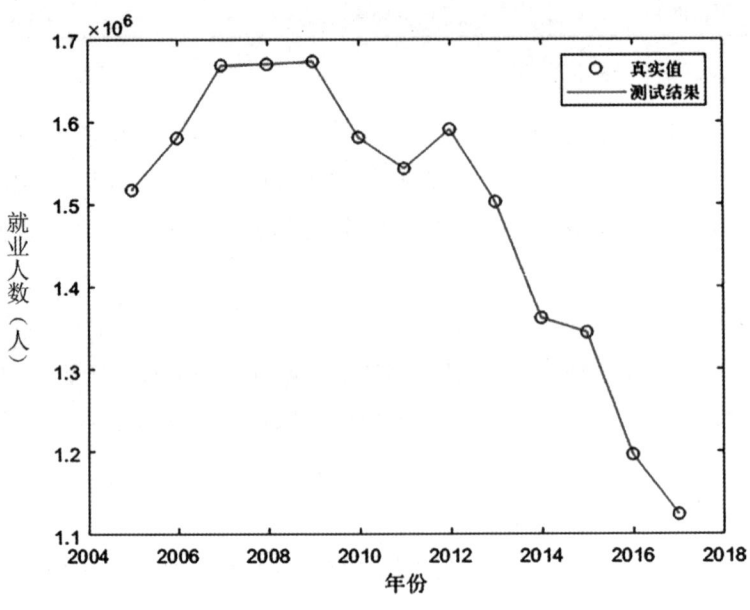

图 2-47　真实数据与测试结果对比

(3) 应用训练好的模型进行预测

将 2000—2017 年的数据输入，使用训练好的模型进行仿真计算，可以得到 2018 年的星级酒店的就业人数。

3. 数据来源与异常数据处理

(1) 数据来源

为了保证数据的准确和权威，本次使用的人才需求数据的来源主要有 4 个：

① 2000—2021 年的《中国文化与旅游统计年鉴》(《中国旅游统计年鉴》) 中关于江苏省星级酒店、旅行社、景区就业人数的相关数据；

② 课题组从 51job、智联招聘、58 同城、最佳东方四大人才招聘网站上，通过网络爬虫技术抓取的旅游企业发布的招聘信息；

③ 2004—2020 年国家统计局公布的江苏省住宿业从业人员数据；

④ 江苏省文化和旅游厅发布的《江苏省导游行业发展报告（2021）》中历年导游从业人数。

(2) 异常数据的处理

2020 年，受到疫情影响，江苏省旅游业从业人员数量有所下降，表 2-7 为星级酒店、旅行社和景区 2018—2020 年的从业人数对比。

表 2-7　2018—2020 年江苏省星级酒店、旅行社、景区从业人数（人）

	2018 年	2019 年	2020 年	2019 年与 2020 年相差
星级酒店	68 876	57 732	53 800	6.8%
住宿业	101 285	100 463	96 653	3.8%
旅行社	22 225	31 261	23 747	24%
A 级景区	73 852	75 899	68 900	9.2%

从表 2-7 可以看出，2020 年江苏省 A 级景区从业人数比 2019 年减少了 9.2%，可以判定因为受到疫情影响，2020 年 A 级景区的数据异常，不能真实地反映 A 级景区的长远的发展趋势，2019 年旅行社从业人数（31 261）与 2018 年（22 225）相比，增长了 41%，而 2020 年数据（23 747）与 2018 年（22 225）相比增长了 6.8%，2020 年虽受疫情影响，但从就业人数上来看，影响不是非常大，而 2019 年数据与前后两期数据相比，变化太大，可以认为是异常数据（可能是当年统计口径的原因），所以需要对 2019 年的旅行社和 2020 年 A 级景区的数据进行适当预处理。最常用的异常数据预处理的方法就是剔除法，对于旅行社，本次直接剔除了 2019 年的数据，保留了 2020 年数据不变；对于景区，如果剔除 2020 年，会破坏时间序列数据连续性，并且如果去除了 2020 年的数据，预测结果就会和上一年度的预测结果完全一样，失去了预测意义，

所以本次对景区采用还原法进行2020年的数据预处理。还原法[①]，就是把数据处理成没有突变因素影响时本应表现出的数值，是一个估算值，本次还原法采用的是用异常数据前两期数据的算术平均值。

（二）需求规模预测与分析

1. 江苏省酒店行业人才需求预测与分析

（1）灰色系统 GM(1, 1) 模型预测

2000—2020 年，江苏省星级酒店实际从业人数如表 2-8 所示。

表 2-8　2000—2020 年江苏省星级酒店从业人数统计（单位：人）

年份	2000	2001	2002	2003	2004	2005
就业人数	78 486	78 535	80 625	85 005	91 918	92 904
年份	2006	2007	2008	2009	2010	2011
就业人数	95 019	96 592	109 716	109 895	107 173	105 868
年份	2012	2013	2014	2015	2016	2017
就业人数	104 811	100 615	90 256	84 728	79 965	74 494
年份	2018	2019	2020			
就业人数	68 876	57 732	53 800			

本次灰色系统预测，数据采用了 2011—2020 年这 10 年的数据。预测误差如表 2-9 和图 2-48 所示；后验差比：$C=0.12$，小概率误差：$P=1$，预测精度为 1 级，模型预测效果好。

表 2-9　江苏省星级酒店就业人数与预测人数对比（灰色系统预测）

年份	2011	2012	2013	2014	2015
就业人数（人）	105 868	104 811	100 615	90 256	84 728
预测人数（人）	—	107 193	98 945	91 331	84 304
相对误差 %	—	2.27%	1.66%	1.19%	0.50%
年份	2016	2017	2018	2019	2020
就业人数（人）	79 965	74 494	68 876	57 732	53 800
预测人数（人）	77 817	71 830	66 303	61 201	56 492
相对误差 %	2.69%	3.58%	3.74%	6.01%	5.00%
平均误差 %			2.96%		

---

① 杨德平，刘喜华．经济预测与决策技术及 MATLAB 实现［M］．北京：机械工业出版社，2016：44．

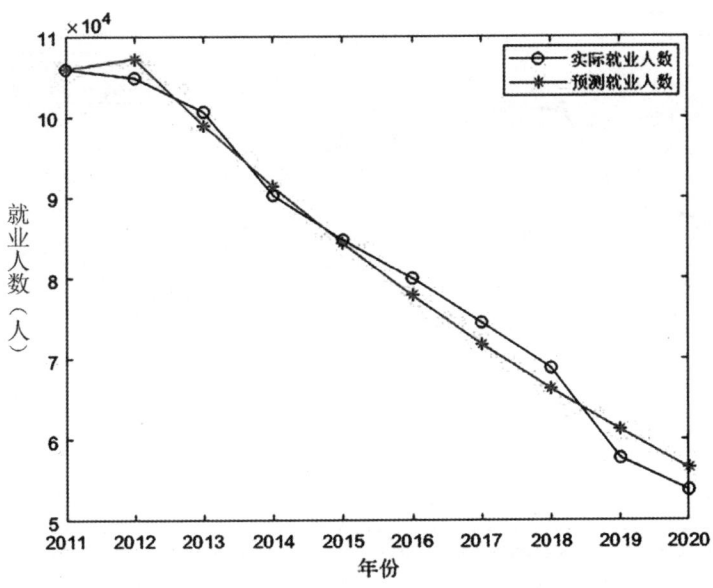

图 2-48　江苏省星级酒店从业人数实际数据与预测数据对比

预测 2021—2024 年的江苏省星级酒店人才需求量如表 2-10 所示。

表 2-10　2021—2024 年江苏省星级酒店人才需求预测（灰色系统模型）

年份	2021	2022	2023	2024
预测需求人数（人）	52 145	48 133	44 429	41 010

（2）Elman 神经网络模型预测

把 2000—2020 年的江苏省星级酒店从业人数作为原始数据，利用训练好的模型进行仿真预测，预测结果与实际值的比对如表 2-11 和图 2-49 所示，可见平均误差很小，真实值和预测差拟合得很好，预测 2021—2024 年星级酒店从业人数如表 2-12 所示。

表 2-11　江苏省星级酒店就业人数与预测人数对比（Elman 神经网络预测）

年份	2005	2006	2007	2008	2009	2010	2011	2012
就业人数（人）	92 904	95 019	96 592	109 716	109 895	107 173	105 868	10 4811
预测人数（人）	92 978	94 599	97 159	109 332	110 202	107 216	105 435	10 5391
相对误差	0.08%	0.44%	0.59%	0.35%	0.28%	0.04%	0.41%	0.55%
年份	2013	2014	2015	2016	2017	2018	2019	2020
就业人数（人）	100 615	90 256	84 728	79 965	74 494	68 876	57 732	53 800
预测人数（人）	99 422	91 348	84 602	79 751	74 692	68 713	57 862	53 769
相对误差	1.19%	1.21%	0.15%	0.27%	0.27%	0.24%	0.23%	0.06%
平均误差	0.4%							

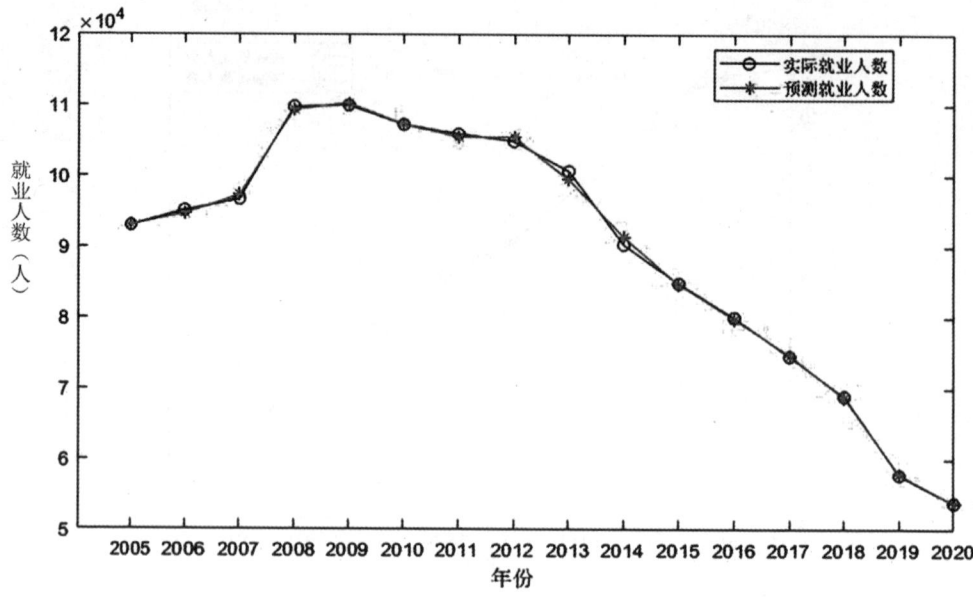

图 2-49 星级酒店从业人数实际数据与预测数据对比（Elman 神经网络预测）

表 2-12 2021—2024 年江苏省星级酒店人才需求预测（Elman 神经网络预测）

年份	2021	2022	2023	2024
预测人才（人）	56 077	55 691	51 485	49 630

（3）两种模型对比

两种模型各自的预测数据见表 2-13，从表中可以看出，对于星级酒店，二者的预测有一定的差别，但趋势一致，这里采用两种模型的算术平均值作为预测结果。

表 2-13 2021—2024 年江苏省星级酒店人才需求预测（灰色系统、Elman 对比，单位：人）

年份	2021	2022	2023	2024
灰色系统	52 145	48 133	44 429	41 010
Elman 神经网络	56 077	55 691	51 485	49 630
平均值	54 111	51 912	47 957	49 630

从表 2-12 和表 2-13 的预测数据平均值来看，星级酒店的就业人数逐年减少，没有提供新的工作岗位。

酒店企业的员工流失率高，人才供需缺口较大。课题组在调研预测时注意到，一方面随着居民可支配收入的提高，消费市场对住宿业的细分化、特色化、品质化方面提出新要求，支持信息、绿色、时尚、品质等新型消费，养老酒店、亲子酒店、女性酒店、健康养生酒店、度假酒店、科技主题酒店等满足细分市场住宿需求的酒店成为行业创新机会[①];另一方面,受疫情影响,出境游停滞,国内游谨慎,国内周边游成为人们出行休闲的首选,民宿作为周边游的重要载体,成为旅游板块中最具希望的亮点,但是《民宿蓝皮书:中国民宿发展报告(2020—2021)》的调研显示,民宿业主普遍表示专业的民宿员工难招,需要专业的民宿人才一起助力民宿运营,59.35%的民宿业主或管家渴望从专业的外部支持中获得员工培训的帮助,有42.18%的民宿业主认为人才管理的问题是较大的挑战,人才问题位居民宿业主最担忧问题第三位[②]。

可见,随着住宿业进入大住宿时代,业态丰富、定位清晰、结构健全的行业形态逐步成熟,住宿业的人才需求结构也发生了变化,传统的住宿业人才培养不能有效满足现代住宿业发展,新型的数字化、专业化、创新型、复合型的高素质住宿业人才比较匮乏。因此,院校应对接酒店业、民宿业、住宿业的市场需求变化,加快人才培养供给侧结构性改革,提高人才培养与产业需求的吻合度。

2. 江苏省旅行社行业人才需求预测与分析

(1)灰色系统模型

表2-14中的数据为2000年至2020年这21年间的江苏省旅行社的就业人数。若直接选取2011年到2020年期间的数据进行计算,发现灰色系统模型不适用,经检查数据,发现2011年、2012年、2016年、2017年、2019年的数据与其相邻的数据相差过大,所以无法通过灰色系统模型的数据检测,为异常数据,需要对这五年数据进行预处理,这里采用剔除法进行处理,即删除这五年的数据,2020年数据虽受疫情影响,但与2018年相比,还是增长的,所以对2020年的数据进行保留,不做处理,预处理后的数据虽然只有五年的数据,但灰色系统模型适用于小样本的数据,所以不影响使用。将预处理后的数据输入,经计算后通过校验,后验差比:$C=0.31$,小概率误差:$P=1$,预测精度为1级,可以用于预测旅行社的人才需求。相对误差如表2-15和图2-50所示。

表2-14 2000—2020年江苏省旅行社从业人数统计(单位:人)

年份	2000	2001	2002	2003	2004	2005	2006
就业人数	9262	11 692	13 846	15 702	14 114	13 977	16 654
年份	2007	2008	2009	2010	2011	2012	2013
就业人数	18 292	19 481	18 859	18 807	19 641	18 117	20 906
年份	2014	2015	2016	2017	2018	2019	2020
就业人数	21 168	21 194	34 809	29 461	22 225	31 261	23 747

---

① 2020酒店住宿行业市场供给现状分析,酒店住宿业的市场规模较大且仍在逐年增[EB/OL].(2020-08-18)[2024-05-23]. https://www.reportrc.com/article/20200818/11608.html.

② 过聚荣.民宿蓝皮书:中国民宿发展报告(2020~2021)[R].北京:社会科学文献出版社,2021.

表 2-15　江苏省旅行社实际就业人数与需求预测对比（灰色系统模型预测）

年份	2013	2014	2015	2018	2020
就业人数（人）	20 906	21 168	21 194	22 225	23 747
预测人数（人）	—	20 766	21 618	22 506	23 429
相对误差 %	—	−1.90%	2.00%	1.26%	−1.34%
平均误差 %			1.63%		

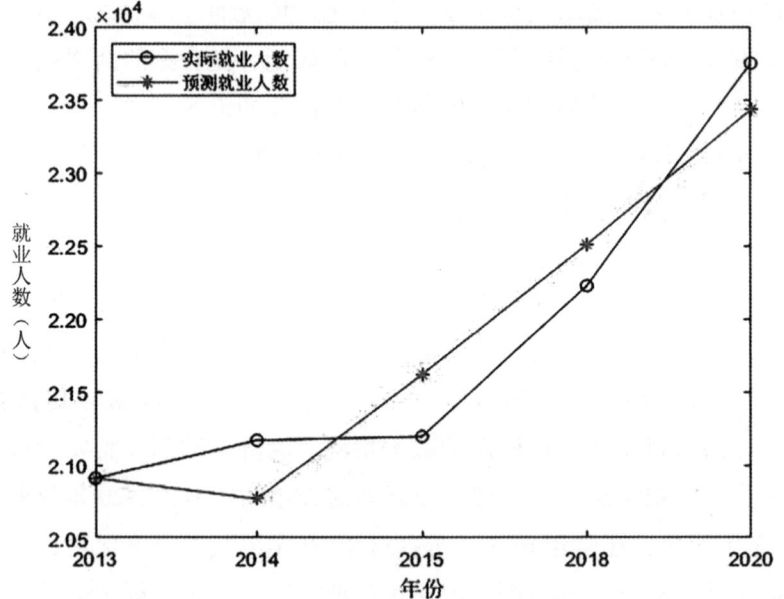

图 2-50　江苏省旅行社从业人数实际数据与预测数据对比（灰色系统模型预测）

江苏省旅行社 2021—2024 年的人才需求量预测结果如表 2-16 所示。

表 2-16　2021—2024 年江苏省旅行社人才需求预测（灰色系统模型预测）

年份	2021	2022	2023	2024
预测人才数（人）	24 391	25 392	26 435	27 520

（2）Elman 神经网络模型预测

将 2000—2020 年 21 年的全部原始数据输入训练好的模型，利用模型进行迭代仿真计算，可得 2005 年至 2024 年的预测数据。其中 2005 年至 2020 年的预测误差如表 2-17 和图 2-51 所示。2021—2024 年的预测数据如表 2-18 所示。

表 2-17　江苏省旅行社实际就业人数与需求预测对比（Elman 神经网络模型预测，单位：人）

年份	2005	2006	2007	2008	2009	2010	2011	2012
就业人数	13 977	16 654	18 292	19 481	18 859	18 807	19 641	18 117
预测人数	13 985	16 696	18 240	19 503	18 904	18 655	19 801	18 059
相对误差	0.06%	0.25%	−0.28%	0.11%	0.24%	−0.81%	0.81%	−0.32%
年份	2013	2014	2015	2016	2017	2018	2019	2020
实际人数	20 906	21 168	21 194	34 809	29 461	22 225	31 261	23 747
预测人数	20 917	21 134	21 209	34 796	29 469	22 224	31 259	23 749
相对误差	0.05%	−0.16%	0.07%	−0.04%	0.03%	0.00%	−0.01%	0.01%
平均误差	0.2%							

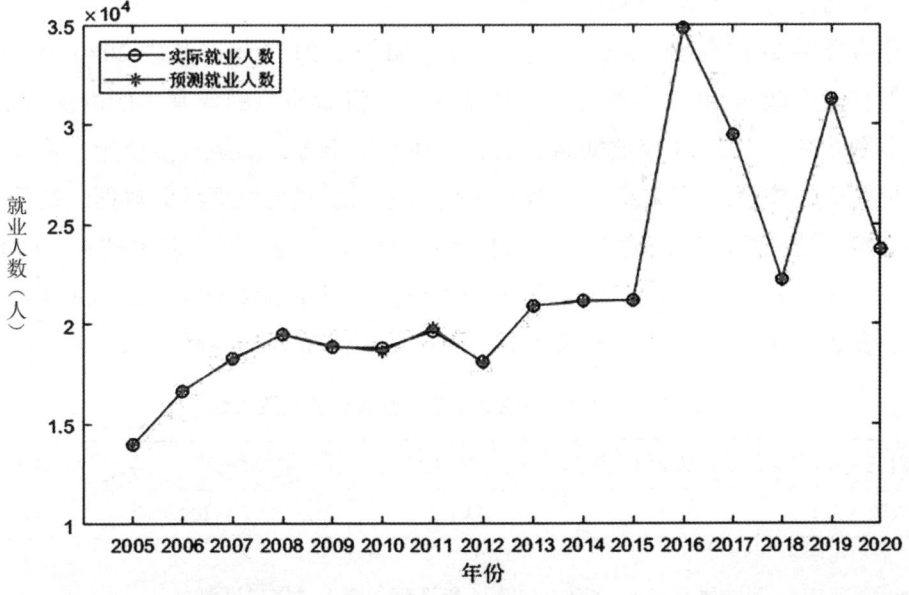

图 2-51　江苏省旅行社从业人数实际数据与预测数据对比（Elman 神经网络模型预测）

表 2-18　2021 年至 2024 年江苏省旅行社人才需求预测（Elman 神经网络模型预测）

年份	2021	2022	2023	2024
预测人才数（人）	24 624	27 004	23 591	26 639

（3）两种模型对比

两种模型的预测结果对比如表 2-19 所示，灰色系统和 Elman 神经网络二者的预测有一定的差别，所以取二者的平均值作为 2021 年至 2024 年旅行社人才需求的预测结果，根据预测，2024 年旅行社岗位需求为 27 080 个，新增岗位为 2067 个，如表 2-20

所示。

表 2-19　2021—2024 年江苏省旅行社人才需求预测（灰色系统、Elman，单位：人）

年份	2021	2022	2023	2024
灰色系统	24 391	25 392	26 435	27 520
Elman 神经网络	24 624	27 004	23 591	26 639

表 2-20　2021—2024 年江苏省旅行社人才需求预测

年份	2021	2022	2023	2024
预测人才数（人）	24 508	26 198	25 013	27 080
新增旅行社岗位数（个）	—	1690	−1185	2067

3. 江苏省导游人才需求预测与分析

江苏省导游 2017 年至 2020 年从业人数，如表 2-21 所示，其中 2020 年虽受疫情影响，但从业人数与 2018 年相比，还是增加的，没有明显的异常，所以保留 2020 年的数据不做处理，但 2019 年数据高于前后两期数据很多，如果直接使用，将无法通过灰色系统模型的校验，所以 2019 年数据为使用还原法进行处理后的数据，括号中为原始数据。将预处理后的数据输入，使用灰色系统模型，经计算后通过校验，后验差比：$C=0.001$，小概率误差：$P=1$，预测精度为 1 级，可以用于预测旅行社的人才需求。预测结果如表 2-22 所示。因为样本量太少，无法使用 Elman 神经网络模型进行预测。

表 2-21　2017—2020 年江苏省导游从业人数

年份	2017	2018	2019	2020
就业人数（人）	49 593	53 140	53 797（58 077）	54 453

表 2-22　2021—2024 年江苏导游人才需求预测

年份	2021	2022	2023	2024
预测人才数（人）	55 122	55 799	56 484	57 178
新增工作岗位（个）	—	677	685	694

预测结果显示：2024 年导游的人才需求为 57 178 人，新增岗位为 694 人。

4. 江苏省景点景区职业院校人才需求预测与分析

2015 年至 2020 年景区的就业人数如表 2-23 所示，没有采用 2015 年之前数据是因为 2015 年之前的年份，每年景区的就业人数比前各年份相差很大（如：2013 年为 17 957 人，2014 年为 84 841 人），所以，课题组基于 2015 年至 2020 年连续 6 年的数据进行预测,其中 2020 年数据为预处理后数据(为 2018 年和 2019 年的平均值),由于数据样本较少,Elman 神经网络模型不适用。经使用灰色系统模型进行计算,得出如表 2-24 和图 2-52 所示的实际就业人数和预测人数的对比,后验差比:C=0.30,小概率误差:P=1,预测精度为 1 级,说明经过异常点处理后可以应用灰色系统模型预测景区的人才需求。经过软件计算,得出如表 2-25 所示的景区人才需求预测。预测结果显示:2024 年江苏省 A 级景区岗位需求为 86 361 个,预测新增岗位为 2534 个。

表 2-23 2015—2020 年江苏省 A 级景区就业人数(单位:人)

年份	2015	2016	2017	2018	2019	2020
就业人数	64 715	66 970	69 874	73 852	75 899	74 876

表 2-24 2015—2020 年江苏省实际就业人数和预测人数对比

年份	2015	2016	2017	2018	2019	2020
实际就业人数(人)	64 715	66 970	69 874	73 852	75 899	74 876
预测人才需求数(人)	—	68 049	70 106	72 226	74 410	76 660
误差	—	1.61%	0.33%	-2.20%	-1.96%	2.38%
平均误差	1.7%					

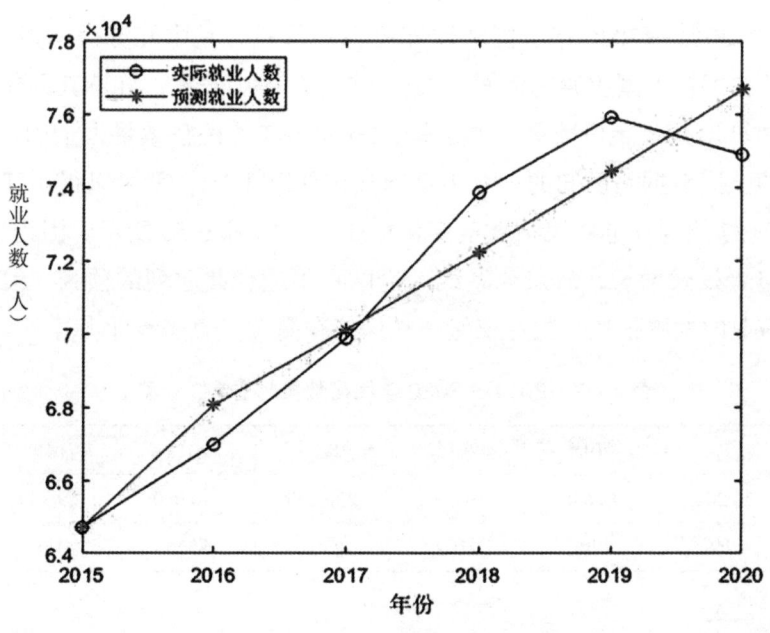

图 2-52 江苏省 A 级景区从业人数实际数据与预测数据对比(灰色系统模型预测)

表 2-25　2020—2023 年 A 级景区人才需求预测

年份	2021	2022	2023	2024
预测人才数（人）	78 978	81 366	83 827	86 361
新增景区岗位（个）	—	2388	2461	2534

5. 江苏省旅游新业态人才需求预测与分析

课题组调研发现，相比 2020 年，2021 年房车旅游、民宿旅游、度假旅游、会展旅游、邮轮旅游五种新业态的招聘信息均大幅下降（如表 2-26 所示）。但房车旅游和民宿旅游恢复较快，分别达到 2019 年的 9.2% 和 12.2%，《江苏省"十四五"文化和旅游发展规划》中共 7 次出现了"民宿"关键字，要"加强人才队伍"，"加大对乡村旅游、特色民宿等急需紧缺人才的培养培训"。本次预测，课题组以民宿为例，预测该业态的人才需求。

表 2-26　2019—2021 年全年四大招聘网站旅游新业态招聘信息统计表（单位：条）

年份	房车旅游	民宿旅游	度假旅游	会展旅游	邮轮旅游
2019	1722	8435	16 879	18 552	5621
2020	439	2845	1985	1699	1032
2021	158	1031	108	89	30

表 2-27 为 2014—2020 年全国和江苏民宿的数量，其中江苏民宿数量 2019 年数据为《民宿蓝皮书：中国旅游民宿发展报告（2019）》中数据，江苏其余年份无直接数据，但可以估算出其余年份数据。方法是：2019 年江苏民宿数量占全国数量的 4.2%，因其余年份的全国数据是已知的，故用全国数据乘以 4.2%，就可以得出江苏的民宿数量。根据表 2-27 绘制江苏省民宿数量变化折线图，如图 2-53 所示。因为 2017 年及之后的民宿数量爆发式增长，故灰色系统理论已经不适合此序列的预测。但从数据上可以看出，民宿业的发展很快，数量依然还是保持在高位，急需专业人才。

表 2-27　2014—2020 年民宿数量[①]（单位：家）

年份	2014	2015	2016	2017	2018	2019	2020
全国	30 200	42 658	50 200	200 000	210 000	169 800	380 000
江苏	1269	1792	2109	8400	8820	7168	16 041

---

① 2014—2016 年数据为中商产业研究院的数据，2017 年数据为中国旅游协会民宿客栈与精品酒店分会发布的《2017 年民宿产业发展研究报告》，2018 年数据出自《2018 年中国民宿产业发展研究报告》，2019 年数据来自社会科学文献出版社出版的《中国旅游民宿发展报告（2019）》，2020 年数据来自智研咨询的《2021—2027 年中国民宿行业供需态势分析及竞争格局预测报告》。

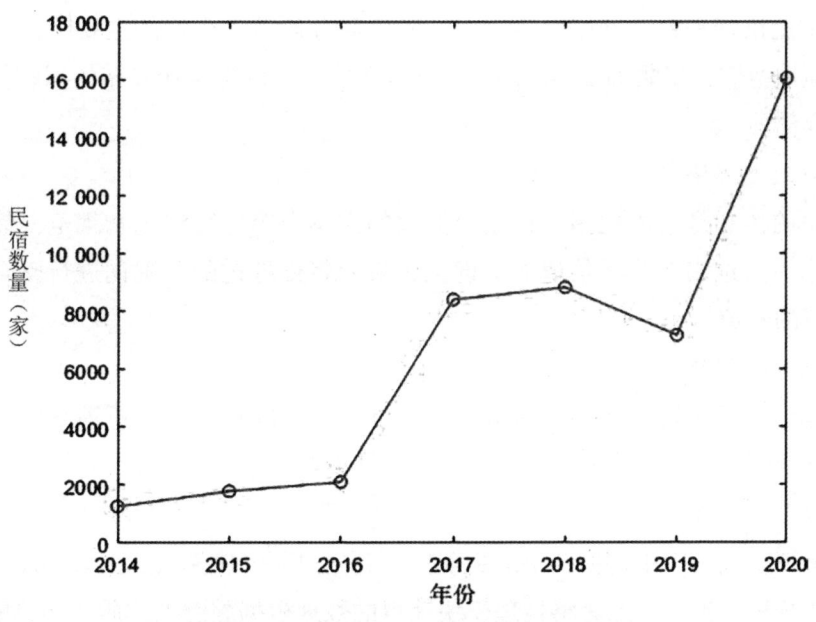

图 2-53 2014—2020 年江苏省民宿数量变化

五、旅游类人才岗位需求预测与质量要求分析

（一）旅游类人才岗位需求的质量分析框架

为了科学分析旅游企业岗位群需要的人才质量，课题组设计了旅游类人才岗位需求的质量分析框架体系，如图 2-54 所示。该框架体系主要包括数据采集、数据处理、数据分析、结果呈现四个模块。

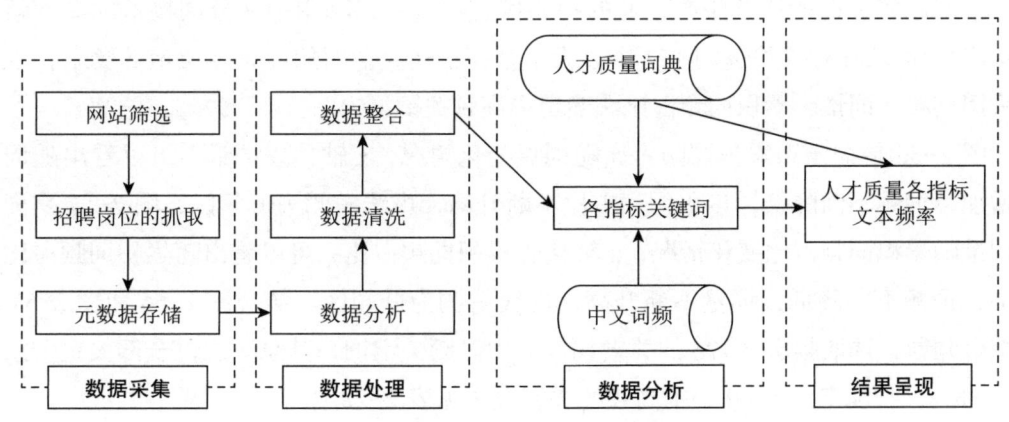

图 2-54 旅游类人才岗位需求的质量分析框架

1. 数据采集模块

为了保证数据的准确性和权威性，课题组通过从 51job、智联招聘、58 同城、最佳

东方四个主流招聘平台,利用网络爬虫技术将江苏旅游类企业的主要岗位作为关键词确定数据抓取范围,采集2021年1—12月全年的江苏旅游企业发布的招聘信息,形成元数据并存储。

2. 数据处理模块

该模块的核心是文本挖掘,首先对抓取的文本内容进行清洗和规范,然后使用中文分词技术,筛选出有分析价值的关键词,最后将处理过的关键词进行整合,作为可供正式分析的对象。

3. 数据分析模块

将筛选出来的关键词运用词频分析法、Delphi法以及鱼骨分析等方法实现了旅游人才质量词典的构建,为旅游人才质量分析提供基础。

4. 结果呈现模块

结果呈现阶段是应用挖掘结果解决现实问题的过程,该模块的主要功能是展示文本数据,发布分析结论。本课题将处理模块获得的数据根据旅游人才质量词典的类目,通过文本频率统计方法分析旅行社、酒店、景区三类旅游企业岗位群的人才需求质量要求。

(二)江苏旅游人才质量词典指标体系的构建

1. 旅游类企业的主要岗位覆盖

为了便于数据采集,课题组通过网络调研、企业调研以及抓取的招聘信息对江苏旅游类企业的主要工作岗位群重新进行了梳理,具体岗位如图2-55所示。

2. 旅游人才质量词典类目的构建

(1) 企业招聘信息中高频关键词的词频分析

本课题将抓取的江苏旅游企业的招聘信息清洗后,利用中文分词技术加文本频次筛选出词频≥50有效关键词157个。为了全面描述企业对旅游人才质量的要求,本课题采用词频、词量、累积词频占比法确定中高频关键词。

图2-56是词频和累积词频占比随词量变化情况,x轴代表词量,可以看出随词量的增加,词频不断降低,累积词频占比不断升高,虚线右侧为低频区;图2-57是词频和词量随累积词频占比变化情况,x轴代表累积词频占比,可以看出随累积词频占比的增加,词频不断降低,词量不断升高,虚线右侧为低频区。结合图2-56和图2-57进行综合判断,选取频次≥125的关键词作为中高频关键词,其总频次占全部关键词总频次的88%,共确定出来60个中高频的关键词(见表2-28)。

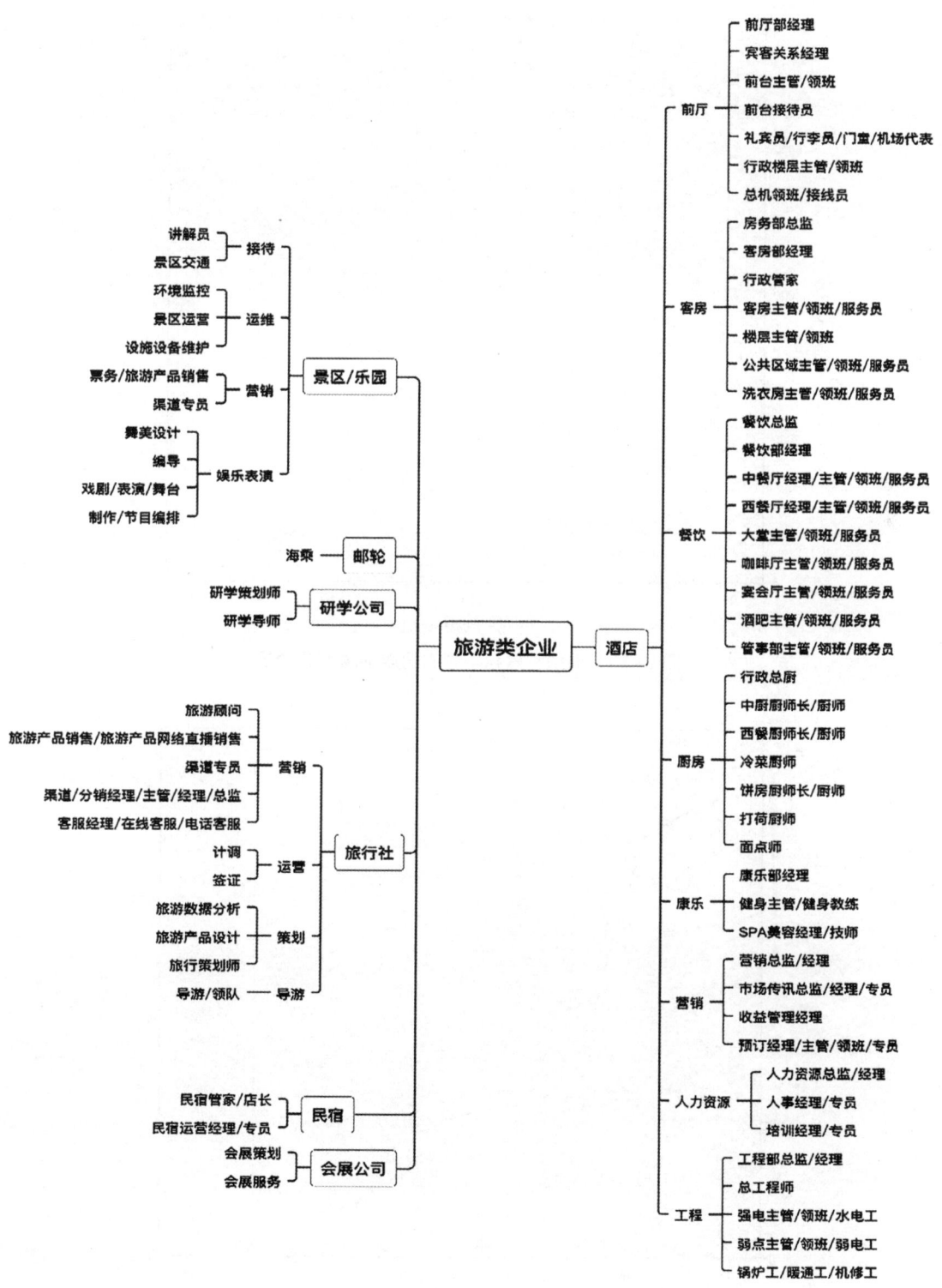

图 2-55 旅游类企业的主要岗位覆盖图

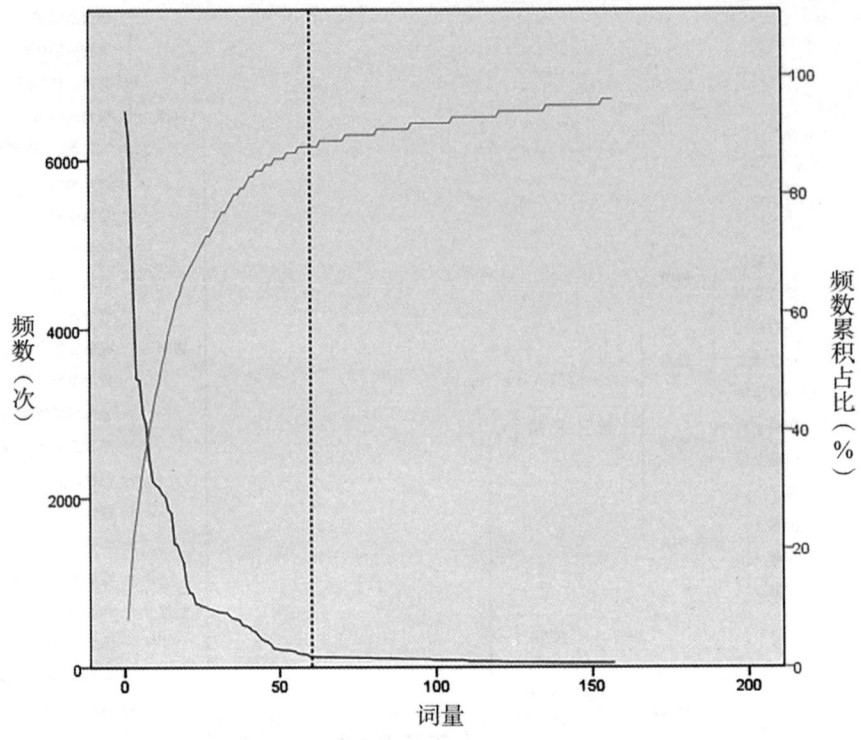

图 2-56 词频和累积词频占比随词量变化情况

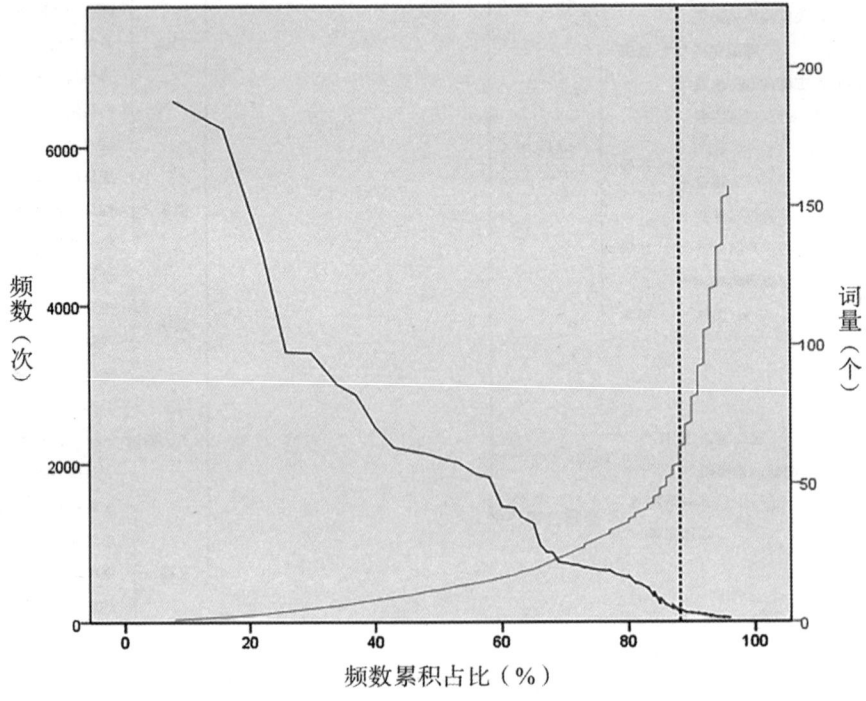

图 2-57 词频和词量随累积词频占比变化情况

表 2-28 中高频关键词

序号	关键词	序号	关键词	序号	关键词	序号	关键词
1	销售	16	性格开朗	31	管理能力	46	开拓
2	身体健康	17	礼仪	32	专业知识	47	组织能力
3	团队	18	渠道	33	思维敏捷	48	应变
4	协作	19	认真负责	34	策划	49	尊重
5	服务意识	20	抗压能力	35	直播	50	诚实守信
6	学习	21	办公软件	36	敬业精神	51	人际交往
7	沟通能力	22	推广	37	证书	52	服务技巧
8	合作	23	形象好	38	客户关系	53	写作
9	咨询	24	设计	39	工作热情	54	报价
10	气质佳	25	创新	40	理解	55	观察
11	技能	26	执行力	41	积极向上	56	勇于挑战
12	亲和力	27	数据	42	总结	57	日语
13	协调	28	踏实肯干	43	谈判	58	领悟
14	运营	29	结算	44	创意	59	责任心
15	网络	30	英语	45	定制	60	人文知识

（2）企业招聘信息中高频关键词的词云图（见图2-58）

图 2-58 企业招聘信息中高频关键词词云图

（3）江苏旅游人才质量词典初始指标的构建

课题组根据多次调研、文献分析，将确定的 60 个中高频关键词归类为 14 个二级指标，并分别总结为：团队协作能力、营销能力、身体素质、专业知识与技能、服务意识、终身学习能力、管理组织能力、人际交往与沟通能力、心理素质、职业道德与责任感、创新能力、信息技术应用能力、财务知识与应用能力、外语应用能力；同时根据14个二级指标的特点归纳为：职业素质和知识与能力两个一级指标，如表2-29所示。

表2-29 江苏旅游人才质量词典初始指标体系

一级指标	二级指标	指标属性（关键词）
A 职业素质	A_1 职业道德与责任感	A_{11} 认真负责、A_{12} 踏实肯干、A_{13} 敬业精神、A_{14} 工作热情、A_{15} 诚实守信、A_{16} 责任心
	A_2 身体素质	A_{21} 身体健康、A_{22} 气质佳、A_{23} 形象好
	A_3 团队协作能力	A_{31} 团队、A_{32} 协作、A_{33} 合作
	A_4 创新能力	A_{41} 设计、A_{42} 创新、A_{43} 定制、A_{44} 创意
	A_5 服务意识	A_{51} 服务意识、A_{52} 亲和力、A_{53} 尊重
	A_6 终身学习能力	A_{61} 学习、A_{62} 思维敏捷、A_{63} 理解、A_{64} 总结、A_{65} 领悟、A_{66} 观察
	A_7 人际交往与沟通能力	A_{71} 沟通能力、A_{72} 人际交往
	A_8 心理素质	A_{81} 性格开朗、A_{82} 抗压能力、A_{83} 积极向上、A_{84} 勇于挑战
B 知识与能力	B_1 专业知识与技能	B_{11} 咨询、B_{12} 技能、B_{13} 礼仪、B_{14} 专业知识、B_{15} 证书、B_{16} 谈判、B_{17} 服务技巧、B_{18} 写作、B_{19} 人文知识
	B_2 管理组织能力	B_{21} 协调、B_{22} 执行力、B_{23} 管理能力、B_{24} 组织能力、B_{25} 应变
	B_3 营销能力	B_{31} 销售、B_{32} 运营、B_{33} 渠道、B_{34} 推广、B_{35} 策划、B_{36} 客户关系、B_{37} 开拓
	B_4 信息技术应用能力	B_{41} 网络、B_{42} 办公软件、B_{43} 数据、B_{44} 直播
	B_5 财务知识与应用能力	B_{51} 结算、B_{52} 报价
	B_6 外语应用能力	B_{61} 英语、B_{62} 日语

（4）江苏旅游人才质量词典指标筛选的方法与流程

德尔菲法（Delphi）作为一种主观、定性的方法，不仅可以用于预测领域，而且可以广泛应用于具体指标筛选和评价指标体系的建立过程。它对大量非技术性的无法定量分析的要素做出概率估算，在决策者心目中享有很高的可信度，是系统工程中一种很重要的测定方法。

为了保证指标归类的科学性，选取长期深耕旅游行业的专家采用Delphi法对表2-29的指标归类进行检验。步骤如下：

步骤1：组织专家进行打分

按照"不吻合、较吻合、一般吻合、吻合、非常吻合"，对应分数依次为1~5，统计回收数据。以指标等级值的平均值小于3，或者变异系数大于0.3作为指标排除标准，同时结合专家意见决定指标是否进行最终排除。

步骤 2：计算变异系数和协调系数

①变异系数

变异系数表示评价分值波动大小的重要指标。v_j 的值越小代表所有打分专家对关键词 j 的协调程度越高，计算公式为：

$$v_j = \frac{S_j}{\overline{C}_j}$$

式中，$\overline{C}_j$ 代表所有打分专家对第 j 个指标评分的均值，S_j 为相应的标准差，计算公式分别为：

$$\overline{C}_j = \frac{\sum_{i=1}^{n} c_{ij}}{n}$$

$$S_j = \sqrt{\frac{1}{n-1}\sum_{i=1}^{n}(c_{ij} - \overline{c}_j)^2}$$

式中，C_{ij} 表示第 i 个专家对第 j 个指标的评分，n 表示参与第 j 个指标评分的专家总数。

②专家意见协调系数

协调系数 w 的值在 [0，1] 之间，w 值越大，表示所有专家对全部指标的协调性越好，计算公式为：

$$w = \frac{12S}{n^2(N^3-N) - n\sum_{i=1}^{n}T_i}$$

其中 $S = \sum_{j=1}^{N} d_j^2 = \sum_{j=1}^{N}(R_j - \overline{R})^2$，$T_i = \sum_{l=0}^{L}(t_l^3 - t_l)$，$R_j = \sum_{i=1}^{n} R_{ij}$，$\overline{R} = \frac{1}{N}\sum_{j=1}^{N} R_j$，$n$ 为参与第 i 个指标评分的专家总数，N 为参加评分的指标的个数；R_j 为第 j 个指标等级和 $\overline{R}$ 为全部指标等级和的算术平均值，R_{ij} 为专家 i 对指标 j 的评价等级；T_i 为相同等级的指标，L 为专家对各指标的评价中具有相同等级组数，T_l 为 l 组中包括的相同等级数。

步骤 3：协调程度的一致性检验，保证专家评价意见的一致性

当打分专家人数 $3 \leq n \leq 20$ 时，被评指标个数 $3 \leq N \leq 7$ 时，可查《肯德尔和谐系数（w）显著性临界值表》，检验 w 是否达到显著性水平。当被评指标个数 $N > 7$ 时，协调程度的显著性检验须利用皮尔逊准则进行，该检验可应用 SPSS 软件计算。

（5）江苏旅游人才质量词典的构建

选取江苏省内旅游学者、景区管理者、旅游政府部门负责人等 10 位行业专家采用

Delphi 法对表 2-29 的指标归类的吻合度进行打分，关键词与二级指标的吻合度打分统计检验结果见表 2-30，二级指标与一级指标的吻合度打分统计检验结果见表 2-31。

由表 2-30 可以看出，专家的协调系数为 0.759，专家对全部指标已经有很高的协调性，但是有三项变异系数 $v_j > 0.3$，说明不同专家对网络、直播、数据这三个关键词归类于信息技术应用能力的评价尚存在较大差异。经过专家们讨论以及分析招聘信息认为："网络"这个关键词主要代表的是企业对招聘人才在应用互联网方面的技术要求，该关键词归类于信息技术与应用能力这个指标是合理的；"直播"这个关键词主要代表的是直播软件的操作应用，该关键词仍然保留在信息技术与应用能力这个指标里；"数据"这个关键词在招聘信息中主要代表的是分析数据的能力，将该指标归类为专业知识与技能，最终形成旅游人才质量词典的二级指标体系。

由表 2-31 可以看出，专家的协调系数为 0.847，专家对全部指标已经有很高的协调性，但是有一项变异系数 $v_j > 0.3$，说明不同专家对身体素质这个指标归类于职业素质的评价尚存在较大差异，经过专家们讨论以及分析招聘信息认为：近年来因为疫情的影响，企业都非常重视员工的身体素质，也是招聘新员工时关注的条件之一，因此保留该指标且仍归类于职业素质。由此江苏旅游人才质量词典构建完成，详见表 2-32。

表 2-30 江苏旅游人才质量词典关键词与二级指标吻合度分析表

关键词	$\overline{C_j}$	v_j	关键词	$\overline{C_j}$	v_j
A_{11}	5	0.16	A_{84}	4.4	0.16
A_{12}	5	0.06	B_{11}	4.9	0.06
A_{13}	5	0.16	B_{12}	4.5	0.16
A_{14}	4.7	0.06	B_{13}	4.9	0.06
A_{15}	4.9	0.00	B_{14}	5	0.00
A_{16}	5	0.11	B_{15}	4.6	0.11
A_{21}	5	0.10	B_{16}	4.7	0.10
A_{22}	3.6	0.06	B_{17}	4.9	0.06
A_{23}	3.8	0.06	B_{18}	4.9	0.06
A_{31}	4.9	0.19	B_{19}	4.5	0.19
A_{32}	5	0.19	B_{21}	4.3	0.19
A_{33}	5	0.12	B_{22}	4.5	0.12
A_{41}	4.9	0.00	B_{23}	5	0.00
A_{42}	4.7	0.00	B_{24}	5	0.00
A_{43}	4.9	0.09	B_{25}	4.8	0.09

关键词	$\overline{C_j}$	v_j	关键词	$\overline{C_j}$	v_j
A_{44}	4.5	0.09	B_{31}	4.8	0.09
A_{51}	5	0.00	B_{32}	5	0.00
A_{52}	4.3	0.15	B_{33}	4.6	0.15
A_{53}	4.5	0.06	B_{34}	4.9	0.06
A_{61}	4.9	0.10	B_{35}	4.7	0.10
A_{62}	4.5	0.10	B_{36}	4.7	0.10
A_{63}	4.4	0.25	B_{37}	4.3	0.25
A_{64}	4.5	0.42	B_{41}	2.2	0.42
A_{65}	4.1	0.06	B_{42}	4.9	0.06
A_{66}	4.8	0.56	B_{43}	2.2	0.56
A_{71}	5	0.60	B_{44}	2.5	0.60
A_{72}	5	0.00	B_{51}	5	0.00
A_{81}	4.1	0.00	B_{52}	5	0.00
A_{82}	5	0.00	B_{61}	5	0.00
A_{83}	4.5	0.00	B_{62}	5	0.00
专家意见的协调系数			$w=0.759$		
显著性检验			$\chi^2=18.632 \quad p=0.029<0.05$		

表2-31 江苏旅游人才质量词典二级指标与一级指标吻合度分析表

二级指标	$\overline{C_j}$	v_j	二级指标	$\overline{C_j}$	v_j
A_1	5	0.00	A_8	4.5	0.16
A_2	3	0.35	B_1	5	0.00
A_3	4.3	0.22	B_2	4	0.20
A_4	3.9	0.19	B_3	4.2	0.22
A_5	5	0.00	B_4	5	0.00
A_6	4	0.20	B_5	5	0.00
A_7	4.1	0.24	B_6	5	0.00
专家意见的协调系数			$w=0.847$		
显著性检验			$\chi^2=27.442 \quad p=0.001<0.05$		

表 2-32　江苏旅游人才质量词典

一级指标	二级指标	指标属性（关键词）
A 职业素质	A_1 职业道德与责任感	A_{11} 认真负责、A_{12} 踏实肯干、A_{13} 敬业精神、A_{14} 工作热情、A_{15} 诚实守信、A_{16} 责任心
	A_2 身体素质	A_{21} 身体健康、A_{22} 气质佳、A_{23} 形象好
	A_3 团队协作能力	A_{31} 团队、A_{32} 协作、A_{33} 合作
	A_4 创新能力	A_{41} 设计、A_{42} 创新、A_{43} 定制、A_{44} 创意
	A_5 服务意识	A_{51} 服务意识、A_{52} 亲和力、A_{53} 尊重
	A_6 终身学习能力	A_{61} 学习、A_{62} 思维敏捷、A_{63} 理解、A_{64} 总结、A_{65} 领悟、A_{66} 观察
	A_7 人际交往与沟通能力	A_{71} 沟通能力、A_{72} 人际交往
	A_8 心理素质	A_{81} 性格开朗、A_{82} 抗压能力、A_{83} 积极向上、A_{84} 勇于挑战
B 知识与能力	B_1 专业知识与技能	B_{11} 咨询、B_{12} 技能、B_{13} 礼仪、B_{14} 专业知识、B_{15} 证书、B_{16} 谈判、B_{17} 服务技巧、B_{18} 写作、B_{19} 人文知识、B_{20} 数据
	B_2 管理组织能力	B_{21} 协调、B_{22} 执行力、B_{23} 管理能力、B_{24} 组织能力、B_{25} 应变
	B_3 营销能力	B_{31} 销售、B_{32} 运营、B_{33} 渠道、B_{34} 推广、B_{35} 策划、B_{36} 客户关系、B_{37} 开拓
	B_4 信息技术应用能力	B_{41} 网络、B_{42} 办公软件、B_{43} 直播
	B_5 财务知识与应用能力	B_{51} 结算、B_{52} 报价
	B_6 外语应用能力	B_{61} 英语、B_{62} 日语

本报告建立的江苏旅游人才质量词典的科学性主要体现在两个方面。

第一，指标属性关键词的确定。本报告根据网络采集的 2021 年江苏省旅游企业的招聘信息进行清洗，采用中文分词技术加文本频次筛选获得指标属性关键词。数据来源于现实，关键词的确定方法科学。

第二，构建旅游人才质量词典。利用德尔菲法对指标体系进行了构建和筛选，其中专家打分法及专家协调系数的一致性检验，定性和定量分析相结合确保了江苏人才质量词典的科学性。

（三）江苏旅游企业岗位需求预测与人才质量要求分析

1. 旅行社企业岗位需求预测与人才质量要求分析

（1）岗位需求预测

江苏省旅行社企业岗位群主要分四类：运营、导游、策划、营销（见图 2-59）。

根据在 51job、智联招聘、58 同城、最佳东方四大主流平台抓取的江苏省旅行社招聘数据分析发现，营销岗位群需求量最大，占比 44%，运营类岗位群占比为 41%，策划岗位群占比 10%，导游岗位群占比仅为 5%，具体见图 2-59。旅行社招聘岗位中主要集中在营销和策划类岗位占比达 54%，究其原因主要是新冠疫情导致小规模、私密、自由的小型私家团成为跟团旅游的新常态，因此需要招聘具备设计和定制个性化旅游产品能力的策划人才和具备开拓市场能力的营销人才。

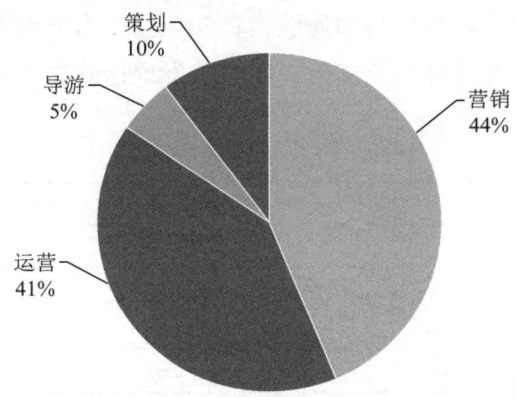

图 2-59　江苏省旅行社四类岗位群招聘数量的比例

（2）人才质量要求分析

根据江苏旅游人才质量词典指标体系，对指标属性关键词的文本频率进行统计，分析旅行社企业营销、运营、导游、策划四类岗位群的人才质量要求。

①营销类岗位群的人才质量要求分析

根据图 2-60 可知，营销岗位群人才质量要求：职业素质方面企业最注重的是人际交往与沟通能力、职业道德与责任感和团队协作能力；知识与能力方面最重视的是营销能力、管理组织能力和专业知识与技能。

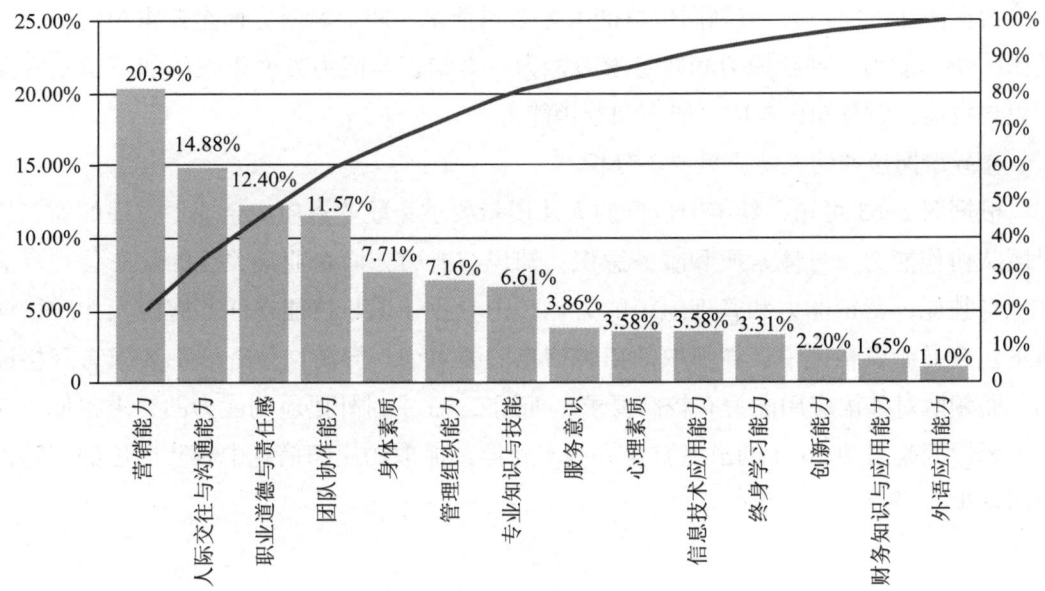

图 2-60　营销岗位群招聘人才质量要求的文本频率

②运营岗位群的人才质量要求分析

根据图 2-61 可知，运营岗位群人才质量要求：职业素质方面企业最注重的是团队协作能力、服务意识和人际交往与沟通能力；知识与能力方面中企业最关注的是营销能力、专业知识与技能和管理组织能力，同时也发现运营岗位对财务知识与应用能力的要求比较高。

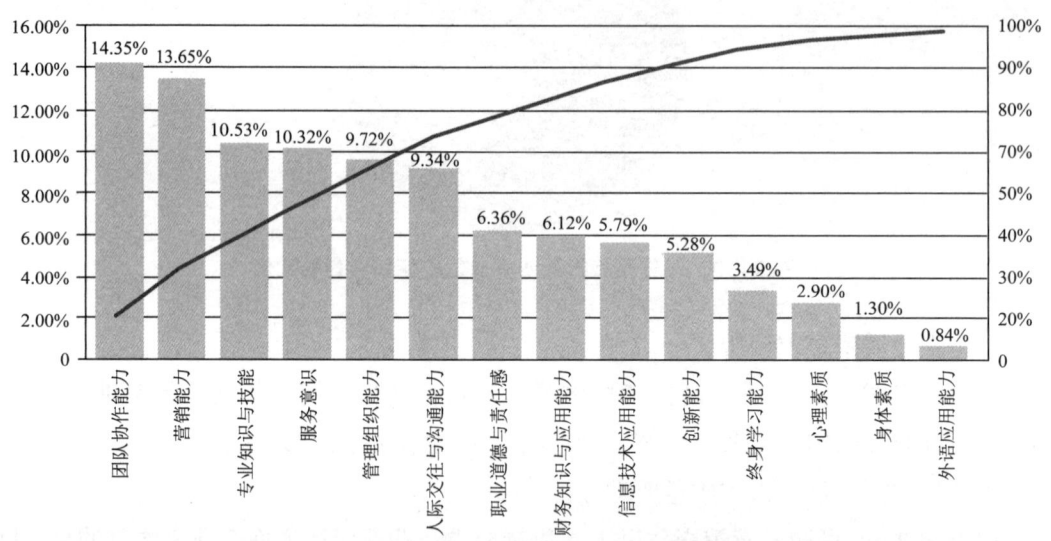

图 2-61　运营岗位群招聘人才质量要求的文本频率

③策划岗位群的人才质量要求分析

根据图 2-62 可知，策划岗位群的人才质量要求：职业素质方面企业重视的前三位是团队协作能力、创新能力和终身学习能力；对知识与能力方面重视的前三位是专业知识与技能、财务知识与应用能力和营销能力。

④导游岗位群的人才质量要求分析

根据图 2-63 可知，导游岗位群的人才质量要求：职业素质中企业最关注的前三位是团队协作能力、身体素质和服务意识；知识与能力方面企业最关注的前三位是专业知识与技能、营销能力和管理组织能力，其中专业知识与技能在江苏旅游人才质量词典里包含导游资格证书，在抓取的招聘信息的要求中，导游岗位一般都要求有资格证书，而领队对外语应用能力有较高要求，而图 2-63 中对外语应用能力的要求很低，究其主要原因是自 2020 年的出境游业务基本暂停，抓取的招聘信息中领队岗位的招聘人数非常少。

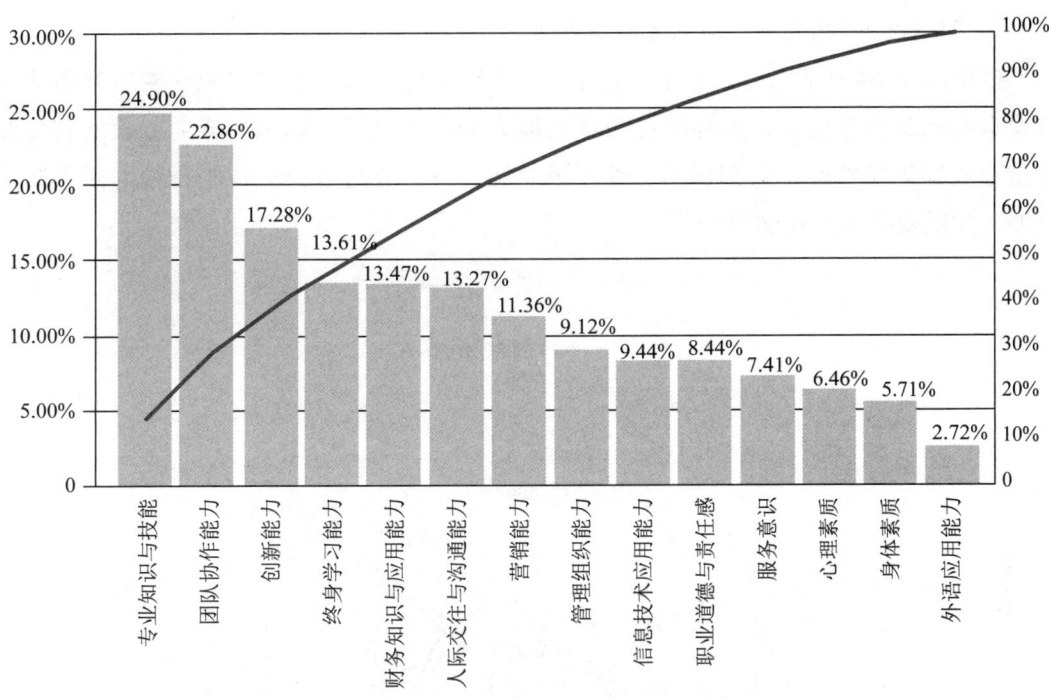

图 2-62 策划岗位群招聘人才质量要求的文本频率

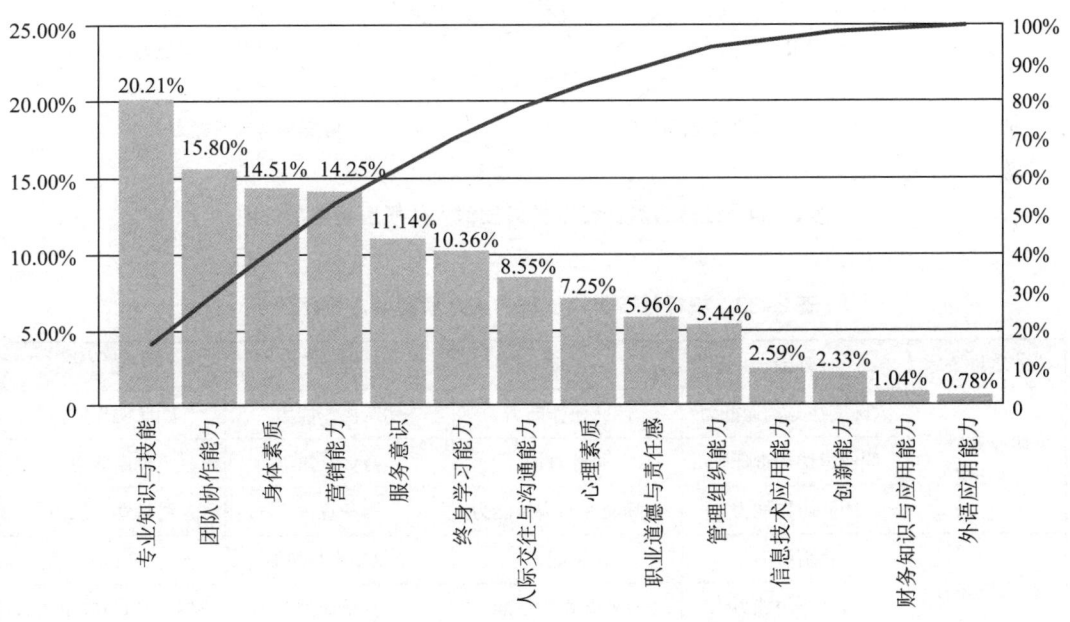

图 2-63 导游岗位群招聘人才质量要求的文本频率

⑤旅行社企业四类岗位群人才质量要求的共性与个性分析

根据图2-64和表2-33分析，旅行社四类岗位群的人才质量中职业素质方面的共性要求是团队协作能力、人际交往与沟通能力和服务意识；知识与能力方面的共性要求是专业知识与技能、营销能力、管理组织能力等。新冠疫情后，旅行社的四类岗位群的人才质量要求出现明显变化。

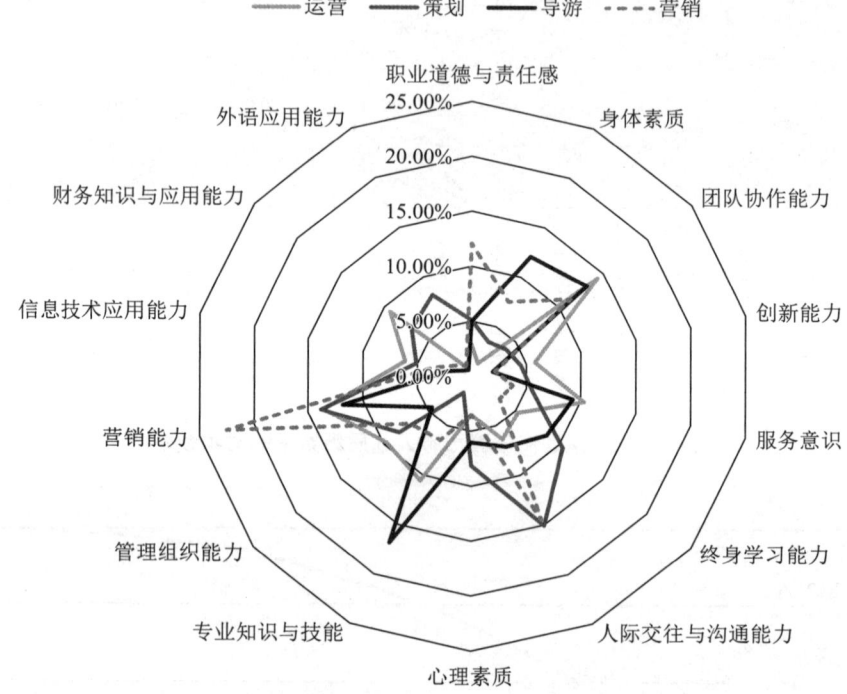

图2-64　江苏省旅行社四类岗位群人才质量要求雷达图

表2-33　旅行社四类岗位群的人才质量要求排序分析

人才质量要求	营销	运营	导游	策划
职业素质（前三位）	人际交往与沟通能力	团队协作能力	团队协作能力	团队协作能力
	职业道德与责任感	服务意识	身体素质	创新能力
	团队协作能力	人际交往与沟通能力	服务意识	终身学习能力
知识与能力（前三位）	营销能力	营销能力	专业知识与技能	专业知识与技能
	管理组织能力	专业知识与技能	营销能力	财务知识与应用能力
	专业知识与技能	管理组织能力	管理组织能力	营销能力

职业素质模块中，企业对各岗位群的职业素质要求中，身体素质的位次都得到明显提升。新冠疫情让企业更加关注招聘的人才的身体素质。

知识与能力模块中,各岗位群对营销能力的要求都较高,同时随着科技在旅游产业中的应用越来越广泛,加之新冠疫情也加速中国旅游业向数字化和智能化应用的普及,旅游企业对员工的数字化营销能力、智慧旅游新技术应用能力的要求也会越来越高。

2.酒店企业岗位需求预测与人才质量要求分析

(1)岗位需求预测

课题组通过对部分酒店管理人员的访谈,根据酒店企业的部门架构,将酒店企业岗位群进行了重新梳理,主要分八类:前厅、客房、餐饮、厨房、康乐、工程、营销、人力资源。

根据四大主流平台抓取数据分析,用人需求最多的四个岗位群仍然是:餐饮、厨房、前厅、客房,占到酒店总招聘数量的91%,其中餐饮岗位群需求人才数量仍然最多(见图2-65)。而餐饮岗位群的咖啡师、调酒师、茶艺师、侍酒师等有技能要求的岗位需求量较大,占到餐饮岗位群招聘数量的30%。

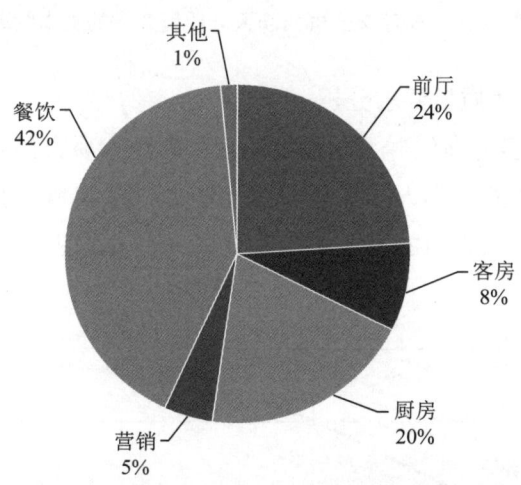

图2-65 酒店岗位群招聘数量的比例

(2)人才质量要求分析

根据江苏旅游人才质量词典指标体系,对指标属性关键词的文本频率进行统计,主要分析酒店前厅、客房、餐饮、厨房四类岗位群的人才质量要求。

①前厅岗位群的人才质量要求分析

由图2-66可知,前厅岗位群人才质量要求:职业素质方面企业最重视的是职业道德与责任感、团队协作能力和心理素质,尤其是职业道德与责任感的占比远远高于其他指标;知识与能力方面最重视的是专业知识与技能、信息技术应用能力和营销能力。

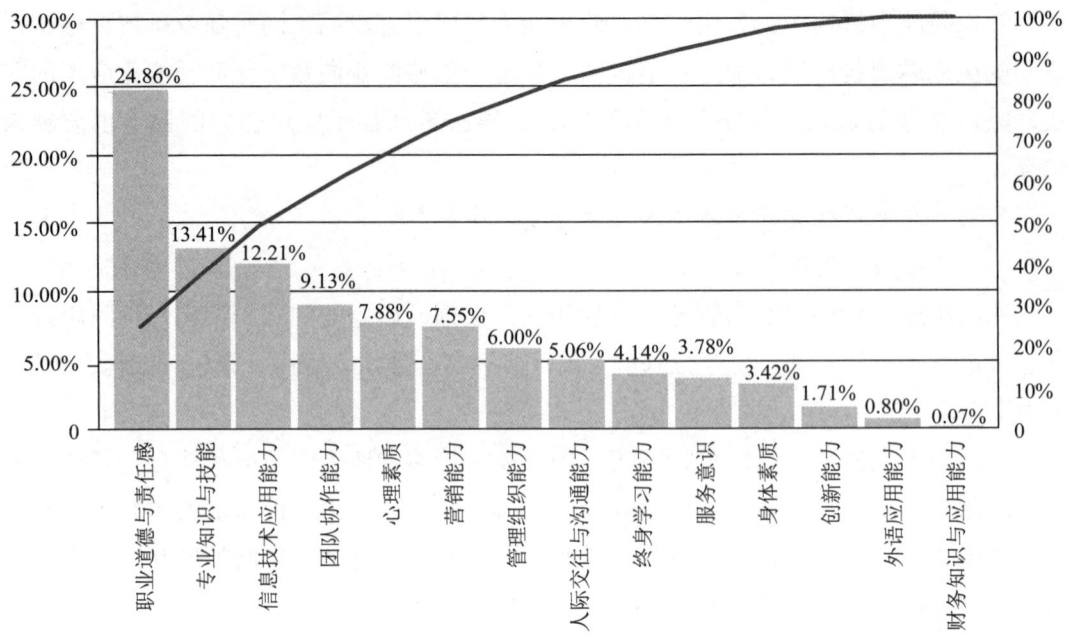

图 2-66　前厅岗位群招聘人才质量要求的文本频率

②客房岗位群的人才质量要求分析

由图 2-67 可知，客房岗位群人才质量要求：职业素质方面企业最重视的是职业道德与责任感、团队协作能力和人际交往与沟通能力，尤其是职业道德与责任感的占比也明显高于其他指标；知识与能力方面最重视的是专业知识与技能、营销能力和管理组织能力。

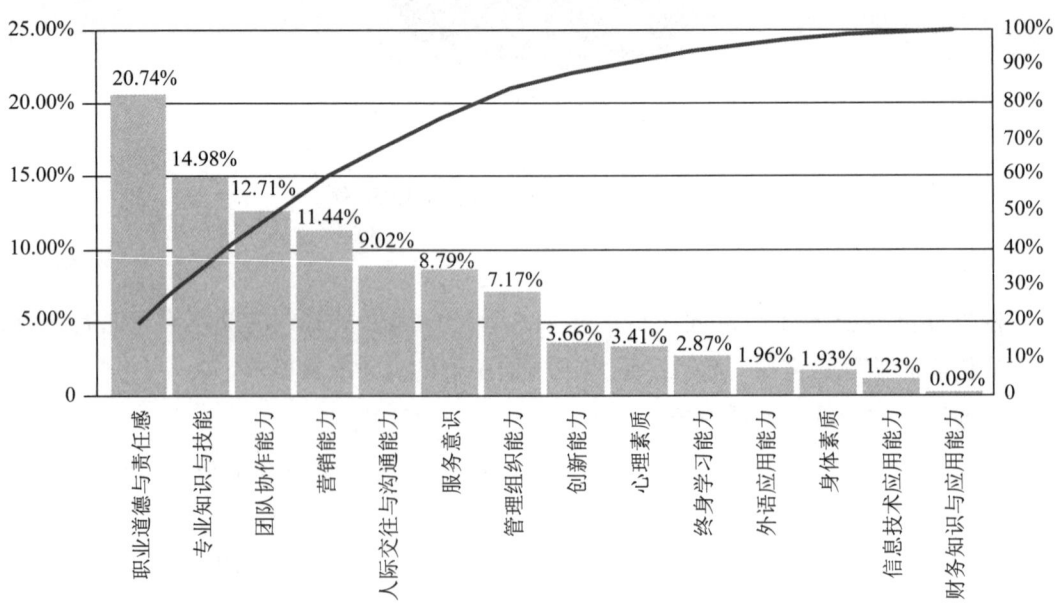

图 2-67　客房岗位群招聘人才质量要求的文本频率

③餐饮岗位群的人才质量要求分析

由图2-68可知，餐饮岗位群的人才质量要求：职业素质方面企业最重视的是服务意识、身体素质和团队协作能力；知识与能力方面中最重视的是营销能力、专业知识与技能和管理组织能力。作为餐饮岗位群中招聘占比30%的调酒师、茶艺师、侍酒师不仅需要有专业证书，也需要具备终身学习能力，不断地学习新的技能。

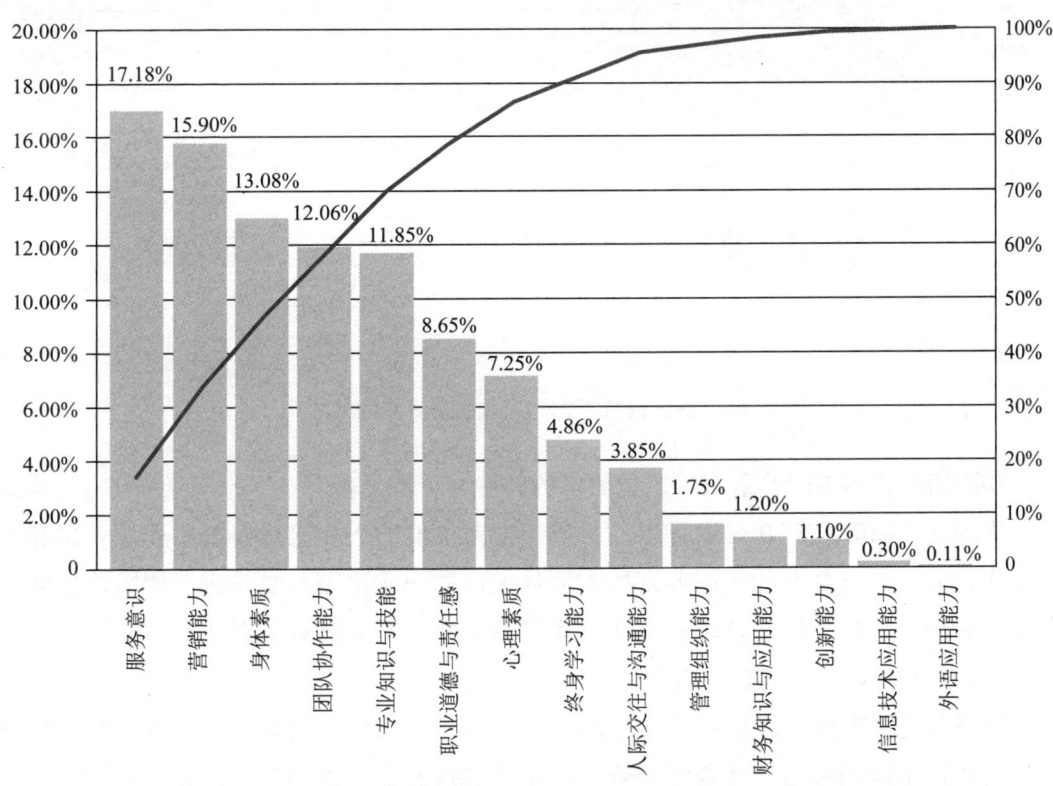

图2-68 餐饮岗位群招聘人才质量要求的文本频率

④厨房岗位群的人才质量要求分析

由图2-69可知，厨房岗位群的人才质量要求：职业素质方面企业最重视的是团队协作能力、服务意识和身体素质；知识与能力方面中最重视的是专业知识与技能、管理组织能力和信息技术应用能力。作为厨房岗位群中的中西餐厨师不仅需要有专业证书，也需要具备终身学习能力，不断地学习新的技能。

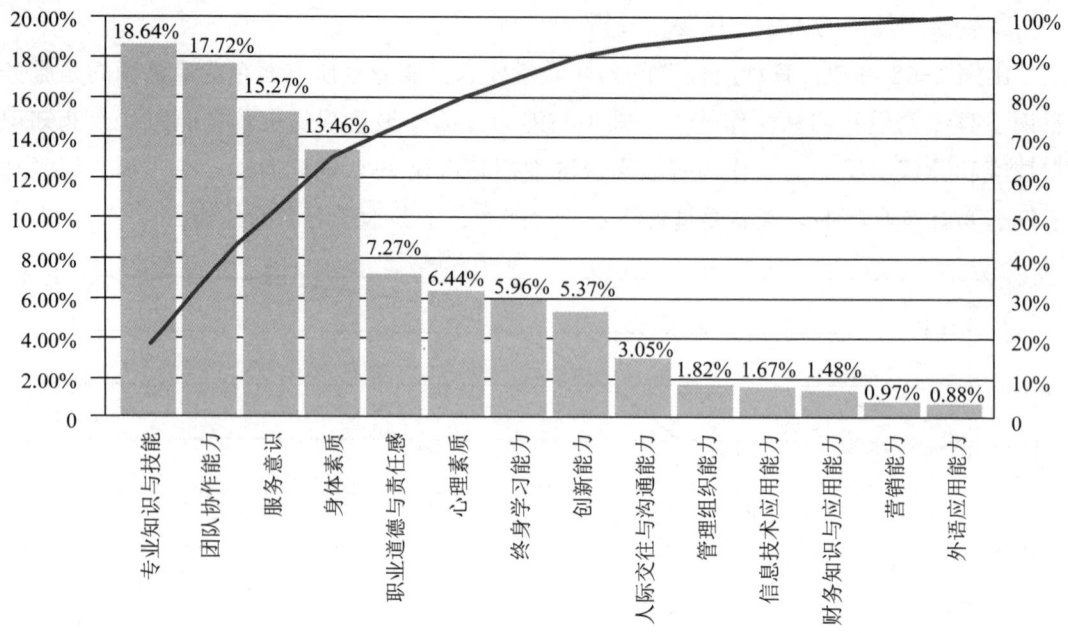

图 2-69 厨房岗位群招聘人才质量要求的文本频率

⑤酒店企业四类岗位群人才质量要求的共性与个性分析

从表 2-34 和图 2-70 可以看出，酒店四类岗位群的人才质量要求中职业素质和知识与能力方面是有共性的。职业素质方面最关注的职业道德与责任感、团队协作能力和服务意识；因此学校要将职业责任教育贯穿于整个专业教育的各个环节，同时注意培养学生的职业认同感和职业自豪感。

知识与能力方面，酒店企业关注的是专业知识与技能、营销能力、管理组织能力以及信息技术应用能力，随着酒店管理数字化和智慧化的发展，信息技术应用能力的关注度得到提升。

表 2-34 酒店四类岗位群的人才质量要求排序分析

人才质量要求	前厅	客房	餐饮	厨房
职业素质 （前三位）	职业道德与责任感	职业道德与责任感	服务意识	团队协作能力
	团队协作能力	团队协作能力	身体素质	服务意识
	心理素质	人际交往与沟通能力	团队协作能力	身体素质
知识与能力 （前三位）	专业知识与技能	专业知识与技能	营销能力	专业知识与技能
	信息技术应用能力	营销能力	专业知识与技能	管理组织能力
	营销能力	管理组织能力	管理组织能力	信息技术应用能力

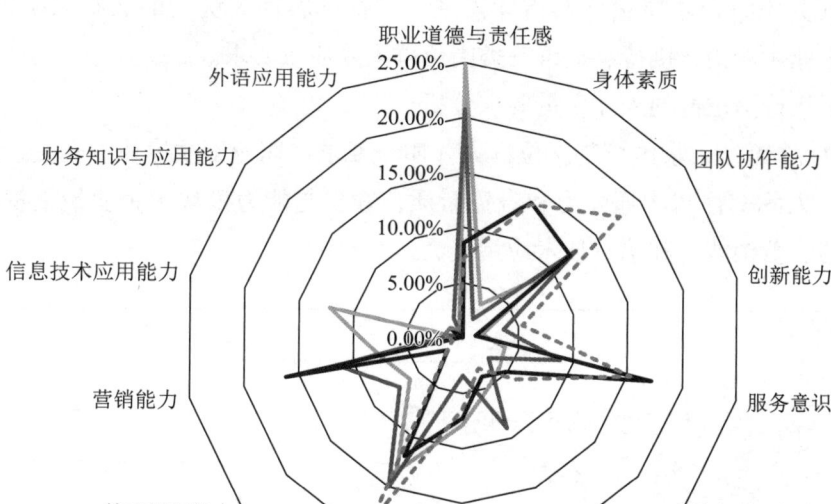

图 2-70 酒店四类岗位群需求人才质量要求的雷达图

3. 景区企业岗位需求预测与人才质量要求分析

（1）岗位需求预测

江苏省景区企业岗位群主要分为四类：景区接待、景区营销、景区运维、娱乐表演（见图 2-55）。其中，娱乐表演不属于本课题专业研究范围，因此不做分析。

根据四大招聘网站抓取的数据分析，景区营销类岗位占比 43%，景区接待岗位占比为 18%，景区运维类岗位仅占 13%，见图 2-71。

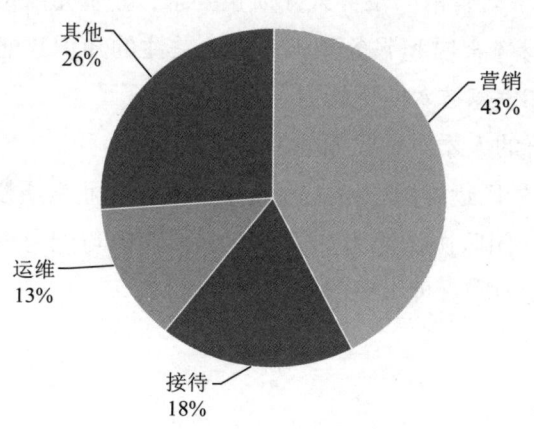

图 2-71 景区企业三类岗位招聘数量的比例

(2)景区企业三类岗位群人才质量要求分析

根据江苏旅游人才质量词典指标体系,对指标属性关键词的文本频率进行统计,分析景区企业对营销、接待、运维三类岗位群人才质量要求。

①景区接待岗位群的人才质量要求分析

由图2-72可知,景区接待岗位群人才质量要求:职业素质模块中企业最重视的是服务意识、人际交往与沟通能力和身体素质;知识与能力模块中企业最重视的是专业知识与技能、营销能力和信息技术应用能力。

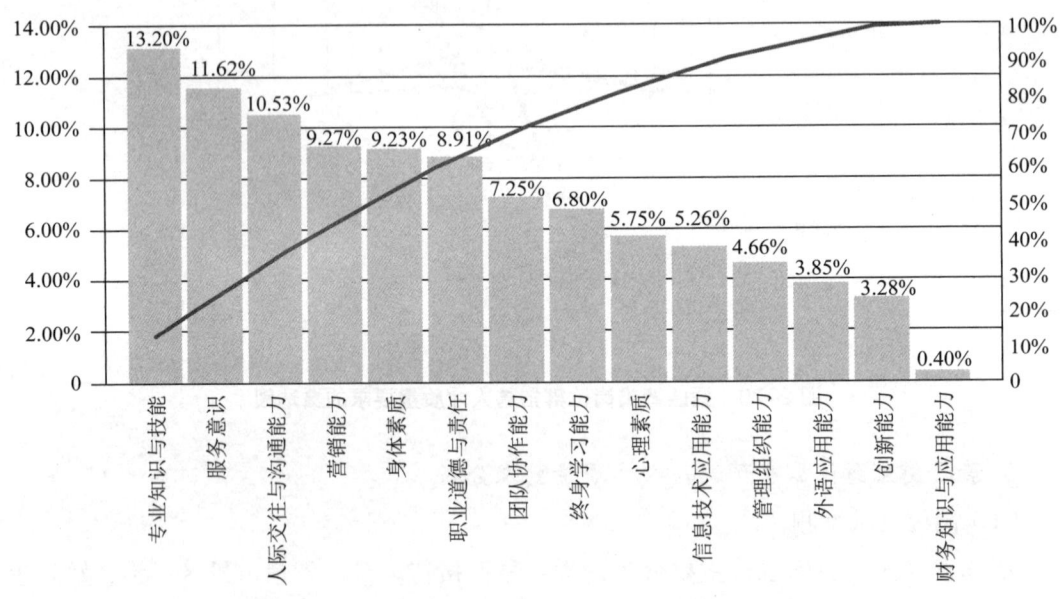

图2-72 景区接待岗位群招聘人才质量要求的文本频率

②景区营销岗位群的人才质量要求分析

由图2-73可知,景区营销岗位群人才质量要求:企业重视的职业素质前三位是人际交往与沟通能力、身体素质和服务意识;企业关注的知识与能力的前三位是营销能力、专业知识与技能和信息技术应用能力。

③景区运维岗位群的人才质量要求分析

由图2-74可知,景区运维岗位群人才质量要求:职业素质模块企业重视的前三位是职业道德与责任感、团队协作能力和服务意识;知识与能力模块重视的前三位是专业知识与技能、营销能力和管理组织能力。

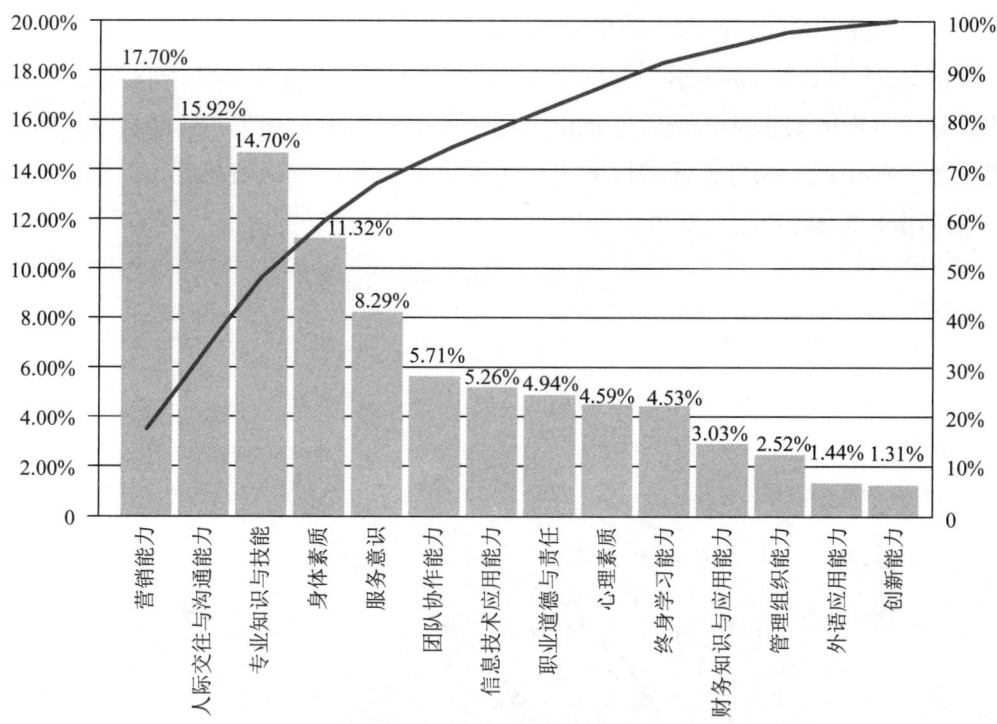

图 2-73　景区营销岗位群招聘人才质量要求的文本频率

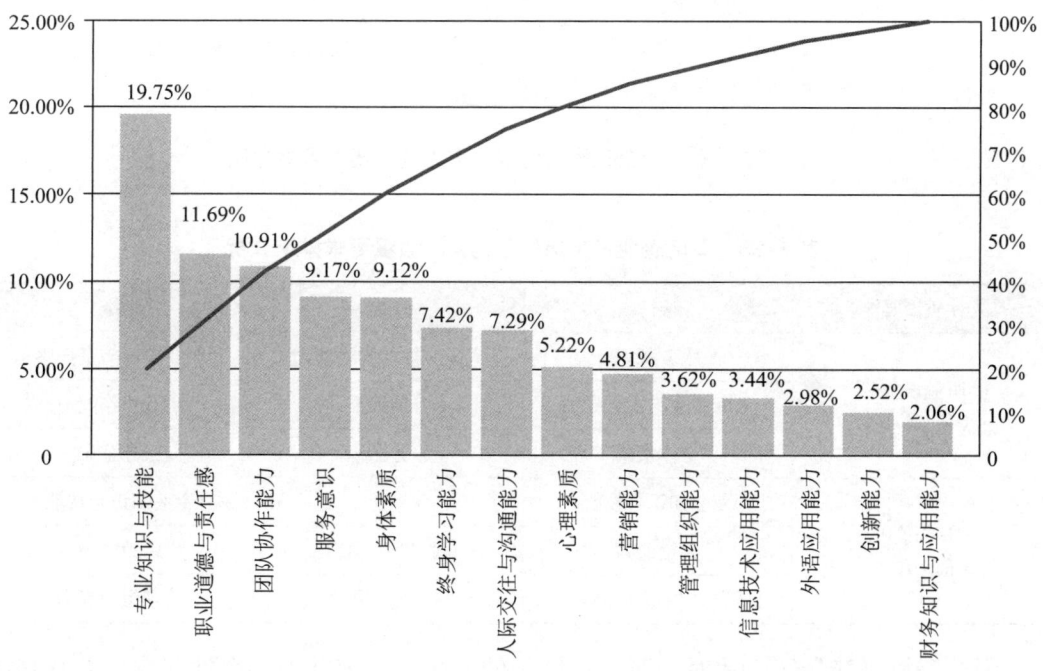

图 2-74　景区运维岗位群招聘人才质量要求的文本频率

④景区企业三类岗位群人才质量要求的共性与个性分析

如图 2-75 和表 2-35 所示，景区企业三类岗位群人才质量要求虽然各有侧重点，在职业素质方面的要求共性是服务意识、身体素质、人际交往与沟通能力及职业道德与责任感。在知识与能力方面共性的要求主要集中在专业知识与技能、营销能力、信息技术应用能力及管理组织能力。

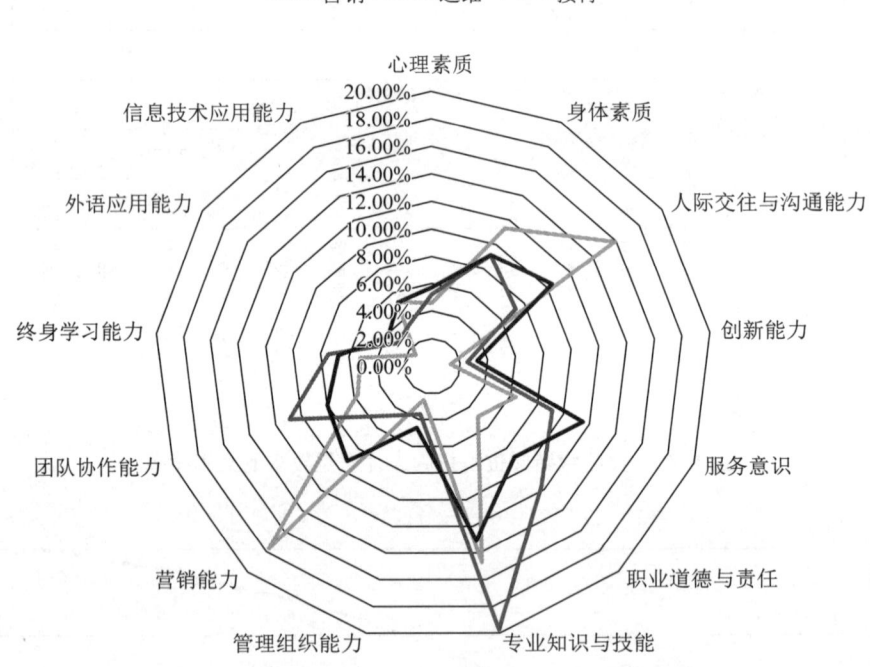

图 2-75　景区企业三类岗位群需求人才质量要求雷达图

表 2-35　景区企业三类岗位群的人才质量要求排序分析

人才质量要求	接待	营销	运维
职业素质（前三位）	服务意识	人际交往与沟通能力	职业道德与责任感
	人际交往与沟通能力	身体素质	团队协作能力
	身体素质	服务意识	服务意识
知识与能力（前三位）	专业知识与技能	营销能力	专业知识与技能
	营销能力	专业知识与技能	营销能力
	信息技术应用能力	信息技术应用能力	管理组织能力

因此院校培养景区人才时，要关注岗位的变化，重视共性和个性问题。尤其是要关注智慧景区的发展，将景区管理的预约化、智能化、数字化相关知识和技能纳入课程体系，并根据景区岗位群的职业标准制定课程标准，按照岗位群典型工作任务设计

学习任务，实现人才培养规格与企业用人规格的高度契合。

六、对策及建议

（一）政府层面

2021年，教育部称之为职业教育发展史上具有里程碑意义的一年，主要标志是4月党中央、国务院召开了全国职业教育大会。习近平总书记在对大会的重要指示中，充分肯定了职业教育在全面建设社会主义现代化国家新征程当中"前途广阔、大有可为"。10月，中共中央办公厅、国务院办公厅印发《关于推动现代职业教育高质量发展的意见》，明确了职业教育发展的阶段性目标：到2025年，职业教育类型特色更加鲜明，现代职业教育体系基本建成；到2035年，技能型社会基本建成。结合国家政策和课题组调研发现的问题，提出以下建议。

1. 加强推动旅游产业和旅游教育的科学研究

调研中发现，对旅游业发展及旅游教育高质量发展的科学研究不够，是导致旅游职教人才供需结构性矛盾长期存在的主要原因之一。《"十四五"旅游业发展规划》也明确提出，要推动事关旅游业发展的重大现实问题、热点问题和难点问题研究，加强基础理论研究，加快构建以人民为中心的新时代旅游业发展理论体系。因此，建议各界，特别是政府主管部门高度重视，积极引导，持续加强对旅游产业、旅游教育发展态势等规律性的科学研究工作。主要包括政策研究、行业发展研究、旅游教育教学创新发展研究等，促进旅游职业教育与旅游产业发展良性互动。如加强旅游行业发展研究，建立产业人才数据平台，预判行业发展趋势，定期发布行业发展情况与人才需求数据研究报告；加强旅游教育人才供需研究，分析研究本行业最新职业岗位变化和人才需求，科学预测行业人力资源需求、就业形势，定期发布人才供需预测报告等，促进旅游类专业人才培养和旅游产业人才需求精准对接。

2. 出台有利于江苏旅游产业发展的产教深度融合政策文件，加快推进产业学院、企业学院建设

为深化产教融合，充分发挥产业优势，发挥企业重要育人的主体作用，2020年，教育部办公厅、工业和信息化部办公厅联合印发了《现代产业学院建设指南（试行）》，明确提出："推动高校探索现代产业学院建设模式，建强优势特色专业，完善人才培养协同机制，造就大批产业需要的高素质应用型、复合型、创新型人才，为提高产业竞争力和汇聚发展新动能提供人才支持和智力支撑。"2021年12月教育部公布了首批遴选50所本科院校的现代产业学院名单。因此建议，江苏文旅产业主管部门、教育主管部门根据区域经济发展趋势和需求，积极出台有利于江苏旅游产业发展的产教深度融

合政策文件，加大现代产业学院、企业学院等产教深度融合建设，推进校企双元体育人管理体制机制的建立和完善，促进旅游专业（群）与旅游产业发展对接，促进课程内容与智慧旅游技术发展对接，促进教学过程与旅游企业的生产、经营管理过程对接，促进院校旅游人才培养与旅游产业发展需求融合、吻合。

3. **推进旅游职业教育纵向贯通，加快现代旅游职业学校教育体系建设**

2022年4月新修订的《中华人民共和国职业教育法》明确提出：国家建立健全适应经济社会发展需要，产教深度融合，职业学校教育和职业培训并重，职业教育与普通教育相互融通，不同层次职业教育有效贯通，服务全民终身学习的现代职业教育体系。职业学校教育分为中等职业学校教育、高等职业学校教育。高等职业学校教育由专科、本科及以上教育层次的高等职业学校和普通高等学校实施。根据高等职业学校设置制度规定，将符合条件的技师学院纳入高等职业学校序列。因此建议，一是加快出台发展旅游类职业本科教育政策文件，鼓励有实力、有条件的高职院校开展旅游类职教本科的工作。通过政府统筹，整合职业教育资源，逐步形成中等职业学校、专科高等职业院校、本科应用技术型高等院校、高等院校专业学位研究生教育模式等定位清晰、结构布局合理的现代旅游职业学校教育新体系。二是加快职教高考制度改革的步伐，改革选拔评价制度，完善"文化素质+职业技能"考试招生办法，探索分类考试、综合评价、多元录取的考试招生模式。加强各学段普通教育与职业教育的渗透融通，发挥职业教育在服务构建全民终身学习体系中的独特功能和价值，加快构建纵向贯通、横向融通的现代职业教育体系。

4. **充分发挥文化和旅游行业职业教育教学指导委员会的引领作用，推动江苏旅游职业教育高质量发展**

江苏省文化旅游职业教育行业指导委员会是受江苏省教育厅委托，对文化旅游行业职业教育教学工作进行研究、指导、服务和质量监控的专家咨询组织，同时也是协助指导本行业职业教育与培训工作的专家组织，是由具有较高专业理论水平、丰富实践经验、较深厚行业专业阅历与背景的相关部门、行业组织、企事业单位、科研机构专家、职业院校院（校）长、一线骨干教师等组建而成。因此建议，充分发挥江苏省文化旅游行业指导委员会的作用，通过搭建各职业院校、行业企业之间的沟通平台，推进文化旅游职业教育教学资源整合和改革创新。推动产教融合、校企合作，进一步加强院校之间、院校与企业之间、院校与领域专家之间的交流与合作，全面提高教学质量和办学效益，更好地服务江苏省经济社会发展。

5. **推进师资培训体系建设**

"双师型"教师是推动我国职业教育发展的关键因素。因此，应建立职业技术师范院校培养和在职教师继续教育的双轨制职业教育教师专业化培训体系，推进师资培训体系建设。课题组建议：

一是，设立江苏省职业教育领军人才——校长培训中心，设置任职资格培训、骨干校长培训、卓越校长培训、名校长工作室等系列层次化的培训体系等，用高水平的校长引领高水平的职业学校前进。

二是，推进"本硕一体化"职教师资的培养工作，带动高水平本专科院校参与职教师资的培养工作。按照"本科与硕士教育阶段整体设计、分段考核、有机衔接的人才培养模式"的要求，加快推进本科和硕士接续培养模式，吸引优秀生源报考职教师范专业。为博士层次"双师型"职教师资培养开辟"绿色通道"，提升职教师资的培养层次。

三是，强化对旅游企业兼职教师的教育培训。为及时更新知识技能体系、提高旅游职业院校专任教师的实践教学能力，出台相关制度和细则，鼓励合格企业设置职教教师流动工作站，给予企业财政补贴，减免教育附加费。

四是，设计推进江苏"双师型"教师评判标准，建立职教教师持证上岗制度，形成合力，协同推进职业教育"双师型"教师队伍建设目标的整体落实。

（二）企业层面

深化产教融合是职业教育改革的方向，也是提高旅游行业企业供需适配性、培养高素质人才的必由之路。2021年7月，国家发展改革委办公厅、教育部办公厅联合公布了《国家产教融合型企业名单》和《国家产教融合试点城市名单》，认定了首批21个国家产教融合试点城市和63家国家产教融合型企业。其中，江苏省常州市被认定为国家产教融合试点城市，江苏亨通集团有限公司和江九如城养老产业投资有限公司被认定为国家产教融合型企业。2021年12月，教育部办公厅、工业和信息化部办公厅联合公布了《关于公布首批现代产业学院名单的通知》，认定了首批50所现代产业学院名单。虽然集中于高端领域和应用型本科院校，但一系列的举措将不断开启提升职业教育校企合作质量和水平的全新局面。不断深化职业教育产教融合，也将有助于我国职业教育真正走向"三个转变"，有助于解决人才供给不足的结构性矛盾。因此课题组建议：

1. 顺应文旅产业发展趋势，从战略的高度认识和参与旅游职业教育事业

旅游企业要积极贯彻落实国家《"十四五"旅游业发展规划》和《"十四五"文化和旅游发展规划》，以及《江苏省"十四五"文化和旅游发展规划》，加快企业转型升级发展，推进旅游业高质量发展的同时，应认真研究国家层面、省级地方层面关于推进产教融合的政策制定和文件，将产教融合纳入旅游企业战略发展框架体系内，认真研究产教融合工作，根据区域旅游经济发展和企业发展的实际，与区域内的旅游职业院校积极开展产教深度融合，积极申报国家和省级的产教融合项目，积极参与院校旅游科技创新和人才培养，打造校企合作的共同发展需求和愿景，构建产教学研一体化的校企融合新模式。

2. 积极探索现代旅游产教融合新模式

建议优质旅游企业选择有实力的院校，依托其优势旅游类专业，积极探索现代旅游产业学院的建设模式，积极构建紧密对接产业链、创新链的专业体系，积极参与旅游人才培养的全过程。投入专门的人力、财力，参与院校旅游类专业设置、招生计划、教学方式、课程开发建设、实践教学基地、教学评价、教师培养、专业标准、人才培养方案中，实现校企共治、融合共生。通过产教深度融合，培养一大批旅游产业需要的高素质技术技能的复合型、创新型人才，为提高旅游产业质量提供人才支持和智力支撑。

3. 重视管理，注重文化融合，凝聚合力育人

人才是支撑旅游企业发展的核心竞争力。重视对人才的培养，注重校企文化融合，形成合力育人是校企合作的必然选择，也是现代职业教育发展的必然追求。课题组建议：

一是，建立企业师傅管理制度。企业师傅是知识的传授者和职业素养的示范者，培养优秀的技能人才需要一支高素质的企业师傅队伍。首先，应完善企业师傅资质标准，从专业能力、教育教学能力和人格素养三个方面进行综合评估。其次，建立企业师傅培训制度，根据需求规定培训内容、培训周期和考核标准，搭建培训平台和提供培训资金，实现企业师傅培训常态化。最后，实施企业师傅激励机制，完善企业师傅评价机制，将参与校企合作的成果与职位晋升挂钩，保障师傅的发展机会。同时，重视企业师傅的精神激励，对参与校企合作的师傅发放聘任证书，在优先评优等方面给予优选权。通过一系列举措，为企业师傅提供校企合作的良好环境，提高师傅的角色认同感和角色体验能力。

二是，促进校企文化深度融合。校园文化主要是为了更好地培育人才，进而为社会经济发展提供强有力的人力支撑；企业文化是指企业在长期的生产、管理、经营实践过程中所形成的一整套观念、价值和行为准则。企业文化以激励员工奋斗、培育团结精神、提高管理水平、实现经济效益最大化为目标。企业文化与校园文化对接，能够将技术和技能知识整合形成教学内容，将职业教育的育人功能融入企业价值链，打造职教集团品牌，获得企业长久发展所需人才和技术支撑。校企文化融合能够促进校企双方认同彼此的理念，凝聚文化育人合力，注重强调产业文化、服务文化和企业文化与职业教育的有效对接，扎实推进"产业文化进教育、企业文化进校园、职业文化进课堂"，促使学校文化和企业文化在资源整合和互相浸染中实现深度共融，从而提高

人才培养质量，为我国旅游产业转型升级与社会经济发展提供强有力的人力支撑。

（三）院校层面

2021年是职业教育蓬勃发展的一年，《本科层次职业教育专业设置管理办法（试行）》《关于推动现代职业教育高质量发展的意见》等政策的出台，既为职业教育改革发展指明了方向和思路，又为高等职业教育引领职教改革发展明确了目标和任务。因此，院校要充分认清形势，厘清人才培养工作重点和难点，通过深入学习并贯彻落实国家职业教育政策文件，提升办学质量，促进江苏旅游业高质量发展。

1. 对接旅游产业发展，加强科学研究，准确把脉旅游人才需求规模和质量

调研中发现，相对于本科院校而言，高职院校对旅游行业发展、政策、技能跟踪的研究不够，对旅游产业发展的重大现实问题、热点问题和难点问题关注不够，导致人才培养与旅游产业发展的契合度不高，在一定程度上加剧了人才培养供需结构性矛盾。因此建议，高职院校要对新时代旅游产业发展及变革、旅游产业政策、旅游新技术新技能变化等加强研究，每年定期开展行业企业用人需求调研，了解旅游产业企业人才需求的岗位、数量变化和规格要求，科学预测区域旅游经济发展态势和人力资源需求、就业形势，促进旅游类专业人才培养和旅游产业人才需求精准对接。

2. 对接江苏旅游产业新发展、新趋势、新业态，调整专业结构，深化教育教学改革和创新，提高旅游人才培养质量

面对新的历史发展机遇与产业发展需求，职业院校要面向江苏旅游产业发展，健全对接旅游产业、动态调整、自我完善的专业群建设发展机制，促进专业资源整合和结构优化，发挥专业群的集聚效应和服务功能，实现旅游人才培养供给侧和旅游产业需求侧结构要素全方位融合。因此，提出以下建议：

一是，对接旅游产业发展，适时调整优化专业结构，建立旅游人才供需适配长效机制。人才培养的周期性、供需适配性等要求高校必须根据旅游人才培养的服务区域面向，实时关注旅游产业发展动态变化，深入开展专业调研，充分了解旅游产业发展趋势以及对旅游人才需求的规模和质量，并结合本校发展实际和办学特色，动态调整和优化专业结构，建立并形成旅游类专业建设和人才培养的供需匹配的良性发展机制。"十四五"期间，随着旅游产业转型升级，"互联网＋旅游"、智慧旅游快速发展，旅游新技术开发、旅游新技术应用、数字化旅游营销、智慧旅游管理等方面的专业人才供需缺口较大。因此，加强对旅游新技术的开发和应用，以及智慧旅游营销、管理等专业的建设和人才培养迫在眉睫。

二是，深化教育教学改革，加大对数字化、专业化、人文化、创新型、复合型人才的培养力度，提高人才培养质量。明确人才培养定位和就业服务面向，深化教学内

容、教材、教学方式方法、教学模式等创新改革，注重将旅游新知识、新技术、新标准、新方法、新规范等融入教育教学中，同时也要将思想政治教育、旅游人文知识等融入教育教学中，发挥文旅融合、以文化人的作用。此外，旅游业作为一个综合性产业，其产业生态链长，随着近年来旅游业结构性、发展性变化，对通识型旅游人才规模需要进一步扩大，专业型旅游人才的市场需求进一步增加①，要求院校对旅游类专业人才培养方案、课程体系等实施修订和调整，提升学生的就业竞争力。

三是，科学规划专业布局，推动旅游类专业集群化发展。文旅融合众多政策的出台、文旅产业的迅猛发展，为院校旅游服务专业群建设提供了良好契机。因此，院校应加强对专业群组建进行科学的论证与设计。基于区域文旅产业发展需求，考察专业群建设的必要性、合理性与可行性；思考专业群为专业建设带来的新的增长点，厘清专业逻辑关联，采用"一对一""一对多"或是"多对一"的方式对接旅游产业，实现校内外现有的专业、师资、课程、实习实训等条件对专业群建设的支撑，切实推动旅游类专业集群化发展。

3. 积极实施质量提升计划，完善现代职业教育体系

2021年，全国职业教育大会后，职业本科教育成为全社会关注的热点。大会配套文件《关于推动现代职业教育高质量发展的意见》明确，到2025年，职业本科教育的规模将不低于10%。《本科层次职业教育专业设置管理办法（试行）》的印发也标志着经过多年探索，局部实践的职业本科教育即将走向科学规范的全面实践。因此，建议实力强、发展优的旅游职业院校积极加快高水平职业院校和专业建设，探索职教本科专业建设，为培养旅游业高端技术技能人才贡献力量。

一是，高职院校应认真总结旅游类专业与本科院校联合培养、分段培养职教本科人才的成功经验和做法，分析存在的问题，探究问题的原因和症结，进一步做好人才培养方案、课程的衔接、实践能力培养、支持保障等，充分发挥职业院校在贯通培养、促进技术技能人才成长方面的优势，不断提升旅游职业教育现代化水平，满足旅游业发展的人才和智力支撑。

二是，职业院校积极主动对接应用型本科院校，根据双方优势互补、合作双赢的原则，围绕区域旅游经济发展所需专业、院校优势专业，开展职教本科专业建设合作，共商人才培养方案、校企合作，共建课程体系及实践教学体系，共同打造师资队伍，共同构建教学质量评价体系等，共同培养本科层次的技术技能型人才。

三是，职业院校应充分发挥主体作用和前期办学优势，进一步深化产教融合、校企合作，坚持文旅行业需求导向，对接旅游新业态、新技术、新职业，加强本科专业

---

① 又是一年毕业季：就业难，招聘难，难在哪？[EB/OL].[2021-07-05].https://xw.qq.com/cmsid/20210705A03JDR00.

设置的论证和调研，聚焦国家和区域旅游经济发展的重点领域设置专业；创新院校治理，完善保障机制，举全校之力，尽可能早地为申报高职本科专业创造优良的办学条件，探索长学制本科层次的旅游人才培养模式，开拓旅游职教本科人才培养的新路径。

4. 深化产教融合，构建产教综合体

产教融合是现代职业教育体系的内在要求。旅游职业院校人才培养应紧抓机遇，适应新时代旅游业大发展，深化供给侧结构性改革，积极实施产教融合型企业建设，通过真实生产、实训教学、科技研发、社会培训、创新创业等各要素的一体化建设，最大限度以产助学、以研促产，学训结合、训创融合，形成良性循环，全面提升办学和育人质量。主要有以下建议：

一是，积极探索产业学院建设，强化校企协同育人格局。旅游职业院校要主动推动产业学院、企业大学等校企合作新形势，以"强化学生职业胜任力和持续发展能力"为人才培养目标，以匹配产业发展对人才的需求为根本目的，探索旅游职业院校产业学院建设工作。强化企业参与职业教育人才培养全过程，实现教学过程与生产过程有效衔接，通过深化校企在专业设置、课程标准和教学过程的合作，使人才培养与人才需求相对接，形成一个完整的"产教融合、校企合作"逻辑链，强化校企协同育人新格局。同时，依托企业的资源和力量开展高质量的职业技能培训。

二是，深化校企共建，搭建服务地方旅游行业企业的产学研合作平台。旅游院校应加快融入地方旅游经济社会发展，主动对接行企发展，引进企业资金、项目、技术标准和人才资源，校企合作共建集项目开发、项目孵化、实习实训、毕业设计、师资培养、学生就业于一身的智慧旅游、全域旅游、大众旅游实践教学与科技研发平台。深化拓展与当地区域旅游龙头行业企业的战略合作，创新校地、校企合作模式和对接落实机制。充分发挥学校师资智力等资源，在企业员工培训、技能竞赛、企业文化传承和"四技"服务等方面开展合作，不断提升学校服务地方经济社会发展的能力，助推旅游企业和当地旅游经济发展。

三是，加强校内外实训教学中心和实习实训基地建设。学生的实践教学与企业生产的对接将通过实训教学中心和实训基地实现，校内实践作为生产实践的"预科班"，通过接近真实的工作环境保证学生未来尽快投入到真实的企业生产之中，学生通过反复的技能训练，提升工作能力，能够缩短校企双方在学生交接过程中的磨合期。因此，旅游职业院校应根据旅游行业企业生产、服务的真实环境和流程，对接工作真实环境和实训教学场所建设标准，按照工学结合、知行合一的要求，构建知识教育体系和实训实习环境。加强专业化、实体化实习实训基地建设，吸引企业联合建设协同创新中心、企业工作室、实验室、创新创业基地、实践基地、校外实习基地等，提升旅游职业学校办学硬件条件。

5. 打造多元化高素质的师资队伍

师资队伍是影响高职院校学生技术技能水平的关键因素，技术技能人才培养的特点需要职业教育师资具备技术技能理论知识和实践经验。为加强职业院校高素质"双师型"教师队伍建设，促进职业教育高质量发展，2021年，教育部、财政部联合印发了《关于实施职业院校教师素质提高计划（2021—2025年）的通知》，显示了国家对"双师型"教师队伍建设的重视，课题组建议如下：

一是，打造产教深度融合的教师队伍。充分利用社会资源和校友资源，积极聘请企业家、产业教授、旅游行企专家等精英人才，建立校外兼职教师库。另外，"行校企"协同培育理论研究与实践探索并重的职业教育教师队伍。旅游职业院校要重视教师培养，出台职业院校教师企业实践管理办法，通过制度创新、科学规划、分步实施职教教师实践技能提升计划，建立职教教师实践培训、考核、评价机制，鼓励职教教师将企业真实场景、典型案例、真实项目等融入教材开发、课程建设、课堂教学、科学研究、社会服务，建立教师提升技术技能的长效机制。

二是，打造高水平结构化教师教学创新团队。旅游高职院校要以技术技能积累为纽带，建设集人才培养、技术服务于一身，资源共享、机制灵活、产出高效的人才培养与技术服务创新团队，实施育训创结合的培养路径，开展师生企"团组融合"的教学和生产实践，组建高水平结构化教师教学创新团队，加强专业内涵建设，聚力教学改革，培育区域产业发展需要的高素质技术技能人才。

6. 积极打造中国特色的江苏职业教育品牌

国际旅游是开放交流、增进国际交往的重要方式与平台，旅游业的国际化特点日益突出，旅游业发展更需要具有国际视野、通晓国际规则、具备处理国际事务能力并能熟练应用国际化语言能力的高素质复合型人才。因此，院校应加强与国际高水平职业教育机构和组织合作，开展学术研究、标准研制、人员交流；开展专业领军人才、学术带头人、骨干教师、教师教学创新团队等人才境外培训和交流；积极探索"中文＋职业技能"的国际化发展模式，推动中国教育、专业标准、课程标准、课程资源走出去，打造具有中国特色的教育品牌，为旅游强国、教育强国培养更多优秀的国际化旅游人才。

参考文献

过聚荣.民宿蓝皮书：中国民宿发展报告（2020~2021）[R].北京：社会科学文献出版社，2021.

第三篇 新时代应用型旅游职教"文旅融合"人才培养策略研究

张 骏 陆明华[①]

摘 要：通过对新时期文旅融合的发展特征和趋势进行深入分析，奠定研究实践基础。采用问卷调研、现场访谈等方式，对省内主要文旅企业和文旅院校进行较广范围的田野调查，使用归类分析、语义词典构建等研究方法对调研结果进行系统梳理，从而多维度了解目前江苏文旅行业对人才的需求特征，以及目前文旅院校人才培养的现状、问题及原因。从需求侧和供给侧两个角度明确文旅人才培养的基本状况，在此基础上建构起"一心三维五支撑"的江苏文旅人才培养创新模式。对创新模式的各维度进行解读后，从政策层面、行业企业层面、院校层面提出人才培养模式落实与开展的具体策略与路径。

关键词：旅游职教；文旅融合；人才培养策略

一、研究背景及概念分析

（一）研究背景

文化与旅游的历史渊源深厚，密不可分。自20世纪80年代旅游学研究在我国诞生以来，就有众多学者从历史学、地理学、文化学等角度切入探究文化与旅游之间的辩证关系[②]。随着我国旅游产业的不断发展，旅游业与其他产业之间的融合持续深入，并深深影响着交通运输、餐饮住宿、文化消费等行业产业的发展，在理论研究方面逐渐形成了一门新兴的分支学科，即文化旅游学。21世纪以来，旅游产业的发展也充分显现出了它对其他产业的兼容性和高度依赖性。一方面，旅游业与森林、草原、水体、

[①] 作者简介：张骏：南京旅游职业学院副院长、教授，博士研究生，研究方向为旅游职业教育。
陆明华：南京旅游职业学院副教授，硕士研究生，研究方向为旅游管理。
[②] 周盼，李明德.旅游文化是旅游理论研究的重要课题：旅游文化座谈会纪要［J］.旅游学刊，1991（01）：55-56.

地质、地貌、天气、天象等自然资源和历史、民族、民俗、古迹等文化资源密切相关。另一方面，上述资源的开发、利用以及文化现象的传播、演变、发展都因旅游而不断深入，甚至孵化出一些新的产业形态，充分凸显出了旅游产业的综合性、带动性特征。

"文旅互促，跨界融合"在相当长的一段时间内，将是我国文旅业发展的主题。在"文旅融合"开局顺利的基础上，我国旅游业发展坚持"以文塑旅、以旅彰文"发展方向，努力往深里走、往实里走、往制度化上走，推动文化和旅游融合发展迈入新阶段①。在未来文旅融合发展进程中，将会有更多文化遗产、资源、要素与旅游结合，转化为深受大众关注的文旅产品。业界关注的内容除了旅游经济效益外，更会对旅游促进民生福祉、丰富文化品位、提优国家形象等方面产生兴趣。依托产业化运作、市场化配置，推动文旅产品和服务的供给侧结构性改革，实现文化和旅游互助互撑、互促互进，通过有机融合实现产业转型升级、增优提效，解决传统的文化和旅游"两张皮"问题。

在"十四五"时期，伴随着长城、大运河、长征国家文化公园等标志性设施的建设，黄河文化保护与旅游开发、国家级文化生态保护区的旅游开发、旅游文化演艺产业的快速发展、非遗及其他民间文化艺术与旅游业的互动等将成为文旅融合发展的重点和亮点。依托国家文化产业和旅游产业融合发展示范区的建设，优秀文化产品和优质旅游产品将会持续涌现，继而开创文旅创新提优的新局面。此外，康体养老产业、体育健身产业、研学教育产业以及农业、工业等其他产业与旅游业的跨界融合也都会是市场的热点，对人才资源的需求巨大。

江苏的文化和旅游职业教育起步不晚，但是在具体的职业教育开展过程中，仍存在着培养目标与行业需求脱节、培养方法与时代发展契合度不高、培养效果有待提升等一系列问题，尤其是文化和旅游职业教育人才培养模式如何契合新时代江苏快速发展的文旅行业的需求，为"文旅融合"的深入推进奠定人才基础，成了亟待解决的问题。

（二）研究综述

1. 人才培养策略及模式研究综述

人才培养策略的有效实施，培养模式优化与完善是核心。随着我国教育教学改革的不断推进，"人才培养模式"这一概念在20世纪80年代后期首次出现，自此"人才培养模式"作为独立概念，开始进入研究者的视角。20世纪90年代至今，政府主管部门、科研院所和高校的研究者，都从不同角度对此概念进行了研究探讨，对"人才培养模式"的理解也在不断发生优化和变革。

---

① 文化和旅游部.2020年全国文化和旅游厅局长会议讲话，2020年1月3日。

综合而言，目前学界对于"人才培养模式"的概念释义主要集中在目标方式、综合过程、结构角度等方面。从人才培养模式的目标、方式角度看，教育部印发了《关于深化教学改革，培养适应 21 世纪需要的高质量人才的意见》，对"人才培养模式"这一概念进行了权威阐释，并将其界定为"学校为学生构建的知识、能力、素质结构，以及实现这种结构的方式，它从根本上规定了人才特征并集中地体现了教育思想和教育观念"[①]。刘坚平认为人才培养模式是人才素质与培养目标相结合的实施过程[②]。围绕着旅游人才培养目标，黄继元将"旅游专业人才培养模式"定义为"该专业为学生构建的知识、能力和素质结构，以及实现这种结构所实施的教育组织原则和方式，它包含了旅游专业的培养目标模式、教学模式、课程模式、教学管理模式、毕业生就业模式等"[③]。综合而言，该论点下的人才培养模式集中表现了高等教育理念和教育方式，决定了高校人才的发展趋势。人才培养模式由三部分组成，分别是目标、规格、培养方式。

通过梳理相关学者观点，本研究认为"人才培养模式"主要内容是指在科学的教育思想下，为了实现明确的人才培养目标而制订相应教育教学方案，并且利用系统方法手段组织实施的过程。其内涵归根结底就是：人才培养目标和规格以及在此过程中运用的方法和操作流程。核心模块是：培养目标＋方法与操作（教学内容和课程＋教学方法和实施＋评估和管理）。

2. 文旅人才培养模式研究综述

我国对旅游职业教育人才培养模式的研究与旅游业的发展基本同步。20 世纪 90 年代中期起，相关研究成果逐渐增加。1990 年 6 月，北京市旅游学会召开旅游文化学术座谈会，与会学者从旅游从业人员、旅游相关行业、全体国民三个方面论述了旅游职业教育问题，并提出了"没有旅游教育就没有兴旺发达的旅游业"的重要观点。此后，众多学者纷纷就旅游人才培养模式的内涵、特征、存在的问题、多样化改革的必然性等方面进行了研究。

国内学者研究的对象既有高层次的应用型本科旅游管理专业[④⑤]，也有面向行业一线的高等旅游职业教育和中等旅游职业教育[⑥⑦]。于桂林（2012）从多元实践教学形式、实训实习教师队伍、校内"仿真型"校外"紧密型"实训实习基地、实践教学管理体制、

---

① 高等教育司.高等教育教学改革[M].北京：高等教育出版社，2000.
② 刘坚平.我国高等职业教育人才培养模式转型研究[D].天津：天津大学，2004.
③ 黄继元.高职院校旅游人才培养模式和教学内容改革方向探讨[J].2003（12），99-102.
④ 陈国生，陆利军.基于"工学结合"理念的应用型本科院校旅游管理专业人才培养研究[J].旅游研究，2011（01）：82-86.
⑤ 胡孝平，史万震.应用型本科旅游管理专业工学结合人才培养模式创新研究[J].常熟理工学院学报，2011（06）：37-40.
⑥ 李云，周广海.高职旅游管理专业工学结合模式比较研究[J].广西轻工业，2011（12）：173-174+196.
⑦ 葛玲妹.高职旅游管理专业"工学结合"培养模式探讨[J].现代商贸工业，2009（17）：154-155.

质量监控体系和保障体系等方面构建实践教学体系，通过"2+1"模式培养学生的职业素质、职业技能和职业拓展能力①。周兴、黄佳（2014）论述了"1234"创新教学模式对"工学结合、订单式"人才培养模式优化人才培养方案方面的作用，并具体阐释了"1234"创新教学模式在"工学结合、订单式"人才培养模式中的具体实施措施②。冯伟林、向从武（2016）根据当前旅游行业对人才的需求状况，提出了针对旅游管理专业的"校企合作、工学结合"（4+3）人才培养模式，提出校企双方共同构建人才培养体系、共同构建教学基本单位和共同管理学生，从而实现学生的全面发展③。

国外发达国家开展产教融合、校企合作职业教育教学已有上百年，基于经济、政治、文化以及教育观念的差异性，形成了不同的体制、机制，实施主体及模式也不尽相同。Mi-Hea Cho、Soo K Kang（2005）综述了韩国旅游业和旅游教育40年来的发展概况，并提出了21世纪韩国教育旅游教育的发展方向，提出教育机构应当根据当今快速变化的旅游商业环境改进现有课程，并在政府政策法规的帮助下与旅游业合作以推进韩国旅游职业教育的发展④。Anders Steene（2016）通过对瑞士过去33年旅游产业和旅游教育发展的回顾与总结，提出了全球化背景下的旅游教育国际合作模式⑤。Sudipta Kiran Sarkar 和 Babu George（2019）通过比较分析亚洲两个发展中国家印度和马来西亚的旅游高等教育，讨论了这些国家的社会政治、社会经济和政府意识形态对旅游和酒店教育的影响⑥。

综合来看，国外文旅职业教育大致有三种基本模式：一是企业主导模式，主要代表如德国的"双元制"、日本的"企业访问"和韩国的"产学结合"等。二是劳动与教学结合模式，主要代表如美国的"契约合作"、英国的"工学交替"模式。三是学校教育主导下的学徒培训模式，主要以法国、澳大利亚等为代表。以上模式案例对我国文旅人才培养模式的优化皆有参考价值。

---

① 于桂林.论旅游管理专业"2+1"工学结合模式实践教学体系的构建［J］.教育与职业，2012（09）：172-174.

② 周兴，黄佳.基于"1234"创新教学模式视角的"工学结合、订单式"人才培养模式研究：以湖南文理学院旅游管理专业为例［J］.湖南农机，2014（08）：88-90+108.

③ 冯伟林，向从武.旅游管理专业"校企合作、工学结合"（4+3）人才培养模式的构建与思考［J］.当代经济，2016（02）：124-126.

④ Cho M H, Kang S K. Past, Present, and Future of Tourism Education［J］. Journal of Teaching in Travel & Tourism，2005，5（3）：225-250.

⑤ Steene A. Tourism education in Sweden：Past, Present and Future［J］. Social Science Electronic Publishing，2016.

⑥ Sarkar S K, George B. Patterns of Tourism and Hospitality Education in India and Malaysia：A Critical Reflection［M］. Sirgapore：Tourism Education and Asia，2019.

二、文旅融合发展现状及趋势

旅游活动一经产生，就与其他经济社会生活密不可分，并且相互融合、相互影响、协同发展，只是融合的深度和广度伴随着人类社会经济的不断发展而不断深化和延展。融是融解、融化，合即调和、和洽。自20世纪70年代以来，国内外诸多专家学者对产业融合的基本概念进行了研究和界定，但尚未形成统一认识。现代旅游业在我国的起步较晚，发展迅速。在此过程中，因其高度的产业关联性而发生的产业融合现象早已发生。文化和旅游的融合亦不是近几年才发生的新事物，而是在技术革新、社会进步、文明发展过程中其深度、广度不断深化和延展的过程。尤其是随着全域旅游等新发展理念的不断深化以及互联网、物联网、大数据等新技术的不断植入，文旅融合呈现出了新时代的新特征。

（一）功能和价值的统一性

从旅游的起源来看，不管是"谋取生存资源"[1]还是"原始探险"[2]，不管是"人猿揖别"[3]还是"贸易交换"[4]，都包含着各种形式的文化活动。对于文化而言，不论是广义的泛化理解，还是狭义的规范解释，其核心离不开人本身，既包括"由内而外"的"以人化文"过程，也包括"由外而内"的"以文化人"过程，反映出人创造文化、改造文化的特性和文化反过来影响人、塑造人的双向互动特性。这种以人文核心为特点的文化特性决定了其最终目标是追求人的全面和自由发展[5]。基于马斯洛需求层次理论对人的旅游活动可以解释为人们在生理、安全、交往等基本需要得到满足后产生的尊重和自我实现需要，这也体现了旅游对于文化的功能和价值。1980年世界旅游组织大会发表的《马尼拉世界旅游宣言》更是明确指出："旅游是人类实现自我精神解放的重要途径。旅游的本质就是让人们通过观光、休闲、度假等开阔视野、增长见识、陶冶情操，实现精神愉悦。"由此可见，文化和旅游在价值层面尤其是精神层面具有同一性，就是追求自由的本性和实现人的全面发展[6]。

（二）内容和形式的一致性

2010年3月，"博鳌国际旅游论坛"在海南三亚召开，会议主题是"后国际金融危

---

[1] 邵骥顺.中国旅游历史文化概论［M］.上海：三联书店，1998.
[2] 章必功.中国旅游史［M］.昆明：云南人民出版社，1992.
[3] 王淑良.中国旅游史［M］.北京：旅游教育出版社，1998.
[4] 申葆嘉.旅游学原理［M］.上海：学林出版社，1999.
[5] 曹国新，宋修建.旅游的发生、发展及其本质：一种基于发生学的考察［J］.华东师范大学学报（哲学社会科学版），2004（03）：116-120.
[6] 崔凤军，陈旭峰.机构改革背景下的文旅融合何以可能：基于五个维度的理论与现实分析［J］.浙江学刊，2020（01）：48-54.

机时期旅游文化产业的变革",时任中央政治局常委刘云山在主旨演讲中提出了"文化是旅游的灵魂,旅游是文化的载体"这一观点。抛开广义的文化范畴,单从文化和旅游活动的角度来看,文化和旅游的本质是内容与形式的关联,即文化包含在旅游当中,并通过旅游活动表现出来。旅游是文化的外在表现之一,并通过文化内涵提升了旅游活动的品质。在旅游的历史演进过程中,文化资源因具有一定的吸引性而成为旅游资源,单纯的自然旅游资源也因附加了诸多的文化因素而成为文化性的自然旅游资源,这些旅游资源因文化因素的附加而提升了品质内涵,游客在消费旅游产品的过程中同时消费了附加在其中的文化要素,从而使游客的消费体验得到了品质上的提升。由此看来,对旅游产品的消费只是表现形式,而对文化的消费才是游客旅游消费的出发点和终结点。文化是旅游活动的重要承载者,只有介入文化并和它发生密切关联的旅游,才能脱离单纯的旅行活动而成为真正意义上的旅游[1]。

(三)产业和行业的共生性

文化作为一种社会现象,其发生、发展、演化有其固有规律。尤其是一种文化现象产生后从文化的发源地开始传播、扩散,乃至与其他文化产生冲突、融合或者消亡的过程,受到了诸如人口迁移等诸多因素的影响。而旅游是一种经济活动,其发生、发展的过程始终围绕着生产与消费不断演进和更迭。文旅融合,是给文化插上了产业与市场的翅膀,使文化传播更快、扩散更远、影响更深、活力更强。同时,旅游活动也因文化的注入而更具吸引力、更有品质、更有价值。因此,文化和旅游的融合,是市场经济条件下两大行业在产业和市场领域的互利共生。

(四)保护与利用的共赢性

文化资源的旅游开发和传承保护相辅相成、相互促进,文旅融合既是文化现象的传播与扩散的一种有效方式,也是促进优秀传统文化传承的重要手段之一。通过旅游开发,将一个地区抽象的独特文化特质呈现给广大游客,使游客获得良好的感知和体验,本身就是对区域文化的挖掘利用。同时,通过开发利用,促进地方文化的传承与传播,同样也实现了文化的传承性保护,多年来的文物保护和旅游开发很好地证明了二者在利用与保护方面实现了互利共赢、互相促进。

(五)融合发展的持续性

"文旅互促,跨界融合"在相当长的一段时间内,将是我国文旅发展的主题。在"文旅融合"开局顺利的基础上,我国坚持"以文塑旅、以旅彰文"发展方向,努力往

---

[1] 张朝枝,孙晓静,卢玉平."文化是旅游的灵魂":误解与反思:武夷山案例研究[J].旅游科学,2010,24(01):61-68.

深里走、往实里走、往制度化上走，推动文化和旅游融合发展迈入新阶段。可以预见，在"十四五"时期，长城、大运河、长征国家文化公园的建设，黄河文化保护与旅游开发，国家级文化生态保护区的旅游开发，旅游文化演艺产业的快速发展，非遗及其他民间文化艺术与旅游业的互动等将成为文旅融合发展的重点和亮点，伴随着国家文化产业和旅游产业融合发展示范区建设的不断深入，优秀文化旅游产品持续涌现的新局面将会持续向前开拓。

三、江苏文旅人才需求分析

习近平总书记曾指出，"人才是第一资源"，"人才是实现民族振兴、赢得国际竞争主动的战略资源"。而人才匮乏一直是文化产业和旅游产业的行业痛点，在文旅融合的新形势下，适应市场需求的高素质专业人才更是严重不足。根据崔凤军（2020）的研究，我国旅游专业人才的不足主要表现在两个方面：一是旅游行业留不住人才，旅游类专业毕业生大面积流失；二是旅游产业的快速扩张和发展，导致人才供给不足。从我国旅游产业发展的历史进程考量，造成旅游专业人才流失一方面源于职业地位和职业吸引力的不断下降，另一方面也与我国尴尬的旅游学科定位有关。文化专业人才的培养也同样不容乐观，模糊的文化学科定位与杂乱无章的专业人才培养体系导致各类文化人才缺乏的局面同样也十分严峻。

为了进一步了解新时期江苏文旅行业对人才的需求，课题组于2021年11月至2022年8月，对江苏中国国际旅行社、中青旅江苏国际旅行社、南京中北友好国际旅行社、携程南京国际旅行社、恐龙园文旅集团、东方盐湖城旅游发展有限公司等12家企业进行了调研，调研企业涉及旅行社、景区、酒店、文创、会展等主要的文旅企业类型，受访人员为企业主要负责人或人力资源经理，问卷回收率和有效率100%。通过调研结果，可从以下维度对江苏文旅人才需求特点做出针对性分析。

（一）江苏文旅人才需求岗位分析

文旅人才涉及的企业和岗位众多，难以一一穷尽，在具体分析过程中，结合调研结果，按照主要工作性质可以将涉及的文旅岗位归纳为服务类、管理类、营销类、演艺类、活动策划类、文化创作类、产品开发类等10种类型，并对不同类型岗位的需求特征进行了统计（见图3-1）。通过归类分析，结果显示，文旅服务类岗位需求比例65.56%，需求量最大，其次为管理类、营销类、活动策划类和产品开发类。主要原因是作为重要的第三产业，文旅行业面对的客户群主要是游客，提供人性化、个性化的服务工作依然是最为核心的要义；而文旅产业牵涉到项目开发、运营、人才培育等多领域，因此管理类人才的需求也占有重要的比重；同时，在文化和旅游融合的大背景下，有效的营销和创新性的活动及产品策划设计将成为未来行业发展的重要趋势，因而营销类、活动策划类、产品开发类的人才需求也会持续占据高位；通过数据分析还可以发现，文化创作类、信息技术类、演艺类等人才数量也占有了一定比例，可以预见未来文旅人才的需求将更加突出多样化、复合型的特点；而金融类和其他类型的人才需求目前还不明显，反映出目前其在文旅行业中的贡献度较低。

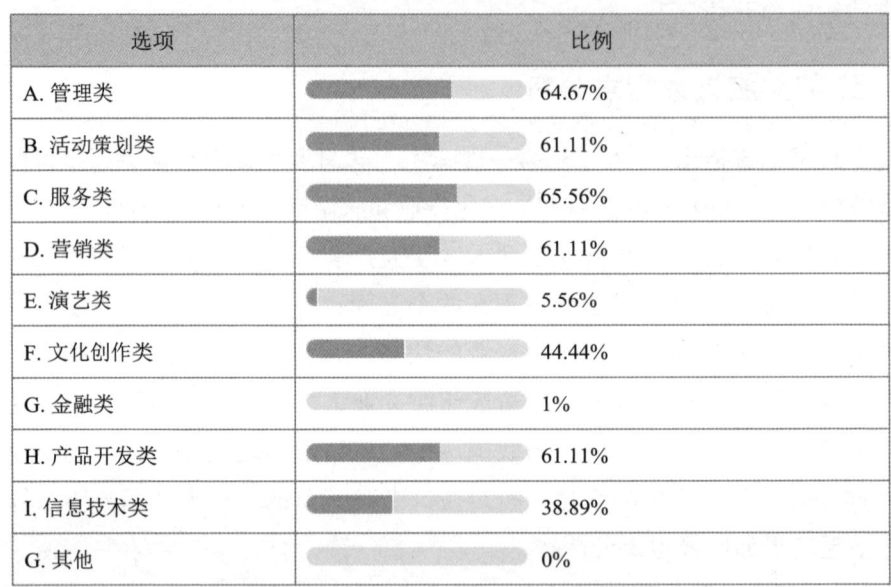

图 3-1　江苏文旅人才需求岗位分析图

（二）江苏文旅人才学历层次分析

调研显示（见图 3-2），江苏文旅企业现有员工的学历结构以高职为主，本科学历比重也较大，中职及以下员工占有一定的比例，研究生学历的比重最小。

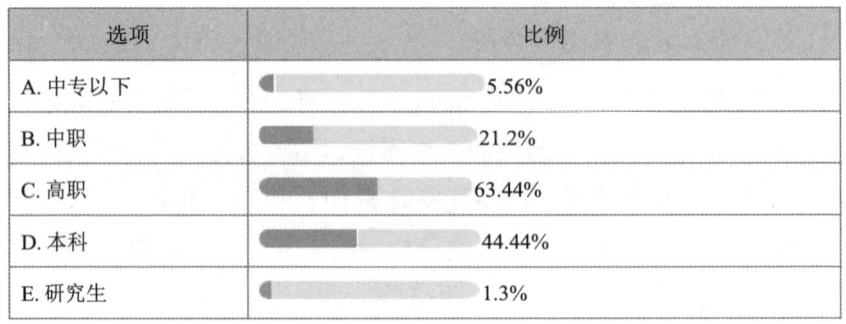

图 3-2　江苏文旅企业员工学历结构分析图

同时，本次调研也对江苏文旅企业对于员工学历构成的需求预期进行了调研，结果如图 3-3 所示。

选项	比例
A. 中专以下	0%
B. 中职	16.67%
C. 高职	47.78%
D. 本科	48.34%
E. 研究生	5.56%

图 3-3　江苏文旅企业对员工学历需求分析图

通过结果对比，可见文旅企业对于学历的要求呈明显上升趋势，本科学历与高职学历的需求基本持平，中职需求有所下降，中职以下基本无需求，对研究生学历的需求也有一定的提升。

（三）江苏文旅人才需求规格分析

从调研结果来看，目前江苏文旅行业人才需求主要集中在旅行社、文旅主题景区、旅游住宿业（含酒店、民宿）、演艺剧团、文博场馆、文化创意类、文化会展公司，因此，下文主要立足这几类企业对文旅人才的规格需求，深入探索今后江苏文旅人才创新培养之路。在进行人才规格分析预测时，主要以前期问卷调研结合网络爬虫技术，科学构建文旅人才质量词典指标体系，对文旅人才岗位需求质量进行分析，从素养、技能等角度综合探究，旨在为江苏文旅院校专业的人才培养提供理论依据和支撑。

1. 江苏文旅人才质量词典指标体系的构建

为了便于数据采集，课题组通过网络调研及企业调研对江苏文旅企业的主要工作岗位进行了梳理，具体覆盖岗位如表 3-1 所示。

根据数据处理模块中筛选出来 56 个有价值的关键词，采用鱼骨分析法进行分类。为了保证旅游人才质量词典指标体系的科学性和合理性，课题组遴选了 20 位专家（4 位文旅行业学术专家、8 位文旅专业的教授、8 位文旅企业人力资源高管）通过专家打分法获得数据。为了进一步验证指标的科学合理性，课题组对打分的各项指标进行信度和效度检验。经过筛选，调整后的旅游人才质量词典的指标体系见表 3-2。

以表 3-2 为基础，重新审视并更新，最终构建的旅游人才质量词典如表 3-3 所示。

表 3-1 文旅类企业的主要岗位覆盖一览表

企业类型	部门	岗位	企业类型	部门	岗位
旅行社	营销	旅游顾问	旅游住宿业	总计/客服呼叫中心	总机经理/主管/领班/员工
		旅游产品销售		客房	房务部总监
		渠道专员			客房部经理/行政管家
		渠道/分销经理/主管			楼层经理/主管/领班
		渠道经理/总监			洗衣房经理/布草/制服主管/领班
		电话客服			公共区域（PA）经理/主管
		网络/在线客服			客房部员工
		客服专员/助理/经理		工程	工程部总监/总工程师/工程部经理/主管/领班
	计调	计调			电脑网管/IT技术人员
		证照			工程师
	导游	导游		餐饮/餐厅/宴会/管事	餐饮总监
		领队			宴会服务经理/主管/领班/员工
景区	营销	票务			西餐厅经理/主管/领班/员工
		渠道专员			中餐厅经理/主管/领班/员工
	接待	导游讲解			管事部经理/总管事/管事部主管/领班/员工
		景区交通			送餐经理/送餐主管/领班/员工
		客服		前厅/酒吧/大堂吧/咖啡厅	酒吧经理/主管/领班/员工
	运维	环境监控			大堂吧经理/主管/领班/员工
		设施设备维护			咖啡厅经理/主管/领班/员工
	娱乐表演	游乐设计			酒水经理/主管/领班
		编导			调酒师/侍酒师
		戏剧/表演/舞台			茶艺师
		制作节目编排		营销	销售总监/经理
		乐园运营			市场传讯总监/经理
		乐园策划			收益分析经理/主管
演艺剧团		表演/剧本创作/运营维护/演艺设计			预订经理/主管/领班/预订员
文博场馆		讲解/策展/研学组织与实施		人力资源	人事经理/专员
文化创意企业		策划/文创设计/营销			培训经理/专员
					薪资经理/专员
会展公司		策划/布展/会展服务/营销		职业经理人	店长/民宿管家等

表 3-2 文旅人才质量词典的指标初级体系表

一级指标	二级指标	三级指标
文旅人才质量	职业素质	职业道德与责任感
		心理素质
		服务意识
		人文素养
		人际交往与沟通能力
		创新能力
		工匠精神
	知识与能力	专业知识与技能
		管理组织能力
		外语能力
		终身学习能力
		团队协作能力
		信息技术能力
		营销能力
		安全事故预防与处理能力
		突发事件应对能力

表 3-3 调整后的文旅人才质量词典

一级指标	二级指标	三级指标	关键词
文旅人才质量	职业素质	A 职业道德与责任感	A1 踏实肯干 A2 工作热情 A3 认真 A4 细致 A5 热爱工作 A6 吃苦耐劳 A7 诚实守信
		C 心理素质	C1 心理 C2 抗压 C3 抗挫 C4 压力 C5 挑战
		D 服务意识	D1 尊重 D2 服务 D3 亲和力
		E 人文素养	E1 审美 E2 风土人情 E3 人文关怀
		G 人际交往与沟通能力	G1 沟通 G2 语言表达 G3 人际交往 G4 回访
		N 创新能力	N1 创新 N2 设计 N3 创意
	知识与能力	H 专业知识与技能	H1 资格证书 H2 服务技巧 H3 专业对口 H4 职业礼仪 H5 专业知识 H6 技能
		I 管理组织能力	I1 应急 I2 组织 I3 管理 I4 执行
		J 外语能力	J1 英语 J2 翻译
		L 终身学习能力	L1 学习 L2 理解 L3 领悟
		M 团队协作能力	M1 合作 M2 团队 M3 协作
		O 信息技术能力	O1 软件 O2 网页 O3 数据
		P 营销能力	P1 策划、推广 P2 运营 P3 销售 P4 判断 P5 咨询 P6 开拓市场

2.旅行社主要岗位职业规格需求

综合调研结果可知,旅行社企业岗位群主要分三类:计调、营销、导游及领队。结合数据分析,发现营销类岗位需求量最大,占比高达50.90%,计调类岗位占比为39.36%,导游及领队类岗位占比9.74%。具体见图3-4。

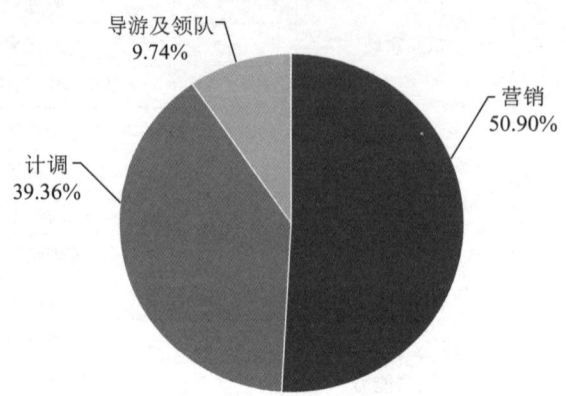

图3-4 旅行社三类岗位群人员需求比例分析图

根据文旅人才质量词典指标体系,对三级指标关键词的文本频率进行统计,分析旅行社企业营销、计调、导游及领队三类岗位群的人才规格及质量要求。

营销类岗位人才质量要求,最重要的职业素质是人际交往与沟通能力和服务意识,最重要的知识与能力是营销能力和专业知识与技能。计调类岗位人才质量要求,最重要的职业素质是人际交往与沟通能力和团队协作能力,最重要的知识与能力是专业知识与技能和管理组织能力。

导游及领队类岗位的人才质量要求,最重要的职业素质前三位是职业道德与责任感、人际交往与沟通能力以及服务意识,对知识与能力要求排名前两位的是专业知识与技能和管理组织能力。在多数企业招聘信息的要求中,导游及领队岗位都要求有资格证书,而领队还对外语能力有较高要求。

根据上文分析,可以看出旅行社三类岗位群的人才质量要求各有侧重点,所以在制订导游及旅行社经营管理专业人才培养方案时,要重视职业岗位变化,实现人才培养规格与企业用人规格的契合。学校应按照岗位群素质的个性需求,根据岗位职业标准制定课程标准,按照岗位工作任务设计学习任务,努力探索教学做一体的分向定岗式人才培养模式,同时要培养学生对职业从业资格证书的认同,积极获得导游资格证书,提高就业的质量。

3.旅游住宿业主要岗位职业规格需求

综合调研结果可知,旅游住宿业企业用人需求最多的三个岗位群主要是:前厅、客房、餐饮。分析可知餐饮岗位群需求人才数量最多（见图3-5），而在餐饮岗位群中服务员、调酒师、茶艺师、侍酒师需求量最大，占到餐饮岗位群招聘数量的78%。

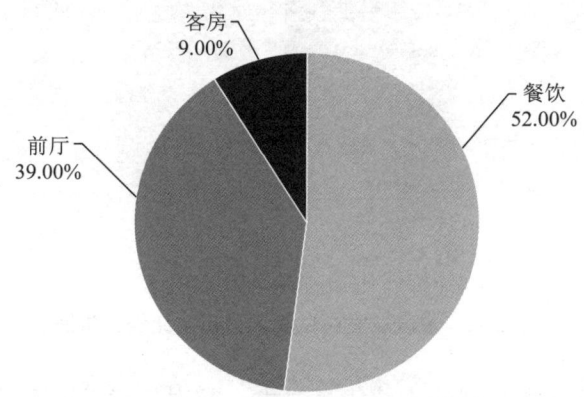

图3-5　旅游住宿业三类岗位群人员需求比例分析图

通过分析前厅岗位群人才质量要求，可以看出最重要的职业素质是服务意识、职业道德与责任感，其次是人际交往与沟通能力和人文素养。关于知识与能力最重视的是专业知识与技能和团队协作能力，外语、计算机、学习能力也是必不可少的。

客房岗位群人才质量要求，最看重的职业素质依然是服务意识、职业道德与责任感，其次是人际交往与沟通能力和人文素养。关于知识与能力最重视的是专业知识与技能和团队协作能力。

餐饮岗位群的人才质量要求，最看重的职业素质依然是职业道德与责任感、服务意识，知识与能力中最突出的是专业知识与技能。

根据上文分析，将旅游住宿业三个岗位群对应的主要素养和技能分别加以权重分析，可以看出，除了餐饮岗位群，如调酒师、茶艺师、侍酒师等岗位对专业知识与技能要求比较高外，其他部门对人才质量的要求基本相同，所以在制订相关的人才培养方案时，要重视共性的素质培养，实现人才培养规格与企业用人需求的统一。学校应按照三类岗位群素质的个性需求，根据岗位职业标准制定课程标准，按照岗位工作任务设计学习任务，积极探索教学做一体的人才培养模式。

4.景区主要岗位职业规格需求

综合调研结果可知，景区企业用人需求最多的三个岗位群主要是：景区接待、景区营销、景区运维。分析可知景区接待类岗位需求量最大，占比高达66%，景区营销类岗位占比为25%，景区运维类岗位仅占9%（见图3-6）。

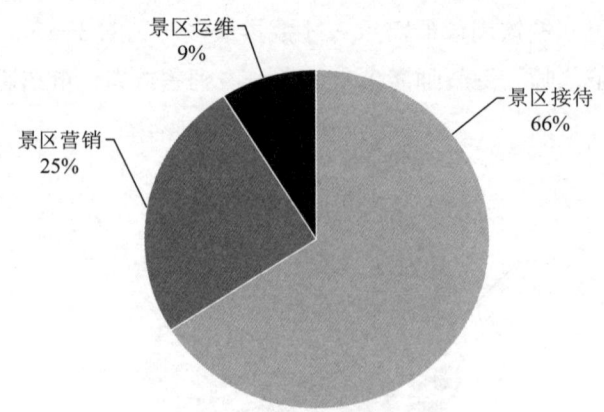

图 3-6 景区三类岗位群人员需求比例分析图

通过分析景区接待岗位群的人才质量要求，其岗位群最看重的职业素质是服务意识、职业道德与责任感，其次是人际交往与沟通能力。关于知识与能力最重视的是专业知识与技能和团队协作能力，计算机、管理组织能力也是必不可少的。

景区营销岗位群的人才质量要求，最看重的职业素质是营销能力、人际交往与沟通能力和服务意识。关于知识与能力最重视的是专业知识与技能、团队协作能力、管理组织能力等。

景区运维岗位群的人才质量要求，最看重的职业素质是职业道德与责任感、人际交往与沟通能力和服务意识。关于知识与能力最重视的是专业知识与技能、管理组织能力、学习能力等。

根据上文分析，将景区三个主要岗位群对应的主要素养和技能分别加以权重分析，可以看出，景区企业三类岗位群的人才质量要求虽然各有侧重点，但是相比旅行社和酒店类企业岗位群的人才质量要求，在知识与能力方面对专业知识与技能和学习能力的要求都相对较高。所以该专业需要一支专业能力较强的师资队伍，在制订景区开发与管理专业的人才培养方案时，要关注智慧景区的发展，将景区管理智能化相关知识和技能纳入课程体系，并根据景区岗位群的职业标准制定课程标准，按照岗位群典型工作任务设计学习任务，实现人才培养规格与企业用人规格的有效契合。

5. 文博场馆主要岗位职业规格需求

综合调研结果可知，文博场馆用人需求最多的三个岗位群主要是：讲解、策展、研学活动组织。分析可知，讲解类岗位需求量最大，占比达59%，策展类岗位占比为32%，研学活动组织类岗位占9%（见图3-7）。从岗位人才质量要求角度来看，目前相关企业较为看重的是职业道德与责任感，其次对人际交往与沟通能力以及服务意识要求也较高，同时，策展类和研学活动组织类岗位技能还强调了对团队协作、创新学习意识方面的要求等。

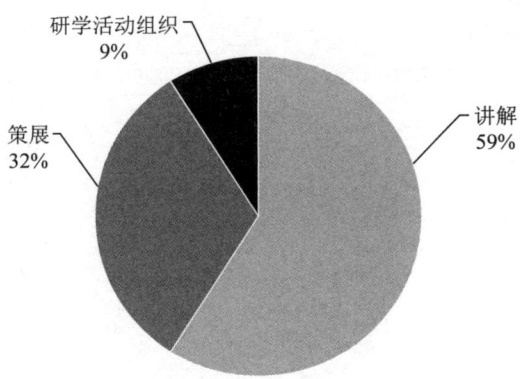

图 3-7　文博场馆三类岗位群人员需求比例分析图

6. 剧团剧院主要岗位职业规格需求

通过调研统计，演艺剧团用人最多的岗位群集中在表演、剧本创作、运营维护、演艺设计四大领域。分析可知表演类和演艺设计类岗位需求量较多，分别占到 42% 和 36%，运营维护类占比 17%，剧本创作类占比最低，为 5%（见图 3-8）。从岗位人才质量要求角度来看，职业道德与责任感依然是企业用人的第一考量，其次对人文素养，尤其是审美能力的要求相对较高，对专业知识和技能储备要求也在提升，同时还需要具备创新能力和终身学习的素质。

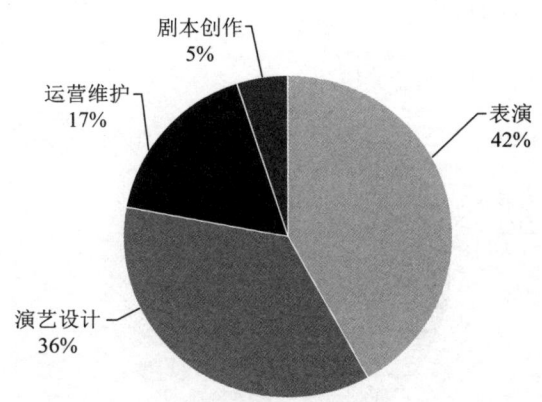

图 3-8　剧团剧院四类岗位群人员需求比例分析图

7. 文化创意企业主要岗位职业规格需求

文化创意企业用人岗位集中在策划、文创设计、营销三大领域。其中对策划类岗位人才需求最多，达到 56%，其次为营销类岗位的 29%，文创设计相对较低，比例为 15%（见图 3-9）。从岗位人才质量要求角度来看，职业道德与责任感是企业用人的第一考量，而审美能力、人际交往与沟通能力、专业知识与技能也是企业用人较为看重的方面，同时，团队协作能力和营销能力也是必不可少的重要能力，彰显出鲜明的职业特征与素质导向。

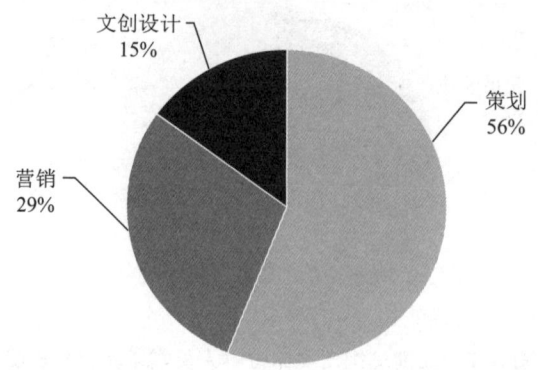

图 3-9　文化创意企业三类岗位群人员需求比例分析图

8. 会展企业主要岗位职业规格需求

结合调研分析，会展企业用人岗位集中在策划、布展、会展服务、营销四大领域。其中对会展服务类岗位人才需求最多，达到 43%，其次为策划类和布展类岗位，比例分别占到 23% 和 21%，营销类岗位需求比例相对较低，为 13%（见图 3-10）。从人才质量要求角度来看，职业道德与责任感最被用人企业看重，心理素质、服务意识也是用人单位考量的重要方面，在知识与能力维度，企业比较看重的是专业知识与技能、管理组织、团队协作和营销能力。

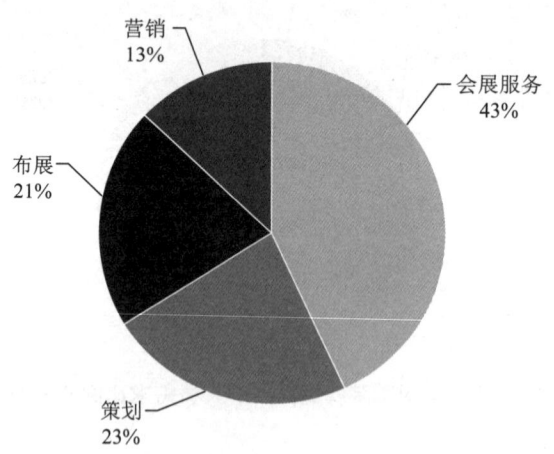

图 3-10　会展企业四类岗位群人员需求比例分析图

（四）江苏文旅人才需求总体特征分析

综合上文各维度的分析，可见江苏文旅融合产业的发展集中体现在以下几类人才的需求上。

1. 跨界融合型人才

文化和旅游产业融合使得产业内涵发生了变化，这对人才的培养和供给提出了新的要求。同时，文旅产业涉及面极广，多元融合创新和统筹难度极大，没有多行业工作经验和多学科知识结构的人很难脱颖而出。

2. 创新创意型人才

创新是新时代人才观的一项基本要求，行业发展以创新为前提。在文旅融合背景下，业态、科技、金融、商业模式、资本运作及文旅联动等领域都在发生着不同程度的变革，对具有创意型思维和能力的高技能人才提出了更高要求。江苏的刺绣、昆剧等特色鲜明的地方文化以及丰富多彩的非遗项目要想走出江苏、形成旅游品牌，就必须进行创意设计和细致解说，这些都需要全面的创新创意型人才来实现。

3. 高水平服务型人才

不管是传统的文化行业还是旅游行业，它们都属于服务型行业，对行业人才的服务能力和水平有着较高的标准和要求。在文旅融合背景下，由于产业变革引起的市场行为变化和职业岗位变化，对文旅人才的职业胜任力提出了更高的标准和要求。这些岗位既需要扎实的专业基础知识和较强的岗位胜任能力，还需具备职业创新创造能力。同时，还需要具备较高的职业素养和敬业精神。

4. 综合管理型人才

前文述及，文旅融合体量大、涉及面极广，除了紧缺大量的一线高素质服务人才外，还缺乏熟知文旅产业特征并懂得融合之道的综合管理型人才。就江苏而言，不管是文旅融合还是全域旅游示范区建设，除制度上的顶层设计之外，融合发展均是以项目建设的方式推进落实的。在企业中，缺乏横跨文化和旅游两界的项目综合管理人才，使得项目创意策划、招商、运营、合作、推广等具体工作推进缓慢，效果受限。

5. 产品营销人才

产品营销人才的不足是我国行业产业发展的普遍短板。文旅融合以来，文旅产品的营销不单是渠道与策略的创新，更是人们对文旅产品消费过程中的心理体验和个人认知提升的期待。江苏历史文化悠久，文化旅游产品丰富而地方特色突出，在文旅产品的营销中更需要具备超前的文旅行业产业发展预期、丰富而深厚的客户心理体验感知、精准的文旅产品市场需求定位、较强的营销策略创新能力等综合型产品营销人才。

6. 信息技术运用型人才

"互联网+"时代信息化发展催生了文旅产业两大趋势。其一为信息技术的发展会使基于信息不对称的传统产业部门（如旅行社）逐步转型或消亡；大数据和各种虚拟现实技术的发展使消费者行为预测更精准和旅游预期更理性[①]。文旅行业从业者不仅要拥有学科的基本专业知识，还要掌握一定的信息技术运用技能，从而体现出一定的差异性和创新性。其二是随着文旅产业的发展，体验者的审美层次不断升级，产品供应商必须对文旅产品进行精心设计和开发，而文旅产品内容覆盖面广、层次多，从宏观上的景区规划、中观上的产品搭配和微观上的文旅商品设计都需要专门人员，这些开发者除了要具备良好的人文素养、精通文旅专业知识，还必须掌握必备的信息化开发技能。尤其是在"后疫情"时代，"云端漫游"、VR虚拟增强等植入传统的文旅产品之后，对沉浸体验、仿真旅游的强烈追求将会催生更多的信息技术运用型岗位需求。

四、江苏文旅人才培养的主要问题

目前，江苏文旅人才培养已经基本形成本科、高职、中职多层次的培养格局，总体上取得较好的成效，但在现阶段文旅融合发展背景下，人才培养目标与文旅融合行业发展需求还存在着一定的差距，文旅人才的职业胜任力还需要进一步提升。根据问卷调查与实地走访，结合文旅企业对人才需求的分析，可知目前江苏省内各院校文旅类人才培养存在着以下问题。

（一）文旅融合型人才培养亟待加强

调研显示，旅游人才需求量大，文化人才质量性要求高，文旅融合型人才培养亟待加强。具体而言，旅游类人才需求量大，每年的实习就业季，省内很多旅游企业，如旅游景区、旅行社、旅游饭店等会主动联络招聘优秀人才，提供景区讲解员、导游、计调、酒店前台、餐饮等岗位，人才需求量很大。而文化类人才需求规模有限，但对质量的要求较高，尤其高水平的表演类人才、产品艺术设计类人才、策划类人才缺口较大。尤其是在文旅融合的大趋势下，文旅市场急需培养一批既懂文化又懂旅游市场的综合型、跨界型人才，如高素质的会展策划人才、营销人才、开发人才、旅游演艺人才等。

（二）专业初次就业率较高，学生的行业忠诚度亟待加强

通过访谈发现，江苏省内各院校文旅类专业学生初次就业情况较好，大多数院校的初次就业率达到90%以上，中高职初次就业对口率在80%以上。但学生实习后留在原实习单位继续工作的数量较少，毕业后再度选择工作单位的较多，对企业的忠诚度亟待加强。另外，行业的相关调查显示，学生在进入旅游行业之后，能够坚持从事本专业工作的不多，工作三年之后，选择继续从事本行业的人数为60%，五年之后选择

---

① 卢世菊."互联网+"背景下旅游管理专业课堂教学改革的研究[J].高教学刊，2017（12）：108-109.

继续从事本行业的人数只有不到30%。如此高的行业人才流失率在一定程度上影响了江苏文旅产业的持续发展。

（三）校企合作仍以"顶岗实习"为主，合作广度深度还需加强

调研数据显示，江苏省内各院校文旅类专业开展校企合作依然以传统的"提供实习基地的顶岗实习"形式为主，64.54%的学校采用"订单式培养"形式，多数学校邀请企业人员作为兼职教师，走进课堂，开展课程实训或专题讲座，其他如"现代学徒制""校企合作共同开发教学资源""校内教师下企业实践"等形式不多，这说明校企合作的形式还比较单一，合作的深度和广度还不够，真正的企业融入共建专业和课程的情况较少。另外，在校企共建实习基地方面，企业大多是向学校要实习生，学校根据情况或举办招聘会向企业提供实习学生，企业接收学生后，经过短暂培训，学生开始上岗工作，有些学校将学生交给企业就放手不管了，而企业也疏于培养，学生成为廉价劳动力。

（四）人才培养改革力度需继续加强，提升文旅人才的胜任力

通过调查发现，为了更好地适应文旅融合，江苏省内院校对文化和旅游类专业人才的培养采取了一定的改革措施，比如重新制定培养目标、重新进行专业建设、重构课程体系模块、加强校企合作项目、加大企业兼职教师引进力度等，并且在原有的课程体系中增加了一些跨学科知识类课程和新科技类课程。此外，在文旅人才培养中不仅应该注重学生的专业知识与能力的提升，还应该高度重视学生职业道德和服务意识以及传统文化、创新思维、协作能力的培养，不断提升人才培养的质量，提升文旅人才的胜任力。

五、文旅融合背景下江苏文旅人才培养新模式构建与培养策略

（一）人才培养模式构建

随着创新驱动发展战略升级为国家战略，创新型人才培养工程也已经成为新时代高校肩负的历史使命和面临的重大课题。综合上文对江苏文旅人才未来培养规格及质量的分析，可以看出，在创新人才培养的过程中，人才综合素质及能力随着职业、岗位的不同，培育要求及培养目标也出现一定的差异。如何依托胜任力目标要求，开展更接地气的人才培养工作，为行业、企业提供更多的文旅复合型、交叉型、实战型人才，需要将教育链、人才链与产业链、创新链有机衔接，切实贯彻由多方参与的"协同育人，合作育人"的教育理念。具体而言，需要在人才培养工程中构建新模式，实施新策略。

人才培养模式是人才培养目标与规格、过程与方法的集中体现。根据上文江苏文旅人才需求特点、规格的分析，结合职业胜任力理论模型与职业教育特点，可构建起"一心三维五支撑"的江苏文旅人才培养新模式。"一心"即以职业胜任力养成为中心，职业胜任力主要包含业务能力、转换能力、发展能力三个方面的核心能力，这是江苏文旅人才培养目标的体现；"三维"是指素养发展、技能增进、学历提升三个维度的进阶式提升，这是江苏文旅人才培养规格的要求；"五支撑"是指政策制度体系、职教培养体系、专业建设体系、教学方法体系、教育保障体系五个体系的人才培养支撑体系，是促使人才培养目标与规格达成目标与方法的体现。具体体现如图3-11所示。

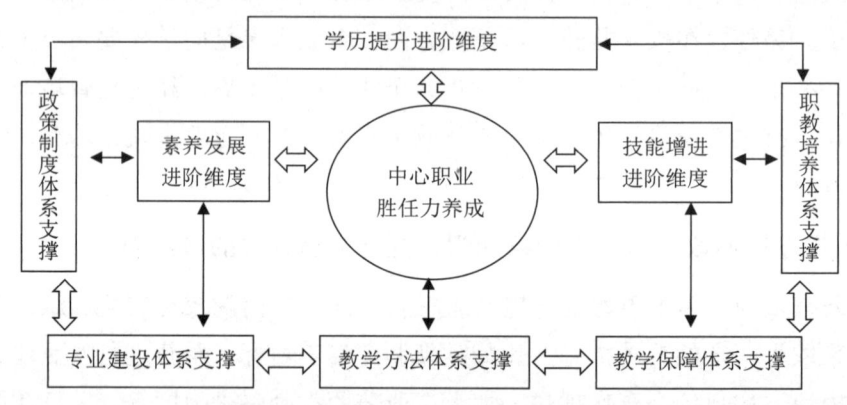

图3-11 江苏文旅人才培养新模式分析图

（二）人才培养策略路径

1. 政策层面的策略与路径

（1）招生规模的调整

调研发现，文旅融合以后，江苏文旅行业对于民宿经营管理人才、文化创意旅游人才的需求等十分旺盛，而且从文旅行业新业态发展的趋势而言，以上专业也同样具有持续发展的生机与活力。目前，从调查结果来看，我省此类专业的招生院校不多，而且招生规模不大。因此，建议重点扶持文化创意、休闲服务与管理等有效供给不足的专业，促进这些专业招生规模的扩大和人才培养质量的提升。

（2）专业目录设置的调整

调研发现，现行职业教育专业目录尽管近年来做了一些调整，增设了一些新专业，但与我国文旅融合新态势，特别是与文旅新业态的人才需求契合度不高，建议应根据新业态发展对人才需求，及时修订调整专业目录，培养文旅融合发展的新型职业人才，以支撑新业态健康可持续发展。例如，可根据我国旅游业发展的新趋势和新特点，在专业目录调整时，可考虑将现设的旅游大类中增设住宿类和休闲类类别；使之形成旅游类、住宿类、休闲类、餐饮类、会展类五个类别，并在不同类别下开设相关专业，特别是文旅新业态专业或专业方向。

（3）一体化人才培养通道的建设

文旅职业教育人才的培养是系统性工程。调研发现，文旅企业对于专业人才能力、素养和知识的质量需求也在不断提升，高素质复合型应用人才无疑是文旅行业最需要的。随着文旅融合的快速发展，旅游新业态的不断涌现，学生综合素养的内涵和外延也在不断地扩大，文旅业对高素质复合型人才需求必将越来越大。因此，建议在政策层面进一步支持文旅职业教育立交桥的建设，除进一步加强中职—高职—应用型本科贯通分段培养外，还应支持一批办学特色鲜明、人才培养水平较高的高水平文旅院校探索应用型本科的办学道路，为高水平文旅院校的发展和具有潜力的高职学生的提升打通上升途径；甚至可以在部分高职院校试点"专业学位硕士研究生"的培养，从而助力旅游职业人才整体水平的提档升级。

（4）招生就业等政策扶持

对于市场需求量大，但目前社会认知还有待提升的专业，如文化创意类、文博管理类专业等予以招生政策和资金配套政策的扶持，鼓励学生报考此类专业，进一步为行业的健康发展奠定人才基础。从就业和创业的角度而言，调研发现，目前还存在着部分企业与院校信息沟通不畅的情况，建议由政府层面牵头，针对文旅产业发展的趋势及特点，积极与行企、院校沟通，建立人才供需预测、预警机制和灵活的专业调整机制，促进人才供需的对位发展，提高职业教育人才培养的效率和质量。此外，文旅产业是大众创新、万众创业的重要领域。建议政府层面对旅游行业的学生创新创业予以资金、税收等政策方面的进一步支持，激发院校和学生的活力。

（5）在岗教育的政策支持

文旅产业开放性强，包罗万象，且具有很鲜明的更新特征，因此，从业人员的在岗在职培训就显得尤为重要。首先要做到的就是政府、教育部门和文旅院校、企业等对此需要引起充分重视，并在政策上重点扶持。其次需要建立文旅人员在岗培训的"多方激励"机制，鼓励全社会参与此项目建设，继而在更广阔层面营造关心支持文旅行业培训的氛围。只有国家、政府、社会、学校多方发力，才能更快地为在岗培训发展创造良好环境；只有各方共同参与的在岗培训"多方激励"机制顺利实施，文旅行业在岗培训才能永久发展，常盛不衰。

2. 行业、企业层面的策略与路径

针对目前产教融合深度不够的问题，建议文旅行业、企业积极参与职业院校人才的全过程培养，通过"专业共商、人才共管、成果共享、责任共担"的合作模式，实现产教的深度融合，为文旅产业发展、企业腾飞提供重要的智力支持。具体可从以下路径着手开展工作。

（1）产教融合纳入企业发展战略

在文化和旅游融合的大背景下，建议将产教融合明确为重大发展战略，正式写入企业发展规划及工作方案，成立相关机构，落实发展计划，常态化开展产教融合工作。同时，结合区域经济发展和企业实情，与区域内的职业院校积极开展产教深度融合，构建产教学研一体化的校企融合新模式。

（2）积极探索产教融合的新途径

建议江苏旅游及文化企业紧跟文旅产业融合发展、区域经济发展的步伐，充分利用政策，积极对接职业院校，探索形式多样的合作新途径，使产教融合成为企业发展的新亮点，谋求校企共赢、共发展。在政府的纽带作用引领下，科学评估校企合作的利益相关程度和行动强度，形成目标取向和行动取向一致的有机体，使得信息沟通具有横向和纵向的交流优势。

（3）产教融合中注重学生的全面培养

学生在企业顶岗实习期间，企业应担负起教育者的角色。要抓好实习实训期间的德育环节，强化教学实训相融合的教学活动，推进校企一体化育人。根据岗位工作的实际情况，切实做好每一位学生的职业生涯规划，关注学生的成长和发展，配备相应的企业导师，积极引导、激励学生勇于面对挫折，注重对学生职业素养和工作技能的培养，避免廉价用工。

（4）行业协会促进产教融合发展

行业协会是非政府组织，具有沟通、协调、监督、指导等职能。行业协会要吸纳文旅高职院校进入行业组织，为校企合作搭建平台；参加文化旅游专业的国家级教学指导委员会，推动文旅高职教育的教学改革，适应国家文旅融合产业结构调整。建议江苏文旅行业协会整合资源，充分发挥沟通协调的职能和作用，立足文旅产业融合发展的大背景，立足区域文旅产业发展的实际，积极搭建政校企行沟通交流的大平台，促使信息交流、互动合作、资源互补，促进行企与职业院校深度合作、良性发展。

3. 院校层面的策略与路径

（1）加强文旅院校间的协作

文旅院校积极开展校际协作，倡导"合作共赢，求同存异，有序竞争"理念，保证校际协作沿着正确的方向发展。在协作对象的选择上，双方或者多方需要进行全面、慎重、合理的选择。在协作内容的选择上，校际协作的项目有职教联盟、联合培养、共办项目、学历衔接、教师互聘、网络资源共享、科研合作等，这些合作内容涉及高校各个层面，内容和形式也可以多种多样，因此在具体筹备校际协作内容时，要充分认识自身特点，通过有效的交流与沟通，寻求适合的合作领域。

（2）重视高素质复合型人才的培养

文旅专业学科是一门内涵丰富、融合性强的综合型交叉学科，且具有很强的时代性，因此高素质复合型人才的培养就显得尤为重要。其中，首位要求便是要重视学生职业素养和职业道德的培育。职业素养与人的职业发展历程紧密关联，也是新时期文旅人才职业化培育的必然要求。专业人才的事业心、敬业心和责任感始终是企业用人的重要关注点，也应该成为江苏创新文旅人才培养的终极目标。

首先，在学习能力培养维度，伴随信息技术产业的飞速发展，文旅行业正在发生翻天覆地的变化。文旅从业人员迫切需要加快自身知识的更新。个人的基本知识和能力培训较易达成，而能力素质、价值观念、行为动机等则需要一定时间的打磨且处于更加重要的位置。因此，在开展人才培育工作时，除了注重传授常规知识和技能外，更应重视对分析问题、解决问题、处理突发问题的综合能力的培养，尤其要强调自我学习与更新能力的养成，实现主动学习，保证信息和知识交互发展。此外，可借鉴国际先进案例关注多维技能和思维训练，树立和创新"人才""时间""机遇"理念等，通过提升文旅人才经营管理认知水平，弥补传统培训在局部领域的缺陷和不足。

其次，改变人才培养模式。建议在入校后，在完成相关专业基础课程学习后，可以让学生结合前期学习经历和自身特长兴趣自主开展专业选择。同时鼓励不同专业间的课程互修，以搭建专业交叉的培养平台，实现"一专多能"的发展。

最后，加强对国际化人才的培养。国际化办学是培养文旅复合型旅游人才的必由之路。江苏当地文旅职业院校应树立国际化办学理念，通过强化与境外旅游院校的合作交流，积极引进先进教学理念、革新管理模式，通过建设境外师资培养基地、学生实习实训基地、互派留学生等方式开展国际合作办学，走出去和请进来，广泛探索符合实情的国际化育人之路，提升文旅职业教育的国际影响力和竞争力。

（3）优化专业开设与调整

江苏文旅职业院校应始终坚持以市场为导向设置专业，以就业为标杆调整专业，即专业设置与调整应准确把握文旅产业发展的需求性，追踪文旅产业发展的新动态、新需求。应根据本区域文化和旅游产业发展的实际，及时调整专业结构，适时开设智慧旅游、度假旅游、旅游文创产品设计等新专业（或专业方向），大力培养新型文旅职教人才，满足行业发展人才需求。

（4）加强课程体系的建设

在"以服务为宗旨、以就业为导向"的职教方针的指导下，文化旅游职业院校应与时俱进，对传统的人才培养定位进行改革，明确新形势下的人才培养的新要求。

第一，根据文旅产业发展、江苏区域经济发展，在对行业、企业充分调研的基础上，开展专业科学论证，进一步明确专业的培养目标、职业岗位面向、课程体系、毕业标准、培养途径、师资要求及实践教学条件等,由此制订出系统的人才培养方案。

第二,课程体系设计的逻辑起点是职业岗位能力要求。建议职业院校可借鉴本课题构建的旅游人才质量词典指标体系,对不同类型的文旅企业岗位群进行人才质量要求分析,得出本专业面向的岗位群人才质量具体要求,科学构建本专业的课程体系。开设相应的课程,对学生进行"厚素质+宽知识+深能力"的课程培养。

第三,江苏当地职业院校应根据文旅企业一线岗位职业素养要求注重培养学生的吃苦耐劳、服务意识、爱岗敬业等职业素质和文化素养。在校企合作过程中,可将部分企业培训模块的课程前置至学校,在职业院校中开设企业职业素养培训课程,让学生在真实的环境下掌握技能、感受企业文化并潜移默化地养成相应的职业能力和素养,这将会对学生的就业观、敬业精神、交流与沟通能力等方面有着重大的影响。

第四,从学生的职业生涯发展角度,设计教学内容,即"初级岗位职业能力—中级岗位职业能力—高级岗位职业能力"递进式成长的课程体系,加强行企师资的引进,在课程教学中始终贯穿职业标准、职业道德和职业精神的培养。

(5)促进信息化教学的开展

近年来,国务院高度关注江苏"互联网+教育"工作。在文旅融合背景下,如何让江苏文旅教育插上信息化的翅膀,俨然成为提升当地文旅人才综合质量的又一关键要素。

作为江苏文旅院校信息化教学创新而言,首先需要创新架构文旅教师信息化教学系统和体系。其次,需要合理创新方法体系。在专业文旅信息化教学开展中,教师应对专业教学重难点进行科学分析,并广泛搜索各类音画数字资源,通过图片、影像、视频等方式形象地呈现出来。在课堂上应以探究式任务为引领,在学生中开展广泛而深入的课程讨论,在思想碰撞中发散思维,解决实际发现的问题。最后,需要培养学生自主学习的能力。聚焦行业最新动向,引导学生主动参与讨论互动,并可共享一些专业类优秀课程,方便学生自主学习的开展,让学生在潜移默化中养成良好的学习兴趣。

(6)培养高水平师资队伍

在文旅融合下的江苏创新人才培养工程实施中,教师队伍素质的提升意义重大。建设能讲课、能咨询、能实战的文旅融合创新创业教育队伍已经成为当务之急。在师资队伍打造上,可以从以下方面综合考虑。第一,提高教师专业能力,通过各类培训、行业实践等方式保持教师的创新性、行业性特征,始终处于文旅行业发展前沿,为文旅高层次、专业化人才创新培养奠定基石。第二,优化提升"专兼结合"的师资结构,通过各类型合作平台,吸引国内外知名文旅企业家、创业家参与育人工作,通过优秀校友回校"反哺",为院校文旅专业建设发展提供智力支持。第三,优化保障政策,鼓励专任教师走出去，企业人才走进来，在教师待遇、职称评聘、成果认定等方面给予政策支持，增强创新创业教师队伍的吸引力，为江苏文旅人才培养的高水平师资队伍保驾护航。

参考文献

[1] 周盼，李明德.旅游文化是旅游理论研究的重要课题：旅游文化座谈会纪要[J].旅游学刊，1991（01）：55-56.

[2] 中国政府网.全国文化和旅游厅局长会议在京召开[EB/OL]. https://www.gov.cn/xinwen/2020-01/05/content_5466633.htm.

[3] 高等教育司.高等教育教学改革[M].北京：高等教育出版社，2000.

[4] 刘坚平.我国高等职业教育人才培养模式转型研究[D].天津：天津大学，2004.

[5] 黄继元.高职院校旅游人才培养模式和教学内容改革方向探讨[J].2003（12）：99-102.

[6] 陈国生，陆利军.基于"工学结合"理念的应用型本科院校旅游管理专业人才培养研究[J].旅游研究，2011（01）：82-86.

[7] 胡孝平，史万震.应用型本科旅游管理专业工学结合人才培养模式创新研究[J].常熟理工学院学报，2011（06）：37-40.

[8] 李云，周广海.高职旅游管理专业工学结合模式比较研究[J].广西轻工业，2011（12）：173-174+196.

[9] 葛玲妹.高职旅游管理专业"工学结合"培养模式探讨[J].现代商贸工业，2009（17）：154-155.

[10] 于桂林.论旅游管理专业"2+1"工学结合模式实践教学体系的构建[J].教育与职业，2012（09）：172-174.

[11] 周兴，黄佳.基于"1234"创新教学模式视角的"工学结合、订单式"人才培养模式研究：以湖南文理学院旅游管理专业为例[J].湖南农机，2014（08）：88-90+108.

[12] 冯伟林，向从武.旅游管理专业"校企合作、工学结合"（4+3）人才培养模式的构建与思考[J].当代经济，2016（02）：124-126.

[13] Cho M H, Kang S K. Past, Present, and Future of Tourism Education[J]. Journal of Teaching in Travel&Tourism, 2005, 5（3）：225-250.

[14] Steene A. Tourism education in Sweden：Past, Present and Future[J]. Social Science Electronic Publishing, 2016.

[15] Sarkar S K, George B. Patterns of Tourism and Hospitality Education in India and

Malaysia: A Critical Reflection [M] // Tourism Education and Asia.2019.

[16] 邵骥顺.中国旅游历史文化概论[M].上海:三联书店,1998.

[17] 章必功.中国旅游史[M].昆明:云南人民出版社,1992.

[18] 王淑良.中国旅游史[M].北京:旅游教育出版社,1998.

[19] 申葆嘉.旅游学原理[M].上海:学林出版社,1999.

[20] 曹国新,宋修建.旅游的发生、发展及其本质:一种基于发生学的考察[J].华东师范大学学报(哲学社会科学版),2004(03):116-120.

[21] 崔凤军,陈旭峰.机构改革背景下的文旅融合何以可能:基于五个维度的理论与现实分析[J].浙江学刊,2020(01):48-54.

[22] 张朝枝,孙晓静,卢玉平."文化是旅游的灵魂":误解与反思:武夷山案例研究[J].旅游科学,2010,24(01):61-68.

[23] 卢世菊."互联网+"背景下旅游管理专业课堂教学改革的研究[J].高教学刊,2017(12):108-109.

第四篇 新时代应用型旅游人才培养质量评价研究

顾至欣 潘 慧[①]

摘 要：以国内外专家学者对旅游人才培养的相关研究为基础，融入了"人才培养状态数据采集平台的相关指标""高等职业教育质量年度报告""江苏省地方普通高校高质量发展考核实施方案""江苏省高水平专业群评审指标"等相关参考指标标准，运用 CIPP 评价模型将人才质量评价体系划分为 4 个维度：背景评价、输入评价、过程评价和成果评价，在充分考虑应用型旅游人才培养的个性化特点的原则上，调整部分指标与权重，形成针对应用型本科、高等职业教育、中等职业教育的个性化旅游人才质量评价体系，以南京旅游职业学院等院校为例开展实证研究，以此来评价高职旅游人才培养的质量，并有针对性地提出相关建议，从而为中国旅游应用型人才的培养提供借鉴。

关键词：应用型旅游人才；质量评价；人才培养

一、绪论

（一）研究背景

党的十九大报告吹响了文化和旅游改革的号角，中国特色社会主义已经进入了新时代。作为满足人民美好生活需要的重要服务产业——旅游业也进入黄金发展期，文化与旅游融合发展日新月异，休闲旅游、体验旅游、乡村旅游、康养旅游等旅游新业态层出不穷，旅游新职业、新岗位不断涌现。同时，与旅游行业发展一样，我国职业教育领域也在发生深刻变革，随着信息化不断发展，知识获取方式和传授方式、教和学的关系都发生了革命性变化。新时代孕育新机遇，也对旅游人才培养质量提出了新要求、新挑战。在此形势下，迫切要求高校培养的旅游从业人才具有创造能力和较高

[①] 作者简介：顾至欣，南京旅游职业学院教授，博士研究生，旅游管理学院院长，研究方向：旅游职业教育。潘慧，南京旅游职业学院助理研究员，硕士研究生，研究方向：旅游职业教育。

的实践能力,从而更好地满足当下社会发展对高质量旅游人才的需要。如何保证高职院校旅游专业人才培养的质量是各校面临的重要问题,而对高职院校旅游人才培养的评价是一个综合的、多因素的复杂问题。

然而,以往同类研究大都停留在定性描述层面,尚未建立全面、综合的应用型旅游人才质量评价体系。因此,本课题以国内外专家学者对旅游人才培养的相关研究为基础,广泛借鉴《普通高等学校本科教学工作合格评估指标和基本要求》《旅游高职高专院校核心专业竞争力评价指标及排名研究报告》《江苏省高水平骨干专业建设项目绩效评价表》《中国特色高水平高职学校和专业建设计划项目国家级高水平标志性成果》《江苏省中等职业学校领航计划建设单位申报书》等权威评价体系中的核心指标,运用 CIPP 评价模型将人才质量评价体系划分为 4 个维度:背景评价、输入评价、过程评价和成果评价,在充分考虑应用型旅游人才培养的个性化特点的原则上,调整部分指标与权重,以南京旅游职业学院等院校为例开展实证研究,最终形成了较为完备的人才质量评价体系,以此来评价高职旅游人才培养的质量,并有针对性地提出相关建议,从而为中国旅游应用型人才的培养提供借鉴。

(二)研究意义

1. 理论意义

本课题为进一步贯彻国务院《国家职业教育改革实施方案》《职业教育提质培优行动计划(2020—2023年)》《关于加快发展现代旅游职业教育的指导意见》等文件精神,从本科、中高职院校旅游人才培养质量着手进行研究,旨在针对新时代下的人才培养目标,建立相应的人才培养质量评价模型,探索构建一个可供参考的评价体系,有助于完善应用型旅游人才培养质量评价相关理论。

2. 实践意义

本课题以南京旅游职业学院等院校为例开展实证研究,分析出目前我国院校人才培养存在的问题,得出科学的评价指标体系,从而有助于找到提高人才培养质量的方法和提高人才培养质量的途径,为省内其他院校在制定旅游人才培养质量评价决策时提供参考,为旅游行业发展提供有力的人才保障。

（三）研究框架（见图 4-1）

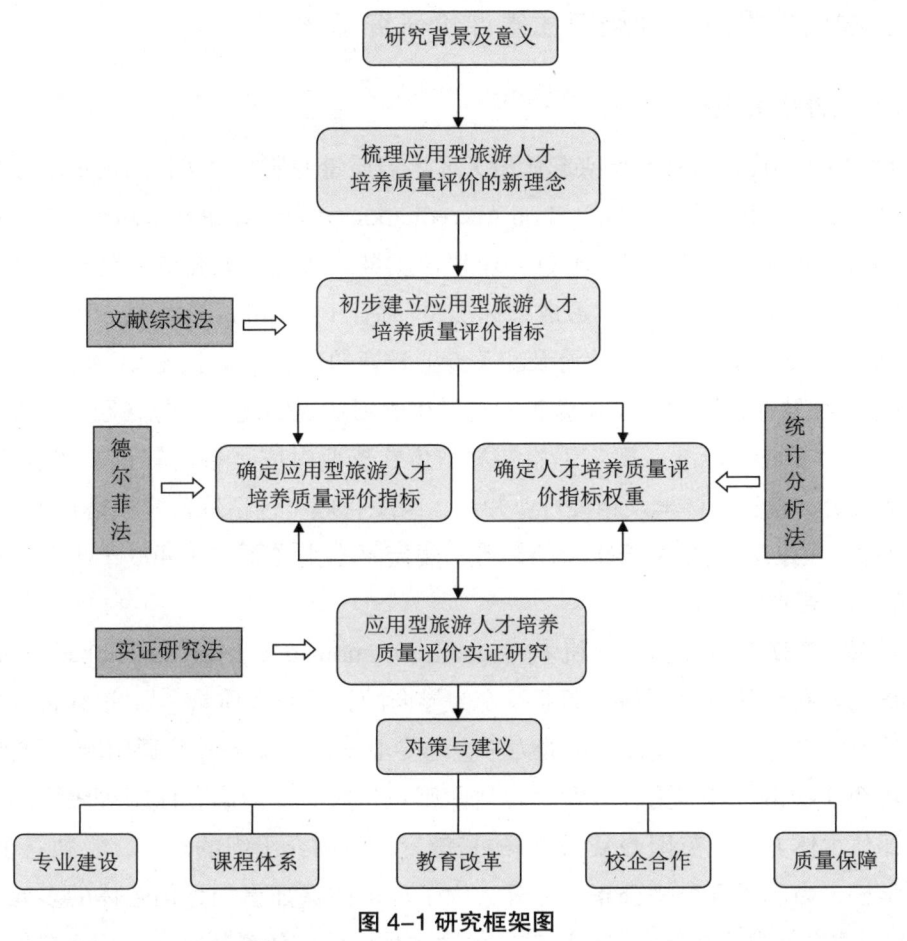

图 4-1 研究框架图

（四）研究方法

在前期国内外研究综述和相关理论研究中，以文献调查法为主，归纳旅游专业方向的人才培养质量评价相关研究的现状，并分析新时代应用型旅游人才的特点。

在构建应用型旅游人才培养质量评价指标体系的过程中，运用问卷调查法和德尔菲法等主观性研究方法，经过多轮反复研讨协商，建立适合高职学情与旅游专业方向特点的指标体系。

在旅游人才培养质量评价实证研究中，采用统计分析法、实证研究法等客观性研究方法，验证评价模型的有效性，并对该校的人才培养现状做出分析，试图找出影响旅游人才培养质量的关键因素。

以分析结论为指导，提出研究中关于旅游人才培养质量评价体系与方法的几点思考，不断完善高校人才培养的建设与发展。

二、国内外旅游人才培养质量评价研究综述

（一）国外研究现状

20世纪80年代，国外开始兴起旅游人才培养质量的研究。美国"游园、娱乐、旅游及相关专业认证委员会"（Council on Accreditation of Parks, Recreation, Tourism and Related Professions）负责旅游类本科专业教育质量的认证。该委员会制定了基于学生学习成果的认证标准———"学习成果标准及评估"（Learning Outcomes Standards and Assessment），将游园、娱乐、旅游及相关专业教育的最前沿要求融入标准体系[1]。在"学习成果标准及评估"中关于旅游类专业学生学习成果的规定，包含四项标准，前三项属于基本学习成果标准，规定了旅游类学生在毕业时应具备的知识、技能及能力，具体包括历史、哲学、科学及相关行业知识，组织管理（包括运营和战略管理），休闲服务的提供。第四项则是关于实习的标准，规定了学生在不少于400个小时的毕业实习阶段的具体要求。

英国高等教育质量保证机构（Quality Assurance Agency for Higher Education, QAA）旅游学科评估主要评估以职业技术为导向的旅游教育质量[2]。该评估标准注重对学生学习成果的考查，包含通用能力考查与专业学习技能考查。通用能力包括知识、服务技巧和迁移学习等能力；专业学习技能则包括旅游、酒店、休闲等领域的专业技能。在评估主体方面，英国QAA扮演的是教育评价中介组织的角色，它独立于社会、政府和学校，力求做到公平公正。另外，为了尽可能保证参加评估主体的多元化，英国QAA评估主体成员不仅来源于院校、教育评估团体，还囊括社会、用人单位和教育知识领域。在评估标准方面，英国QAA对教育质量评估采取的是量化数据和定性数据相结合，既展现客观的量化数据又配合定性数据的描述。在评估方式方面，英国QAA让院校依据其提供的参照标准制定自己具体的标准，其通过监督受评院校内部质量保障的有效性来达到外部质量保障的目的。在评估过程方面，兼顾自我内部完善和外部评价，评估时受评方案先进行院校自我分析、同行评价再经过评估机构的实地考察和最后的评判。

东盟区域力推区域从业人员资格相互认证框架，该认证体系以核心能力、规范性能力和专业能力为评测标准，制定旅游各岗位职业能力标准，面向学习者未来自由就业的职业能力发展需求，以学生职业能力持续提升为努力方向，确立了全面质量管理的核心标准[3]。该认证体系为东南亚各成员国制定了最低旅游人才职业能力标准，为旅游职业教育人才培养质量提供了可测量的参照标准，为后发国家旅游人才培养提供

了学习成果规范。

世界旅游组织旅游教育质量认证（UNWTO TedQual Certification）是国际权威的旅游教育质量认证体系，为世界旅游业教育培训提供了一套可借鉴的质量标准，还搭建了一个资源共享、交流互动的平台。其认证主要从行业、学生、教师、课程、教学设施和管理六个方面进行[4]，"行业"评估雇主使命定位是否明确，以及评估内外环境和发展战略的可行性分析；"学生"部分考查学生入学前后各阶段有效沟通联系、学生对课程和管理的满意度、行业对学生的接受度；"教师"考查受评院校的师资结构、教师的继续教育、科研和发展等；"课程"考查课程体系、教学方法、教学内容；"教学设施"考查与教学直接或间接相关的物质设施以及设施的更新，如教室智能化设备的更新、体育设施的配备等；"管理"则涉及战略信息体系、管理体系考查及质量体系等。

（二）国内研究现状

因为本研究旨在通过一个具体的专业研究来揭示人才培养质量评价体系全貌，所以文献调研也主要是以旅游专业人才培养质量评价为切入口，包括评价体系的构建、评价方法或评价模型、应用型旅游人才评价研究，其中还包含本科和职业院校类专业培养质量评价，以此来提炼出对旅游专业人才培养质量评价方案与指标体系具有指导作用的共性理论成果，作为本研究的人才培养质量评价方案与指标体系设计的重要依据之一。

1. 旅游人才培养质量评价体系构建研究

学者们对旅游人才培养质量评价体系构建进行了初步的研究，并取得了一定的研究成果。洪梅香等学者通过分析中国旅游行业人才培养现状，从培养条件、培养实施过程、培养效果三个指标体系出发，构建了一套由3个一级指标、11个二级指标和22个三级指标组成的旅游人才培养质量的评价指标体系，不断推进中国旅游人才高素质化的进程[5]。

许春华等学者在广泛的调查走访和论证的基础上确定评价指标及评分标准，运用层次分析法计算指标权重，建立评价模型，构建包含3个大类、10个中类、22个小类的"一带一路"视域下应用型旅游人才评价体系[6]，并结合武威职业学院应用型旅游人才培养的实际对建立的评价体系进行了实证分析，提出我国高职旅游管理专业亟待重新审视专业定位，制订国际化应用型旅游人才培养方案，积极进行教学诊断改革，以促进专业的更新升级，更好地服务"一带一路"倡议。

王家明从投入、过程、产出三个角度，探讨了应用技术型高校市场营销专业人才培养质量评价体系的构建，从评价主体的全面性、评价层次的互推性、评价指标的可鉴别性和评价体系的完整性等角度，构建了一套由3个一级指标、12个二级指标和36

个三级指标组成的应用技术型高校市场营销专业人才培养质量评价体系[7]。裴凤艳在其硕士论文中通过专家访谈、文献研究等方法确定绩效评价指标体系，构建了学校教研、学生学习、企业使用3个一级指标，教学效果、教学研究与改革、品德素质、学习效果、工作状态评价5个二级指标，课堂教学等20个三级指标的高职院校"订单式"旅游人才培养绩效评价指标体系[8]。

熊祎通过特色旅游院校的调研，找到了影响培养质量的关键因素，并从校园内部（包括生源质量、师资队伍、硬软件质量、学风建设等指标）和外部市场（包括社会反馈、政策影响等指标）两方面构建了旅游管理人才培养质量评价指标体系[9]；王昆欣等学者采用量化的方式对全国22所旅游院校13个核心专业进行分析，构建了以专业规模、师资队伍、标志性成果和应用型人才培养质量为指标的旅游专业竞争力评价指标体系[10]。研究发现，旅游高职院校专业建设水平与所在区域旅游经济的发展水平密切相关，"五星"联盟院校的专业建设水平处于全国领先地位，各旅游专业之间的建设水平和竞争力极不平衡；全国旅游职业教育教学指导委员会在《基于职业教育视角的中国旅游人才供给与需求研究报告（2019）》中指出人才质量指标体系包含职业素质（包括职业道德与责任、身体素质、心理素质、服务意识）和知识与能力（包括人际交往与沟通能力、创新能力、专业知识与能力、管理组织能力、外语能力、团队协作能力、终身学习能力）两方面。

2. 旅游人才培养质量评价方法研究

我国对于旅游人才培养质量评价的方法主要分为两大类，一类是数理统计类的方法，一类是管理学和其他学科的方法。在旅游人才培养质量评价方法上，能够运用多种不同的综合评价方法来进行，评价方法更多元。

数理统计类的方法主要包括层次分析法（Analytic Hierarchy Process，AHP）、因子分析法、熵值法等。洪梅香等学者运用层次分析法，建立一个较为完整有效的评价指标体系，以此来评价高校旅游人才培养的质量的高低[11]，并找出影响人才质量的关键因素，为中国旅游人才培养质量的测度提供科学的方法。沈佳婷从评价原则、内容、阶段、主体和方式五个层面构建学生评价模型，通过主成分分析、AHP分层模型进行定量分析，建立中职旅游专业学生评价指标体系[12]。杨德云基于他提出的7个研究假设，构建了旅游院校、旅游企业和政府对旅游人才质量的作用路径模型[13]，然后结合问卷调查数据运用李科特量表对该路径模型进行了估计和验证。

管理学和其他学科的理论包括CIPP法、效用理论等。例如张春琳、邓小艳基于CIPP模型，从背景、输入、过程和成果四个方面构建地方高校旅游管理专业创新型人才培养评价指标体系，并从学科建设、培养目标、课堂教学、实践教学等方面对地方高校旅游管理专业创新型人才培养提出了发展建议[14]。宋明轩依据美国教学质量评价系统 UTOP（UTeach Observation Protocol）和 STEM 教学质量评价指标体系，基于效用理论构建了旅游管理专业本科教学质量评价指标体系[15]。该体系由三部分组成，其中目标层 P 代表的是旅游管理专业本科教学质量评价指标体系；维度层由评估教学质量五个指标构成，分别为教学环境、课程建设、教学内容、执行效果和教学支持；指标层为维度层的主要观测点和具体评估指标，总共包含 26 个细分指标。

3. 应用型旅游人才培养评价研究

随着我国旅游产业的大发展，应用型旅游人才的研究步伐和探索进展比较快，通过在中国学术期刊（CNKI）上以"应用型旅游人才"为主题搜索共计找到相关文献 340 篇，以其为篇名搜索结果为 27 篇；以"应用型旅游人才+评价"为主题进行全网搜索共找到 54 条结果。从数量上看，应用型旅游人才的研究比较多，应用型旅游人才的评价研究相对较少；从时间上看，对旅游人才的研究主要始于 1994 年，在此之前相关文献非常少，2000 年以后有突飞猛进的增加，这与我国旅游高等教育事业发展是同步的。

国内研究内容中，李进军等学者通过调研得出应用型旅游类人才评价合格标准，主要包括：思想政治和职业道德标准、科学知识和人文素养标准、旅游专业知识和旅游专业能力标准、旅游职业精神和旅游职业素养标准、创新创造能力标准、身体素质和心理素质标准[16]。他指出高职高专以上层次的旅游类相关专业都是旨在培养高级应用型旅游人才，即突出应用型人才的培养目标，重视其综合素养的提升，适应区域、产业经济发展及企业经营需要的培养模式，在师资队伍、教学理念、课程设置和教学方法上全方位融入应用型理念。

许春华等学者认为高职院校作为旅游应用型人才培养的主阵地，应以形成具有国际竞争力的旅游人才培养高地为目标任务，打破原有的旅游高等职业教育体制，重点突破在教育观念、人才培养模式、课程设置、产教融合、师资队伍建设等方面存在的弊端[17]。许春华、潘从民通过构建"一带一路"视域下应用型旅游人才质量评价体系，发现服务"一带一路"旅游产业发展的国际化应用型旅游人才不仅要具备从事旅游服务工作的良好职业道德、业务素质、身体素质和心理素质，还要熟悉旅游目的地国家国情社情、景区景点知识，具有较强的跨文化交际能力、带团能力。同时，还需要有一定的组织管理能力、危机协调处理能力和开拓创新能力[18]。

刘亚玲、胡潇认为人才培养成功的核心标准是被旅游行业所认可，所以基于市场标准、行业认可的人才培养评价标准来构建评价体系[19]。韦福魏等学者指出应用型人才是能够将相关专业知识与技能熟练运用于生产与生活实践活动并在专业领域内通过思考研究不断获得发展的人，从而依据专业应用型人才职业能力的需求特征，构建了一个高校旅游管理专业应用型人才职业能力评价指标体系[20]。

周富广对福建省旅游高职院校调研发现，人才培养质量与文旅产业发展需求还存在差距，文旅产业创新和增长中所涉及的关键技术、关键创新、关键决策却少有旅游类专业学生的参与。对于高职学生，专业技能固然重要，但企业更重视学生心理抗压能力、心理素质与身体素质，强调学校加强服务意识、抗压等方面的教育，增加劳动课程、体育锻炼等课程[21]。

通过上述的文献分析，可以看出许多学者对应用型旅游人才培养的发展提出了建设性的意见。旅游人才不仅要具备职业素质（包括职业道德与责任、身体素质、心理素质、服务意识）和知识与能力（包括人际交往与沟通能力、创新能力、专业知识与能力、管理组织能力、外语能力、团队协作能力、终身学习能力）两方面，更要突出新时代下应用型人才的培养目标。随着体验经济和智能化消费品质的升级，旅游行业逐渐产生美食体验师、旅行体验师、定制师、酒店试睡员、景区预约员等新职业，酒店住宿业需要线上预订、评价分析等懂大数据的人才，旅游各行业需要抖音、网络红人等新媒体营销人才，因此要相应调整学生知识与技能结构，旅游专业人才培养要相应增加这方面的课程内容和实习。

（三）国内外研究比较

通过对国内外的相关文献进行分析，可以看到旅游人才培养质量评价问题已经受到了国内外广泛的关注。从世界范围看，随着旅游业的不断发展，以英美国家为代表的旅游教育，根据自身产业发展实际，探索形成了各具特色的教育质量评价标准，既有力推动了行业进步，也为旅游教育质量的持续提升提供了保障。可以总结出国外旅游教育质量评价标准具有以下几个特点：注重采用多种学习成果指标来进行考核、更具有可操作性、强调学生毕业后的随访和评估、强调参与评估的主体成员多元化。我国有必要积极借鉴国外先进经验，通过取长补短探索符合我国国情的旅游教育质量评价标准。

我国对职业院校专业人才培养质量评价的研究涉及了人才培养的各方面，学者们不仅论述了各个培养层次人才培养质量评价的内容，而且提出了人才培养质量评价体系各环节的重点方面。但是，笔者发现目前职业院校专业人才培养质量评价体系并不完善，甚至有些评价内容已不符合当代的实际情况。只有从目前社会新时代对旅游人才的需求出发，通过对职业院校人才培养全过程、各环节的深入调研，才能设计出一套科学、合理、接地气的培养质量评价体系和具体的评价指标。

另外，培养目标的定位是新时代应用型旅游人才培养模式区别于其他类型人才培养模式的核心。高职院校旅游人才是旅游行业从业人员的主力军，是未来旅游行业人才输送的重要基地，新时代应用型旅游人才的培养应该更加重视智慧旅游发展对旅游行业产生的影响,尤其是智慧旅游模式下一些传统岗位工作能力、工作要求、工作标准的变化,培养的旅游应用型人才应具有专业实践能力和综合职业能力,同时还要有一定的学习能力及未来可持续发展能力。

三、应用型旅游人才培养质量评价体系构建

(一)理论基础

CIPP 教育评价模式也称决策导向或改良导向评价模式,是由美国教育评价家斯塔弗尔比姆(DL Stufflebeam)于 1966 年提出的。在这一模式中,斯塔弗尔比姆强调,教育评价最重要的目的不在于证明目标是否达成,而在于改进教育方案从而提升教育质量。换言之,与只注重结果的泰勒目标导向模式不同,CIPP 模式注重评价的全过程,并且强调评价反馈的改进功能。在此思想的基础上,斯塔弗尔比姆认为评价活动应围绕目标、设计、实施和影响四个层面展开,并分别由背景评价(Context Evaluation)、输入评价(Input Evaluation)、过程评价(Process Evaluation)、结果评价(Product Evaluation)四个评价环节来完成,是以形成 CIPP 评价模式。其中,背景评价是一种目标评价,它强调对方案的目标合理性进行分析,属于诊断性评价;输入评价是在背景评价的基础上,对达到目标所需的条件、资源以及各备选方案的相对优点所做的评价,其实质是对方案的可行性和效用性进行评价;过程评价是在方案实施过程中做连续不断的监督、检查和反馈,属于形成性评价;结果评价则是对目标达成度所做的评价,属于终结性评价[22]。

CIPP 模式与人才培养质量评价的适切性主要体现在以下三个方面。其一,人才培养是一个长期的、持续的过程,这一过程包含人才培养目标的确立、资源的投入、方案的实施以及目标的达成等多个培养环节,每一个环节都会对人才培养质量造成影响,因此对人才培养质量的评价有必要渗透到人才培养的各个环节中去,这无疑与 CIPP 评价模式的过程导向的特点相吻合。其二,骆徽指出教育评价不是以教学目标为导向,而是以教育决策为导向,为决策者改进教学服务[23],这一点与斯塔弗尔比姆所强调的"评价最重要的目的不在证明,而在改进"高度契合,对于人才培养质量评价而言,不仅是为了检验人才培养目标的达成度,更重要的是能够为管理者采取针对性的措施以提高人才培养质量提供有力指导。其三,CIPP 评价模式对教育评价改进作用的强调,特别适用于教育改革活动对教育评价的需要。目前我国旅游人才培养模式正处于改革发展阶段,这一阶段正需要通过人才培养质量评价推动人才培养改革的进行。因此,为使得评价体系贯穿旅游专业人才培养全过程,并且更好地为旅游人才培养改革与发展提供服务,本文选择将 CIPP 评价模式作为构建应用型旅游人才培养质量评价指标体

系的框架基础。

（二）评价体系构建

1. 建构原则

一是遵循 CIPP 教育评价模型的基本框架。CIPP 教育评价模型认为评价就是为管理者做决策提供信息服务的过程，其中基本框架为背景评价、输入评价、过程评价、结果评价四个部分。该评价模型贯穿教育活动的始终，包括需要、问题、目标、条件、计划、实施、结果以及结果的影响等教育过程的所有阶段，使评价成为改进工作、提高教育质量的工具。因此，应用型旅游人才培养质量评价体系也将从这四个部分入手，建立科学的评价体系。

二是考虑应用型旅游人才培养的主要特征。应用型旅游人才培养质量评价体系的构架强调人才的应用型特征，弱化理论知识学习相关指标，弱化科研绩效考核，强调通过各类技能竞赛与就业情况来反映人才技能的培养，突出在人才培养过程中的产教合作，强调产业资源对人才培养的支持作用。

三是考虑到指标选取与数据采集的科学性与可行性。应用型旅游人才培养质量评价体系广泛借鉴《普通高等学校本科教学工作合格评估指标和基本要求》《旅游高职高专院校核心专业竞争力评价指标及排名研究报告》《江苏省高水平骨干专业建设项目绩效评价表》《中国特色高水平高职学校和专业建设计划项目国家级高水平标志性成果》《江苏省中等职业学校领航计划建设单位申报书》等权威评价体系中的核心指标，以"人才培养工作状态数据采集平台"数据为标准，便于数据采集工作的开展与数据比较的可行性。

2. 主要框架与核心指标

依据 CIPP 模型基本原理，结合上述构建原则，从背景评价、输入评价、过程评价、结果评价四个方面入手，建立应用型旅游人才培养质量评价体系的主要框架与核心指标（见表 4-1）。

表 4-1　应用型旅游人才培养质量评价体系表

一级指标	二级指标	三级指标
C 背景评价	学校背景	学校品牌
	专业背景	专业品牌
		专业规模

续表

一级指标	二级指标	三级指标
I 输入评价	经费投入	生均拨款
		生均年教学运行支出
	生源情况	第一志愿率
		招生计划完成率
		新生报到率
	教学设施	生均教学科研仪器设备值
		实训基地水平
	师资队伍	师资结构
		师资规模
		教学能力
		教师荣誉
	产业资源	产业教授
		合作规模
		企业捐赠
		合作深度
P 过程评价	教学	课程资源
		教学成果奖
		教材建设
	科研与社会服务	技术服务
		科研项目
		科研奖励
P 成果评价	学生素质	职业院校技能竞赛
		"挑战杯"比赛
		创新创业大赛
	就业情况	年底就业率
		就业对口率
		毕业起薪
		毕业生满意度
		用人单位满意度

（三）评价指标差异分析

根据应用型旅游人才的培养层次差异，研究根据其评价对象的特点，将人才培养质量评价指标细化为应用型本科旅游人才、高职旅游人才、中职旅游人才三种类型，其中应用型本科旅游人才评价指标29个、高职旅游人才评价指标32个、中职旅游人才评价指标26个。其评价指标主要差异如下：

在背景评价方面，三种类型的评价体系大致相同，只是依据不同类型院校的质量工程项目名称的差异而加以区别。例如，学校品牌方面，应用型本科以入选"双一流"建设单位为依据，高职院校则以入选"双高计划"建设单位为依据，中职院校以入选"江苏省中等职业学校领航计划建设单位"为依据。

在输入评价方面，并未考虑中职院校招生的第一志愿率指标，同时因为江苏省并未给中职院校引进产业教授，因此中职院校也没有该项指标。在师资队伍建设方面，因为本科院校教师无须参加职业院校教学能力大赛，因此本科人才培养未涉及该指标。同时，校企合作联合培养的订单班学生在本科院校中并不常见，因此，本科人才培养也未将该指标纳入评价系统。

在过程评价方面，考虑到中职院校的科研能力与教学资源建设能力有限，因此在课程资源、科研项目、科研奖励等方面并未对中职院校提出评价要求。

在成果评价方面，在职业院校技能竞赛与"挑战杯"比赛的评价指标方面有所差异，考虑到比赛适用对象的区分，本科人才培养没有职业院校技能竞赛的要求，而中职学生则没有参加"挑战杯"比赛方面的评价要求。

（四）评价权重的确定

研究期望通过德尔菲法确定应用型本科旅游人才、高职旅游人才、中职旅游人才三个评价体系的指标权重。德尔菲法是邀请领域内专家形成小组进行交流、收集数据，旨在就某一具体问题形成共识的研究方法，在项目规划、政策制定、需求评测等领域广泛应用。德尔菲法需要经过几轮的数据收集，上一轮的咨询结果要求专家在下一轮咨询中重新考虑自己的原始判断，通过征求专家意见、反馈、再集中、再反馈这一过程，实现交流互动，不断修正之前的意见，最终达成集体共识，形成较一致且具有可靠性的结果。在专家选择上，参与者应对所咨询问题具有相关研究背景及经验，人数一般在8到20人。

本研究从应用型本科、高等职业院校、中等职业院校中分别邀请了5位旅游职业教育专家，共15位。每位专家均对本研究的主题有深入了解及研究经验，在教师发展、教师教育等领域较为活跃且具有学术影响力，充满责任感，具备问卷作答及专家咨询时间。首先，研究者首先访谈了部分旅游职业教育专家代表，了解他们对应用型旅游人才质量评价的看法，形成应用型旅游人才培养质量评价体系的初步权重，在此基础上编制德尔菲咨询问卷。第一轮咨询发放初步问卷表后，要求专家对问卷权重的同意程度进行判断并给出修改意见。咨询后整理专家反馈意见并计算评价指标的相关统计量（均值、标准差、差异系数等），依据统计结果修订指标体系权重。此后，按照上述步骤，再进行第二轮咨询，构建最终的高校教师教学能力指标体系。

（五）应用型旅游人才培养质量评价体系指标表

依据上述的应用型旅游人才培养质量评价体系建构原则，针对应用型本科旅游人才培养特征，参考 UNWTO 国际质量认证、《普通高等学校本科教学工作合格评估指标和基本要求（本科层次职业学校适用）》《江苏省高水平骨干专业建设项目绩效自评表》，以及《基于 CIPP 模型的地方高校旅游管理专业创新型人才培养评价研究》和《学习成果理论在美国旅游教育质量认证中的实践及其启示》的研究成果，通过德尔菲法确定评价指标权重，得到应用型本科旅游人才培养质量评价体系指标表（见表4-2）。针对高职旅游人才培养特征，参考 UNWTO 国际质量认证、《江苏省高水平骨干专业建设项目绩效自评表》《中国特色高水平高职学校和专业建设计划项目国家级高水平标志性成果》《江苏省高等职业院校高水平专业群申请立项书》以及《旅游高职高专院校核心专业竞争力评价指标体系及排名研究报告》的研究成果，通过德尔菲法确定评价指标权重，得到高职旅游人才培养质量评价体系指标表（见表4-3）。针对中职旅游人才培养特征，参考《江苏省中等职业学校领航计划建设单位申报书》以及《中职学校专业建设质量评价模型及其应用研究》的研究成果，通过德尔菲法确定评价指标权重，得到高职旅游人才培养质量评价体系指标表（见表4-4）。

表4-2　应用型本科旅游人才培养质量评价体系指标表

一级指标	二级指标	三级指标	分值	评价方法
C 背景评价（15分）	学校背景（5分）	学校品牌	5	入选世界一流大学建设单位（5分）、入选世界一流学科建设单位（3分）
	专业背景（10分）	专业品牌	5	入选国家级特色（品牌）专业（5分）、入选省级特色（品牌）专业（4分）、通过UNWTO国际认证（3分）
		专业规模	5	全日制在校学生规模每40人（含）得0.5分，满分不超过5分
I 输入评价（30分）	经费投入（5分）	生均拨款	2	根据各参评专业情况分为3档，第一档得2分、第二档得1分、第三档得0.5分
		生均年教学运行支出	3	根据各参评专业情况分为3档，第一档得3分、第二档得1.5分、第三档得0.5分

续表

一级指标	二级指标	三级指标	分值	评价方法
I 输入评价（30分）	生源情况（5分）	第一志愿率	2	90%以上得2分，70%以上得1分，70%以下不得分
		招生计划完成率	2	95%以上得2分，90%以上得1分，90%以下不得分
		新生报到率	1	95%以上得1分，90%以上得0.5分，90%以下不得分
	教学设施（5分）	生均教学科研仪器设备值	2	根据各参评专业情况分为3档，第一档得2分、第二等得1分、第三档得0.5分
		实训基地水平	3	国家级工程（技术）研究中心、实验室、协同创新中心、产教融合实训基地等，每个得1分；省级基地项目，每个得0.5分；满分不超过3分
	师资队伍（8分）	师资结构	3	根据各参评专业高级职称比情况分为3档，第一档得1.5分、第二等得1分、第三档得0.5分；根据博士以上教师比例情况分为3档，第一档得1.5分、第二等得1分、第三档得0.5分；总分等于两项分数之和
		师资规模	3	在校学生与专任专业教师数量比为15∶1（含）以内得3分；20∶1（含）以内得2分，25∶1（含）以内得1分，此外不得分
		教师荣誉	2	国务院政府特殊津贴、全国优秀教育工作者、国家技术技能大师、国家"万人计划"教学名师、国家级职业教育教师教学创新团队、国家级技能大师工作室等国家级荣誉每个0.3分，省级青蓝工程项目、省级"333"高层次人才项目等省级荣誉每个0.1分，满分不超过2分
	产业资源（7分）	产业教授	2	江苏省产业教授每人0.2分，满分不超过2分
		合作规模	3	根据各参评专业合作企业数量分为3档，第一档得1.5分、第二等得1分、第三档得0.5分；根据校外实习实训基地数分为3档，第一档得1.5分、第二等得1分、第三档得0.5分；总分等于两项分数之和
		企业捐赠	2	根据各参评专业合作企业数量分为3档，第一档得2分、第二等得1分、第三档得0.5分
P 过程评价（30分）	教学（15分）	课程资源	5	国家级一流本科课程、精品在线开放课程、课程思政示范课程每个0.5分，省级课程项目每个0.2分，满分不超过5分
		教学成果奖	5	国家教学成果奖特等奖、一等奖、二等奖每个分别得分（3分、2分、1分），省级教学成果奖特等奖、一等奖、二等奖每个分别得分（1.5分、1分、0.5分），满分不超过5分
		教材建设	5	全国教材建设奖一、二、三等奖每个分别得分（3分、2分、1分），教育部职业教育国家级规划教材每本0.3分，满分不超过5分

续表

一级指标	二级指标	三级指标	分值	评价方法
P 过程评价（30 分）	科研与社会服务（15 分）	技术服务	5	根据各参评专业横向技术服务到账经费分为3档，第一档得5分、第二等得3分、第三档得1分
		科研项目	5	国家社科、自然、艺术基金项目每个1分，教育部人文社科项目、部委项目每个0.5分，满分不超过5分
		科研奖励	5	国家级科研成果奖一、二、三等奖每个分别得分（3分、2分、1分），省部级科研成果奖一、二、三等奖每个分别得分（1.5分、1分、0.5分），满分不超过5分
P 成果评价（25 分）	学生素质（10 分）	"挑战杯"比赛	5	"挑战杯"竞赛国赛一、二、三等奖每个分别得分（2分、1分、0.5分），省赛一、二、三等奖每个分别得分（0.5分、0.3分、0.1分），满分不超过5分
		创新创业大赛	5	"互联网"大学生创新创业大赛，国赛一、二、三等奖每个分别得分（2分、1分、0.5分），省赛一、二、三等奖每个分别得分（0.5分、0.3分、0.1分），满分不超过5分
	就业情况（15 分）	年底就业率	3	98%以上得3分，90%以上得2分，85%以上得1分，85%以下不得分
		就业对口率	3	80%以上得3分，60%以上得2分，40%以上得1分，40%以下不得分
		毕业起薪	3	根据各参评专业情况分为3档，第一档得3分、第二档得2分、第三档得1分
		毕业生满意度	3	90%以上得3分，80%以上得2分，70%以上得1分，70%以下不得分
		用人单位满意度	3	90%以上得3分，80%以上得2分，70%以上得1分，70%以下不得分

表 4-3 高职旅游人才培养质量评价体系指标表

一级指标	二级指标	三级指标	分值	评价方法
C 背景评价（15 分）	学校背景（5 分）	学校品牌	5	入选中国特色高水平高职学校（5分）、入选中国特色高水平专业建设计划（3分）
	专业背景（10 分）	专业品牌	5	入选国家级特色（品牌）专业（5分）、入选省级特色（品牌）专业（4分）、通过UNWTO国际认证（3分）
		专业规模	5	全日制在校学生规模每40人（含）得0.5分，满分不超过5分

续表

一级指标	二级指标	三级指标	分值	评价方法
I 输入评价（30分）	经费投入（5分）	生均拨款	2	根据各参评专业情况分为3档，第一档得2分、第二档得1分、第三档得0.5分
		生均年教学运行支出	3	根据各参评专业情况分为3档，第一档得2分、第二档得1分、第三档得0.5分
	生源情况（4分）	第一志愿率	1	90%以上得1分，70%以上得0.5分，70%以下不得分
		招生计划完成率	2	95%以上得2分，90%以上得1分，90%以下不得分
		新生报到率	1	95%以上得1分，90%以上得0.5分，90%以下不得分
	教学设施（5分）	生均教学科研仪器设备值	2	根据各参评专业情况分为3档，第一档得2分、第二档得1分、第三档得0.5分
		实训基地水平	3	国家级工程（技术）研究中心、实验室、协同创新中心、产教融合实训基地等，每个得1分；省级基地项目，每个得0.5分；满分不超过3分
	师资队伍（9分）	师资结构	2	根据各参评专业高级职称比情况分为3档，第一档得1分、第二档得0.6分、第三档得0.2分；根据硕士以上教师比例情况分为3档，第一档得1分、第二档得0.6分、第三档得0.2分；总分等于两项分数之和
		师资规模	2	在校学生与专任专业教师数量比为15:1（含）以内得2分；20:1（含）以内得1.5分，25:1（含）以内得1分，此外不得分
		教学能力	3	国家级职业院校教学能力大赛一、二、三等奖每个分别得分（1分、0.7分、0.5分），省级大赛一、二、三等奖每个分别得分（0.4分、0.3分、0.2分），满分不超过3分
		教师荣誉	2	国务院政府特殊津贴、全国优秀教育工作者、国家技术技能大师、国家"万人计划"教学名师、国家级职业教育教师教学创新团队、国家级技能大师工作室等国家级荣誉每个0.3分，省级青蓝工程项目、省级"333"高层次人才项目等省级荣誉每个0.1分，满分不超过2分
	产业资源（7分）	产业教授	2	江苏省产业教授每人0.2分，满分不超过2分
		合作规模	2	根据各参评专业合作企业数量分为3档，第一档得1分、第二档得0.7分、第三档得0.5分；根据校外实习实训基地数分为3档，第一档得1分、第二档得0.7分、第三档得0.5分；总分等于两项分数之和
		企业捐赠	1	根据各参评专业合作企业数量分为3档，第一档得1分、第二档得0.7分、第三档得0.5分
		合作深度	2	根据各参评专业合作企业接受就业学生总数分为3档，第一档得1分、第二档得0.7分、第三档得0.5分；根据合作企业订单培养总数分为3档，第一档得1分、第二档得0.7分、第三档得0.5分

续表

一级指标	二级指标	三级指标	分值	评价方法
P过程评价（30分）	教学（15分）	课程资源	5	国家级一流本科课程、精品在线开放课程、课程思政示范课程每个0.5分，省级课程项目每个0.2分，满分不超过5分
		教学成果奖	5	国家教学成果奖特等奖、一等奖、二等奖每个分别得分（3分、2分、1分），省级教学成果奖特等奖、一等奖、二等奖每个分别得分（1.5分、1分、0.5分），满分不超过5分
		教材建设	5	全国教材建设奖一、二、三等奖每个分别得分（3分、2分、1分）、教育部职业教育国家级规划教材每本0.3分，满分不超过5分
	科研与社会服务（15分）	技术服务	5	根据各参评专业横向技术服务到账经费分为3档，第一档得5分、第二档得3分、第三档得1分
		科研项目	5	国家社科、自然、艺术基金项目每个1分，教育部人文社科项目、部委项目每个0.5分，满分不超过5分
		科研奖励	5	国家级科研成果奖一、二、三等奖每个分别得分（3分、2分、1分），省部级科研成果奖一、二、三等奖每个分别得分（1.5分、1分、0.5分），满分不超过5分
P成果评价（25分）	学生素质（10分）	职业院校技能竞赛	5	世界技能大赛金牌、银牌、铜牌每个分别得分（5分、4分、3分），全国职业院校技能大赛一、二、三等奖每个分别得分（2分、1分、0.5分），省级职业院校技能大赛一、二、三等奖每个分别得分（0.4分、0.3分、0.2分），满分不超过5分
		"挑战杯"比赛	2	"挑战杯"竞赛国赛一、二、三等奖每个分别得分（1分、0.7分、0.4分），省赛一、二、三等奖每个分别得分（0.3分、0.2分、0.1分），满分不超过2分
		创新创业大赛	3	"互联网"大学生创新创业大赛，国赛一、二、三等奖每个分别得分（1分、0.7分、0.4分），省赛一、二、三等奖每个分别得分（0.3分、0.2分、0.1分），满分不超过3分
	就业情况（15分）	年底就业率	3	98%以上得3分，90%以上得2分，85%以上得1分，85%以下不得分
		就业对口率	3	80%以上得3分，60%以上得2分，40%以上得1分，40%以下不得分
		毕业起薪	3	根据各参评专业情况分为3档，第一档得3分、第二档得2分、第三档得1分
		毕业生满意度	3	90%以上得3分，80%以上得2分，70%以上得1分，70%以下不得分
		用人单位满意度	3	90%以上得3分，80%以上得2分，70%以上得1分，70%以下不得分

表 4-4 中职旅游人才培养质量评价体系指标表

一级指标	二级指标	三级指标	分值	评价方法
C 背景评价（15 分）	学校背景（5 分）	学校品牌	5	入选江苏省中等职业学校领航计划建设单位（5 分）
	专业背景（10 分）	专业品牌	5	入选省级特色（品牌）专业（5 分）、通过 UNWTO 国际认证（3 分）
		专业规模	5	全日制在校学生规模每 40 人（含）得 0.5 分，满分不超过 5 分
I 输入评价（35 分）	经费投入（5 分）	生均拨款	2	根据各参评专业情况分为 3 档，第一档得 2 分、第二档得 1 分、第三档得 0.5 分
		生均年教学运行支出	3	根据各参评专业情况分为 3 档，第一档得 3 分、第二档得 2 分、第三档得 1 分
	生源情况（6 分）	招生计划完成率	3	95% 以上得 3 分，90% 以上得 2 分，85% 以上得 1 分，85% 以下不得分
		新生报到率	3	95% 以上得 3 分，90% 以上得 2 分，85% 以上得 1 分，85% 以下不得分
	教学设施（5 分）	生均教学科研仪器设备值	2	根据各参评专业情况分为 3 档，第一档得 2 分、第二档得 1 分、第三档得 0.5 分
		实训基地水平	3	国家级现代化实训基地等，每个得 1 分；省级基地项目，每个得 0.5 分；满分不超过 3 分
	师资队伍（10 分）	师资结构	2	根据各参评专业高级职称比情况分为 3 档，第一档得 1 分、第二档得 0.6 分、第三档得 0.2 分；根据硕士以上教师比例情况分为 3 档，第一档得 1 分、第二档得 0.6 分、第三档得 0.2 分；总分等于两项分数之和
		师资规模	3	在校学生与专任专业教师数量比为 15:1（含）以内得 3 分，20:1（含）以内得 2 分，25:1（含）以内得 1 分，此外不得分
		教学能力	3	国家级职业院校教学能力大赛一、二、三等奖每个分别得分（1 分、0.7 分、0.5 分），省级大赛一、二、三等奖每个分别得分（0.4 分、0.3 分、0.2 分），满分不超过 3 分
		教师荣誉	2	国务院政府特殊津贴、全国优秀教育工作者、国家技术技能大师、国家"万人计划"教学名师、国家级职业教育教师教学创新团队、国家级技能大师工作室等国家级荣誉每个 0.3 分，省级青蓝工程项目、省级"333"高层次人才项目等省级荣誉每个 0.1 分，满分不超过 2 分

续表

一级指标	二级指标	三级指标	分值	评价方法
I 输入评价（35分）	产业资源（9分）	合作规模	4	根据各参评专业合作企业数量分为3档，第一档得2分、第二档得1.5分、第三档得1分；根据校外实习实训基地数分为3档，第一档得2分、第二档得1.5分、第三档得1分；总分等于两项分数之和
		企业捐赠	2	根据各参评专业合作企业数量分为3档，第一档得2分、第二档得1分、第三档得0.5分
		合作深度	3	根据各参评专业合作企业接受就业学生总数分为3档，第一档得1.5分、第二档得1分、第三档得0.5分；根据合作企业订单培养总数分为3档，第一档得1.5分、第二档得1分、第三档得0.5分
P 过程评价（25分）	教学（15分）	教学成果奖	7	国家教学成果奖特等奖、一等奖、二等奖每个分别得分（5分、4分、3分），省级教学成果奖特等奖、一等奖、二等奖每个分别得分（2分、1.5分、1分），满分不超过7分
		教材建设	8	全国教材建设奖一、二、三等奖每个分别得分（4分、3分、2分），教育部职业教育国家级规划教材每本1分，省级重点教材每本0.3分，满分不超过8分
	社会服务（10分）	社会服务	10	根据各参评专业横向技术服务到账经费分为3档，第一档得10分、第二档得5分、第三档得3分
P 成果评价（25分）	学生素质（10分）	职业院校技能竞赛	5	世界技能大赛金牌、银牌、铜牌每个分别得分（5分、4分、3分），全国职业院校技能大赛一、二、三等奖每个分别得分（2分、1分、0.5分），省级职业院校技能大赛一、二、三等奖每个分别得分（0.4分、0.3分、0.2分），满分不超过5分
		创新创业大赛	5	江苏省职业学校创新创业大赛一、二、三等奖每个分别得分（1分、0.7分、0.4分），满分不超过5分
	就业情况（15分）	年底就业率	3	98%以上得3分，90%以上得2分，85%以上得1分，85%以下不得分
		就业对口率	3	80%以上得3分，60%以上得2分，40%以上得1分，40%以下不得分
		毕业起薪	3	根据各参评专业情况分为3档，第一档得3分、第二档得2分、第三档得1分
		毕业生满意度	3	90%以上得3分，80%以上得2分，70%以上得1分，70%以下不得分
		用人单位满意度	3	90%以上得3分，80%以上得2分，70%以上得1分，70%以下不得分

四、实证研究

本研究以南京旅游职业学院旅游类专业为例,选择餐饮智能管理专业、会展策划与管理、酒店管理与数字化运营、民宿管理与运营、烹饪工艺与营养、西式烹饪工艺、中西面点工艺、旅游管理、导游、旅行社经营与管理、研学旅行管理与服务、智慧旅游技术应用12个旅游类专业,依据《高职旅游人才培养质量评价体系指标表》,采用2022至2023学年度数据进行实证研究,得到相关统计数据(见表4-5)。

本实证研究的12个旅游类专业在2022至2023学年度的表现差异较大,其中酒店管理与数字化运营总分59.6分位居第一,旅游管理、烹饪工艺与营养专业分列第二、第三位,而餐饮智能管理专业、民宿管理与运营、研学旅行管理与服务、智慧旅游技术应用等新专业的整体实力相对较弱(见图4-2)。

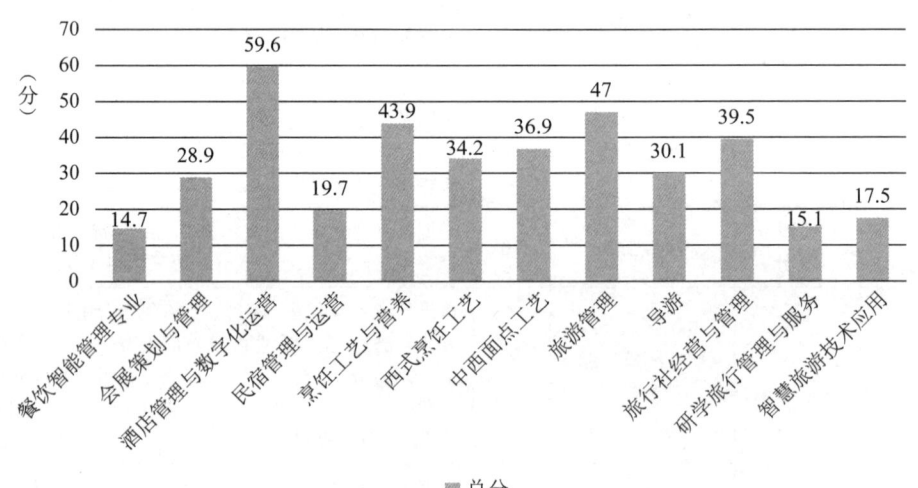

图4-2 南京旅游职业学院旅游类专业实证研究评价总分

表4-5 南京旅游职业学院旅游类专业实证研究评价指标表

一级指标	二级指标	三级指标	分值	餐饮智能管理专业	会展策划与管理	酒店管理与数字化运营	民宿管理与运营	烹饪工艺与营养	西式烹饪工艺	中西面点工艺	旅游管理	导游	旅行社经营与管理	研学旅行管理与服务	智慧旅游技术应用
C背景评价(15分)	学校背景(5分)	学校品牌	5	2	2	2	2	2	2	2	2	2	2	2	2
	专业背景(10分)	专业品牌	5	0	0	0	0	3	0	5	0	5	0	0
		专业规模	5	1	2.5	5	1	5	2.5	4.5	5	1.5	1.5	1	1

续表

一级指标	二级指标	三级指标	分值	餐饮智能管理专业	会展策划与管理	酒店管理与数字化运营	民宿管理与运营	烹饪工艺与营养	西式烹饪工艺	中西面点工艺	旅游管理	导游	旅行社经营与管理	研学旅行管理与服务	智慧旅游技术应用
I输入评价（30分）	经费投入（5分）	生均拨款	2	2	2	2	2	2	2	2	2	2	2	2	2
		生均年教学运行支出	3	2	2	1	0.5	2	2	1	0.5	0.5	0.5	1	2
	生源情况（4分）	第一志愿率	1	1	1	1	1	1	1	1	1	1	1	1	1
		招生计划完成率	2	0	2	0	2	2	2	2	2	2	2	0	0
		新生报到率	1	0	1	0	0.5	0	0	0.5	1	1	1	1	0.5
	教学设施（5分）	生均教学科研仪器设备值	2	2	0.5	2	0.5	2	2	0.5	1	0.5	1	1	1
		实训基地水平	3	0	0	0	0.5	1.5	0	0	0.5	0	1	0	0
	师资队伍（9分）	师资结构	2	1.2	1.2	1.2	1.2	0.4	0.4	1.2	2	2	2	2	2
		师资规模	2	1.5	0	1	0	1	0	0	1	0	1	1	1
		教学能力	3	0	0	0.6	0	0.3	0.3	0.2	0	0	1.4	0	0
		教师荣誉	2	0	0	0.3	0	0	0	0	0.2	0.1	0	0	0.1
	产业资源（7分）	产业教授	2	0	0.2	0.2	0	0.6	0	0	0.2	0	0.2	0	0
		合作规模	2	1	1.4	2	1	2	2	2	1.4	1	1	1.4	1.4
		企业捐赠	1	0.5	0.5	1	0.5	1	1	0.7	1	0.7	0.7	0.5	0.5
		合作深度	2	1	1.5	1.5	1	1.5	2	2	1	1	1	1	1
P过程评价（30分）	教学（15分）	课程资源	5	0	0	0.9	0	0.2	0	0	1.1	0	0.2	0	0
		教学成果奖	5	0	0	3	0	1	0	0.5	1.5	0	0	0	0
		教材建设	5	0	0	3.9	0	0	0	2.6	0.6	0	0	0	0
	科研与社会服务（15分）	技术服务	5	1	1	5	5	1	1	3	5	1	3	1	3
		科研项目	5	0	0	3	1	0	0	0	0.5	0	0	0	0
		科研奖励	5												
P成果评价（25分）	学生素质（10分）	职业院校技能竞赛	5	0	0	4.8	0	2.4	0	0	0	1.8	0	0	0
		"挑战杯"比赛	2	0	0	0	0	0	0	0	0.3	0	0.2	0	0
		创新创业大赛	3	0	0.1	0.2	0	0	0	0.2	0.2	0	0	0	0

续表

一级指标	二级指标	三级指标	分值	餐饮智能管理专业	会展策划与管理	酒店管理与数字化运营	民宿管理与运营	烹饪工艺与营养	西式烹饪工艺	中西面点工艺	旅游管理	导游	旅行社经营与管理	研学旅行管理与服务	智慧旅游技术应用
P 成果评价（25分）	就业情况（15分）	年底就业率	3	0	2	2	0	2	3	2	2	2	2	0	0
		就业对口率	3	0	2	2	0	1	1	1	2	2	2	0	0
		毕业起薪	3	0	1	3	0	2	1	2	2	2	3	0	0
		毕业生满意度	3	0	2	3	0	3	3	3	3	3	3	0	0
		用人单位满意度	3	0	3	3	0	3	3	3	3	3	3	0	0
合计			100	14.7	28.9	59.6	19.7	43.9	34.2	36.9	47	30.1	39.5	15.1	17.5

（一）背景评价指标分析

背景评价指标部分，因为选取的是同一所院校的相关专业，在学校品牌部分的指标得分情况均一致，为省级示范性高职院校、省级中国特色高水平高职院校，但在专业品牌与专业规模方面存在差异，导致各个专业的得分有所不同（见图4-3）。酒店管理与数字化运营为省级品牌专业，烹饪工艺与营养、旅游管理、旅行社经营与管理为省级高水平骨干专业。以上专业均通过 UNWTO 世界旅游组织教育质量认证，因此是综合得分较高的原因之一。同时，专业规模也是制约专业发展的重要因素之一，目前得分较低的餐饮智能管理专业、会展策划与管理、民宿管理与运营、导游、研学旅行管理与服务、智慧旅游技术应用等专业在校生规模均不超过250人，而得分较高的酒店管理与数字化运营、旅游管理等专业在校生人数均超过1000人。

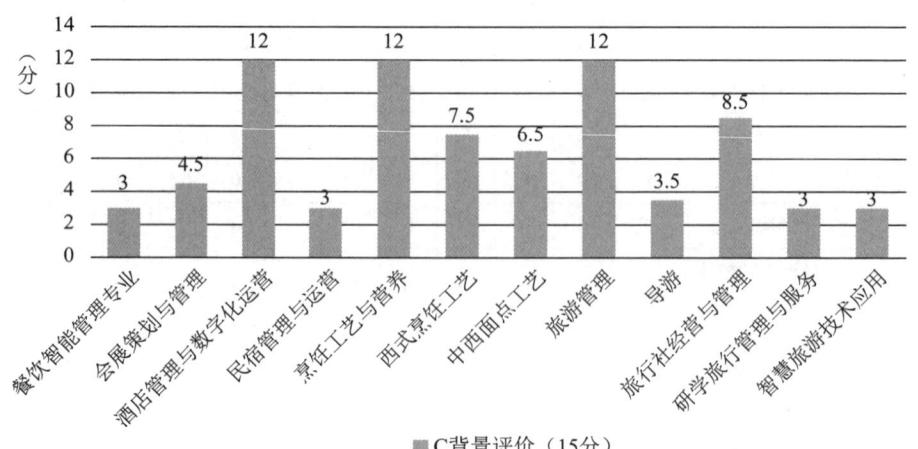

图4-3 南京旅游职业学院旅游类专业背景评价得分

（二）输入评价指标分析

输入评价指标部分，包括经费投入、生源情况、教学设施、师资队伍、产业资源五方面内容，目前各个专业相对均衡，整体得分不高（见图4-4）。其中，烹饪工艺与营养、西式烹饪工艺、旅行社经营与管理专业的得分位居前3位。在经费投入方面，烹饪类的餐饮智能管理、烹饪工艺与营养、西式烹饪工艺、中西面点工艺等专业的生均年教学运行支出相对较多，得分也较高。在生源情况方面，餐饮智能管理、研学旅行管理与服务专业的招生计划完成率不足80%；餐饮智能管理、酒店管理与数字化运营、烹饪工艺与营养、西式烹饪工艺等专业的新生报到率不足90%，因此得分较低。教学设施方面的差异也比较大，西式烹饪工艺、烹饪工艺与营养专业分别以生均教学科研仪器设备值40 000元、30 379元位居前两位，而会展策划与管理、民宿管理与运营在该项指标上均不足5000元。酒店管理与数字化运营、烹饪工艺与营养、旅游管理、旅行社经营与管理等传统专业则在省级以上的实训基地方面占有优势，展现了高质量的教学条件投入。在师资力量方面，大部分专业的在校学生与专任专业教师数量比均在20∶1以上，会展策划与管理、酒店管理与数字化运营、烹饪工艺与营养、西式烹饪工艺、中西面点工艺、旅游管理、导游、旅行社经营与管理8个专业的生师比高达30∶1以上，展现出师资力量的普遍不足。在酒店管理与数字化运营、旅游管理、导游、旅行社经营与管理等专业中高学历、高职称教师数量较多，获得省级及以上人才项目的老师人数较多。在产业资源方面，酒店管理与数字化运营、烹饪工艺与营养、西式烹饪工艺等专业的校企合作较为深入，在合作企业投入办学资金、接收学生就业与实习方面占据优势。

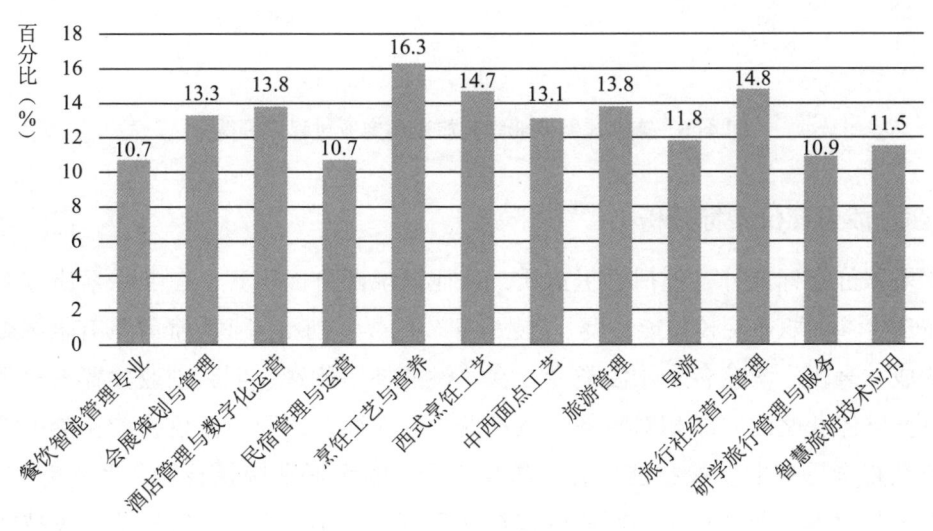

图4-4 南京旅游职业学院旅游类专业输入评价得分

（三）过程评价指标分析

过程评价指标部分，包括教学、科研与社会服务两方面内容。酒店管理与数字化运营专业在2022至2023学年度，获批国家级精品在线开放课程1门；省级在线开放课程2门，获得国家教学成果二等奖1次，省级教学成果一等奖2次，"十四五"职业教育国家规划教材3本，标志性成果突出，位居榜首。旅游管理专业获批国家级精品在线开放课程1门，省级在线开放课程3门，获得省级教学成果一等奖1次、二等奖1次，获批"十四五"职业教育国家规划教材2本，得分居于次席。科研与社会服务方面，旅游管理专业横向技术服务到账经费最多，为83万元，酒店管理与数字化运营、民宿管理与运营分别为41.8175万元、33.5万元。酒店管理与数字化运营专业获批省部级科研项目6项，在科研项目方面表现突出。其他专业在2022至2023学年度的标志性教科研成果不多，因此得分较低，且差距较大（见图4-5）。

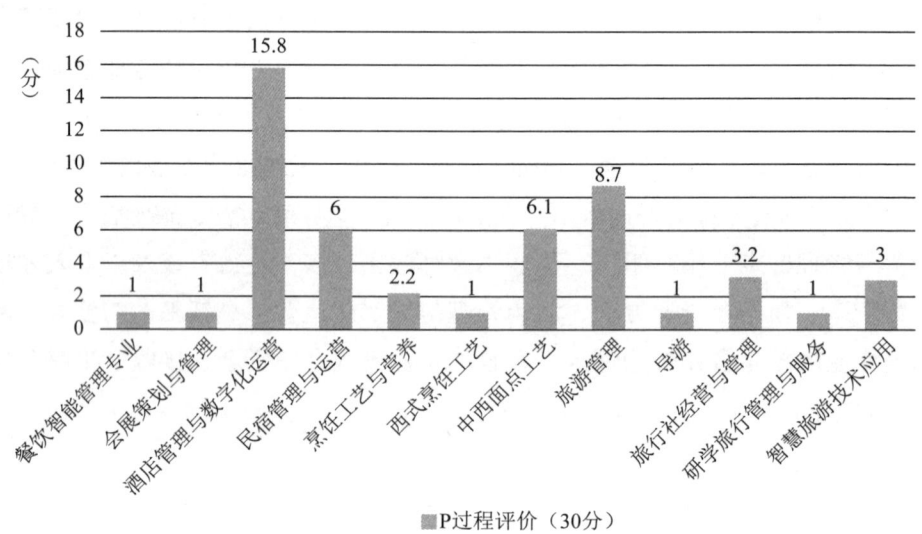

图4-5 南京旅游职业学院旅游类专业过程评价得分

（四）成果评价指标分析

成果评价指标部分，包括学生素质、就业情况两方面内容。在学生素质方面主要体现在学生参加职业院校技能竞赛、"挑战杯"比赛、创新创业大赛等具有全国影响力比赛的成绩表现。学校各个旅游类专业在"挑战杯"比赛、创新创业大赛中表现不尽如人意，整体获奖的等级相对较低，数量偏少。然而，在职业院校技能竞赛中酒店管理专业获得全国职业院校技能大赛一等奖2个、省级职业院校技能大赛一等奖2个，烹饪工艺与营养专业获得全国职业院校技能大赛一等奖1个、省级职业院校技能大赛一等奖1个，导游专业获得全国职业院校技能大赛二等奖1个、省级职业院校技能大赛一等奖 2 个，均位列得分前茅。在就业情况方面，会展策划与管理专业的就业对口率最高为 75%，而中西面点工艺的就业对口率最高仅为 46%。旅行社经营与管理、酒店管理与数字化运营、烹饪工艺与营养专业的毕业起薪相对较高，分别为 5730 元、5404 元和 5345 元；而中西面点工艺、导游、旅游管理专业的毕业生满意度相对较高，分别为 98.53、97.3、95.8。综合来看，酒店管理与数字化运营专业在成果评价方面有着比较明显的优势，而餐饮智能管理专业、研学旅行管理与服务、智慧旅游技术应用等新专业因为尚无毕业生而得分相对较低（见图 4-6）。

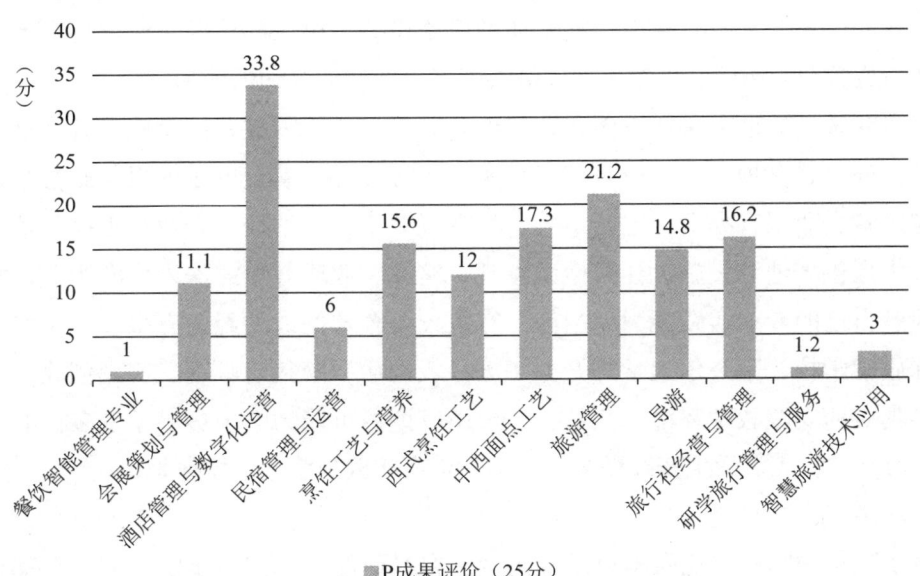

图 4-6　南京旅游职业学院旅游类专业成果评价得分

五、应用型旅游人才培养的对策与建议

（一）背景评价方面

学校与专业的办学品牌是体现专业建设实力与影响力的重要指标，也是当前各院校积极申报中国特色高水平高职学校、中国特色高水平专业群的重要动力。各类品牌专业建设将获得政策与资金方面的支持，带动产出一系列优秀教学成果，包括各相关专业国家教学资源库建设、国家级或省级在线开放课程、精品课程、国家级或省级规划教材或重点教材、国家或省级教学比赛、微课比赛大奖、国家级或省级优秀教学成果奖、国家级或省级优秀教学团队、科研团队、国家级或省级专业领军人才、教学名师、技能大师等业绩。职业院校的旅游类专业自身需要注重内涵发展、不断练内功、强化成果建设积累，打造专业建设品牌，从而抓住一个个发展机遇。

（二）输入评价方面

1. 完善校内外实践基地建设

校内实践基地的资源要能够满足实践教学活动的需要。首先，学校可以征求旅游企业意见、与企业合作，建立多种类型的专业化模拟实训室，尽量营造真实化的工作场景，比如导游模拟实训室、旅游景区实训室、旅行社实训室等，让学生感受到旅游行业的工作氛围，增强学生的实践能力和职场适应力。其次，实践基地可以引进多种类型的设施设备，满足不同的实践教学活动需要；同时要保证充足的设备数量，及时补给易耗品。最后，及时更新实践基地的设施设备，可以同旅游企业保持联系，尽可能保持与旅游企业相同的更新频率，最大限度发挥实践基地的作用。

当实践教学活动无法在校内实践基地开展时，这就需要一批设施设备优良、长期稳定的校外实践基地，与学校教育资源实现优势互补。学校可以加强与旅游企业的合作，与旅游企业联合办学，定制培养，实现资源重组：学校为企业员工提供培训，企业为学生提供场地和设施，让学生以参观、实习、兼职等形式深入旅游企业，实地观察和检验自己的专业实践能力。当前，有关校企合作的成功经验有很多，比如澳大利亚国际旅游学校、康奈尔大学等开办了五星级酒店，既接待顾客、实现创收，又为学生提供真实的实践教学环境。此外，学校还应该尽可能为学生提供类型多样的实践基地和实习岗位，满足学生实践需求，突出学生在实践教学中的主体地位。

2. 加强师资队伍建设

高职院校的师资相比较本科院校来说，在科研能力和进一步学习能力上都相对薄弱，在学历和素质水平上也有待提高。面向应用型旅游人才的培养，从源头上进行师资结构的优化非常重要，并且更需要行业精英和企业专家来给学生上课。通过多渠道、多方位、多层次引进培养、交流等，提高师资素质，合理配置师资，在学历结构、职称结构、专兼职教师、行业企业教师等内容上都应该进行合理的配比。双师型教师队伍建设是高职教育的重点和特色，双师型教师的培养主要可以从挖掘校内资源和校外资源两种路径进行，校内资源主要是重视教师的校本培训，充分利用校内生产性实训中心，提高"双师型"教师的实战经验。校外资源中，要充分利用校企合作单位，定期安排专业教师前往旅游企业基层服务岗、中层管理岗等进行顶岗锻炼，在真实的企业中锻炼和学习专业技能和专业管理知识，并与企业进行深度合作，共同开发课程编写教材、共建实训基地、申报专业课题。此外，积极引进具有创新创业能力的人才进入教师队伍，提升教师整体的创新能力，这样才能保证培养出数智旅游时代具有创新能力的应用型旅游人才。

3. 聚合优质行企资源

旅游类专业注重应用型人才的培养，产学研一体的人才培养模式已成为共识。地方高校旅游类专业应在协同发展、合作共赢的基础上，聚合地方政府、旅游企业等多方面的产业资源，以校企文化融合为主线，增强师生职业认同，专业情怀和扎根意识，深化产教融合实践。各旅游类专业应积极推进校企合作建设专业，联合招收学员，按照工学结合模式，实行校企双主体育人；合作研发专业标准，开发课程体系、教学标准以及教材、教学辅助产品；合作制订人才培养或职工培训方案，实现人员互相兼职，相互为学生实习实训、教师实践、学生就业创业、员工培训、企业技术和产品研发、成果转化等提供支持；合作创建并共同管理教学和科研机构，建设实习实训基地、技术工艺和产品开发中心及学生创新创业、员工培训、技能鉴定等机构；合作研发岗位规范、质量标准等；合作组织开展技能竞赛、优秀企业文化传承和社会服务等活动。通过这些产教融合、校企合作的教学改革与实践，开创从美好产业到美好职教的新局面。

（三）过程评价方面

1. 完善课程体系

调整课程结构。当前，旅游教育呈现实践性和职业性这两大特色，这就要求学校在课程设置上合理加大实践教学的比重，可以将实践性课程统筹安排在每个学期，且为学生提供每学期至少一次到旅游相关企业不同岗位实习的机会，也可以在专业基础理论课中加入实践环节，或在公共基础课中适当加入旅游相关的应用性知识和案例。此外，加强对实践教学的管理力度，确保全部实践课程按时按质完成，还要严格规定学生参与实践的时间，比如，澳大利亚国际旅游学校就强制要求学生在大学期间必须从事旅游相关工作520个小时，以此确保学生有充足的时间提高实践能力。

改革教学方法。一方面，应"宽口径、厚基础"，夯实人文社科、外语、计算机等基础知识；另一方面，应结合当代旅游业发展和人才需求，在传统旅游管理专业主干课程的基础上，增开智慧旅游、全域旅游、体育旅游、休闲度假旅游等符合新时代旅游新业态的专业课程。改革传统教学方法，采用线上线下混合式教学、翻转课堂、慕课等新兴教学形式，大力实施探究式教学、行动导向教学、任务驱动式教学、案例教学等教学方法，从传统课堂的"以教师为主体"向"以学生为主体"的新兴教学模式转变，引导学生自主学习、创新学习。

2. 重视科研与社会服务

科学研究尤其是围绕旅游职业教育开展的科研工作，是旅游类职业院校自身发展的动力源泉，是推动地方经济社会发展的重要力量，是弘扬大国工匠精神、振兴民族产业经济、推动社会进步的有力支撑。旅游教育和科学研究是一对相辅相成的关系，科学研究对于教师和学生而言同等重要。教师通过科研工作，可以推动教育发展，也是人才培养的需要。科研工作是双向的，是理论学习到实践应用的研判，也是实践教学进行理论化的提升过程。教师通过指导学生进行科研，培养学生的问题意识，强化理论与实践的结合，促进学习成果的达成。最终，真正解决行业发展和企业需求中的问题。

（四）成果评价方面

1. 鼓励学生参与各类竞赛

全国职业院校技能竞赛、"挑战杯"比赛、创新创业大赛等具有全国影响力的比赛在高等职业院校教育教学中的作用日益重要，大学生各类赛项的开展能够检验高职院校教学质量与人才培养质量。职业技能竞赛与旅游类专业实训教学二者融合发展的一个重要层面是学生的重视与参与，以往在课程评价中集中在课堂表现、考试成绩以及取得职业证书等方面。针对旅游类专业教学，评价标准可以基于职业技能竞赛等评分指标。将竞赛结果以分值表现出来，增加专业学习考核评价的维度和科学性，有效提升学生参与职业技能竞赛的比例，促成技能竞赛与教学良性循环。

完善应用型人才培养与"课岗证赛"教学模式。职业技能竞赛与实训教学相融合，实行"课岗证赛"融通是探索应用型旅游人才培养的先进模式，将课程教学内容与职业考证内容、职业岗位要求、职业技能竞赛相融合，探索学生在系统学习旅游类专业课程的同时，完成旅游行业职业技能的培训与考核，达到"技能竞赛经验＋技能证书＋学历证书"全面人才培养目标，实现课程教学、职业认证和就业的高效结合。以"课岗证赛"融通的教学模式实现旅游类专业人才培养质量的提升。

2. 拓宽就业渠道

旅游院校应不断拓展就业渠道，调研社会需求，主动挖掘有效资源，全面深化校企合作、供需对接，构建毕业生市场化、社会化的就业工作机制，为毕业生开拓更多就业岗位和机会，多措并举为毕业生高质量就业保驾护航。另外，加强创业教育，鼓励学生自主创业，鼓励的方式方法有很多。一是学生参加创业社会实践给予学分认定。学生参加创新创业、社会实践、各类创新创业大赛等活动以及发表论文、获得专利授权等与专业学习、学业要求相关的经历、成果，可以折算为学分，计入学业成绩。二是加大资金扶持力度。学校每年安排专项基金，用于学生创业孵化园建设和创业项目扶持等，每年重点扶持若干个在校生创业项目。三是加强学生创业孵化园硬软件建设。为有创业意愿的学生提供政策咨询、项目推介、开业指导、创业培训、后续跟踪等创业服务，以及为学生创业者提供办公经营所需场地，减免相关费用。以创业带动就业，使得旅游类专业应用型、创新型人才培养真正落到实处。

参考文献

[1] 程葆青.学习成果理论在美国旅游教育质量认证中的实践及其启示[J].学习与探索，2012（04）：114-116.

[2] 胥郁.英国QAA旅游评估核心理念及对我国高职旅游教育评估的启示[J].旅游纵览（下半月），2014（10）：263-264.

[3] 胡爱清.东盟区域旅游人才培养质量保障体系研究[J].广东农工商职业技术学院学报，2019，35（04）：11-15.

[4] 陈江.关于世界旅游组织旅游教育质量认证的思考：以吉林大学珠海学院旅游学院为例[J].珠江论丛，2019（01）：125-138.

[5] 洪梅香，贺珍瑞.基于AHP的旅游人才培养质量评价体系的构建[J].经济研究导刊，2011（03）：173-174.

[6] 许春华，张伯成."一带一路"视域下应用型旅游人才质量评价体系构建研究[J].湖北广播电视大学学报，2020，40（02）：19-25.

[7] 王家明.应用技术型高校市场营销专业人才培养质量评价体系研究[J].内蒙古科技与经济，2019（22）：14-16+33.

[8] 裴凤艳.高职院校"订单式"旅游人才培养模式的绩效评价[D].长沙：湖南师范大学，2014.

[9] 熊祎.MTA培养质量评价指标体系构建[D].北京：首都经济贸易大学，2019.

[10] 王昆欣，汪亚明，王方.旅游高职院校核心专业竞争力评价指标体系及排名研究[J].中国高教研究，2016（05）：106-110.

[11] 洪梅香，贺珍瑞.基于AHP的旅游人才培养质量评价体系的构建[J].经济研究导刊，2011（03）：173-174.

[12] 沈佳婷.基于核心素养的中职旅游专业学生评价模型研究[D].南京：南京师范大学，2020.DOI：10.27245/d.cnki.gnjsu.2020.001710.

[13] 杨德云.基于结构方程模型的旅游人才培养质量的作用路径研究[C]//2013中国旅游科学年会论文集.[出版者不详]，2013：204-213.

[14] 张春琳，邓小艳.基于CIPP模型的地方高校旅游管理专业创新型人才培养评价研究[J].湖北经济学院学报（人文社会科学版），2020，17（11）：121-123.

[15] 宋明轩.旅游管理专业本科教学质量评价研究[D].沈阳：辽宁师范大学，2021.DOI：10.27212/d.cnki.glnsu.2021.000053.

[16] 李进军，王世峰.应用型旅游类本科人才素质评价体系研究[J].四川旅游学院

学报，2017（01）：1-6.

［17］许春华，潘从民."一带一路"视域下甘肃高职旅游人才培养质量优化路径与对策［J］.商业经济，2020（04）：191-194.DOI：10.19905/j.cnki.syjj1982.2020.04.076.

［18］许春华，张伯成."一带一路"视域下应用型旅游人才质量评价体系构建研究［J］.湖北广播电视大学学报，2020，40（02）：19-25.

［19］刘亚玲，胡潇.基于市场标准的高校旅游应用型创新人才培养评价体系研究：以湖北旅游市场调查为例［J］.武汉商学院学报，2017，31（04）：84-89.DOI：10.16199/j.cnki.jwbu.2017.04.019.

［20］韦福巍，黄荣娟.基于层次分析法的高校旅游管理专业应用型人才职业能力评价指标体系研究［J］.大众科技，2014，16（07）：163-166.

［21］周富广.福建省高职院校旅游类专业高质量发展探析：基于旅游人才需求新变化视角［J］.漳州职业技术学院学报，2021，23（03）：61-67.DOI：10.13908/j.cnki.issn1673-1417.2021.03.0010.

［22］肖远军.CIPP教育评价模式探析［J］.教育科学，2003（019）003：42-45.

［23］骆徽.我国高等教育公平指标体系研究：基于CIPP评价模式的视角［J］.教育发展研究，2012，21：59-64.

第五篇　新时代应用型旅游人才的胜任力研究

郑菲菲　方法林　谷　静　张慧婕　王新宇　耿　海[①]

摘　要：遵循"为什么—是什么—怎么办"的研究思路和技术路线，本研究着重强调新时代旅游人才胜任力时代背景与发展趋势、概念界定与内涵挖掘，最终通过实证研究构建新时代应用型旅游人才胜任力指标体系框架，区别于传统旅游人才培养，新时代应用型旅游人才胜任力更加注重岗位所需求的职业精神、职业适应、非认知能力、开拓创新能力以及数字媒介智慧等，以此为实现旅游人才胜任力培养的以何为能和何以为能提供充分的理论依据与实践基础。

关键词：应用型；旅游人才；胜任力

随着社会、经济与科学技术的快速发展，旅游对美好生活的高质量驱动与可持续建设，人民群众对旅游带来美好生活的需求以及带动美好生活的满意度、幸福感和获得感与日俱增。当下的旅游教育与旅游人才培养、新时代文旅行业改革和旅游供给需求尚存在一定的差距。习近平总书记在全国高校思想政治工作会议讲话中指出，教育强则国家强。高等教育发展是国家发展水平和发展潜力的重要标志。实现中华民族伟大复兴，教育的地位和作用不可忽视。社会对高等教育的需要比以往任何时候都更加迫切，对科学知识和人才的渴求比以往任何时候都更加强烈。优先发展教育、提高教育现代化水平，对实现全面建设小康社会奋斗目标、建设富强民主文明和谐的社会主义现代化国家具有决定性意义。

培养新时代旅游应用型人才是适应我国社会经济和文旅事业快速发展的需要，是当前我国旅游教育所面临和亟待解决的时代命题。区别于传统旅游人才培养，旅游应

[①] 作者简介：郑菲菲，南京旅游职业学院副教授，研究方向：职业教育、学生发展与教育。
方法林，南京旅游职业学院教授，研究方向：旅游管理、旅游职业教育。
谷　静，南京旅游职业学院副研究员，研究方向：职业教育管理。
张慧婕，南京旅游职业学院讲师，研究方向：旅游职业教育、旅游产品策划与开发。
王新宇，南京旅游职业学院副教授，研究方向：智慧旅游、旅游数据挖掘。
耿海，南京旅游职业学院讲师，研究方向：旅游职业教育、旅游产品视觉营销设计。

用型人才培养更加注重其岗位胜任能力、解决实际问题的能力和创新能力。经过旅游培养计划培养出来的旅游应用型人才，必将是未来旅游行业的中流砥柱，是未来文旅行业发展中最核心的竞争力。这些人才将重点承担各种旅游高质量发展的重点任务，胜任"旅游+休闲观光""旅游+数字技术""旅游+传统文化""旅游+品牌管理"等各类传统与新兴技术岗位。人才输出是文旅行业产学研一体化的重要保障，是旅游创新和高水平发展的集中体现，并且能够最大限度体现出"旅游+"的扩散效应，从而不断推进我国文旅行业和旅游教育向着更高方向发展。

本研究报告以适应旅游人才胜任力发展新趋势以及教育培养计划要求为目标，通过文献整理、实证调研、数据挖掘等方式揭示新时代旅游应用型人才胜任力的内涵构成、结构维度、评价指标，以探索适合旅游应用型人才的培养路径与模式，使新时代旅游应用型人才培养模式及其影响要素、相互关系更加符合旅游市场的需要，更加符合旅游人才培养与发展的规律。

研究坚持理论研究结合实际、指导实际的原则，突破固有的传统意义上的人才培养模式理念和培养方案，采取以模式改造或重构为方向、系统完善设计为策略方法，尝试在现代教育理论指导之下实现观念重塑、过程再造和深刻变革，以期打开旅游人才教育研究的多种视域和思路，构建起体系完整、要素协同、机制顺畅、质量体系有效运转的新型人才培养改革路径的理论研究及系列方案，为旅游教育改革与创新提供有益借鉴。

一、研究背景

《国家职业教育改革实施方案》将职业教育列为与高等教育享有同等地位的类型教育的这一重大研判，对职业教育的育人机制提出了更高质量的要求。随着高职教育的百万扩招计划以及智能时代的产业升级、结构调整与岗位变迁，新时代高素质技术工人的社会功能越来越凸显，日益成为人类社会规避智能机器替代的根本要素。习近平总书记在全国教育大会上把立德树人作为教育的根本任务，把人的德智体美劳全面发展作为教育的重要指向。不拘囿就业教育、技能教育，新形势下中国特色职业教育聚焦人的整全发展和教育自觉，德技并修、工学结合的育人机制成为中国特色职业教育人才培养的根本驱动。

（一）人才发展的新动向

互联网、大数据和人工智能为主的新技术和新业态引发全球知识生产发生根本性的嬗变，泛在学习挑战学校制度化教育，移动互联网改变学校教学场域，确定性知识的传递和获得性技能的训练会被自动化和智能技术所取代，以人工智能为代表的第四次科技革命将会吞噬常规的、无须深度思考的职业领域。高职教育倘若继续沉浸于表层知识的传递，培养出来的人将与二流的计算机无异。党的二十大将把立德树人作为教育的根本任务，把人的全面发展作为不同类型教育的教育目标，知识、道德、创造性、精神等方面须得到完整的发展。在可预见的未来，深度挖掘人的创造性、道德精神和情感体验迫在眉睫，并彰显出重要的时代意义。

技术飞速发展和产业结构调整促使新工艺、新技术、新规范不断涌现，生产过程去分工化、操作技能复杂化等劳动力市场需求渐现端倪，劳动者的规格标准从适岗性熟练工或劳动能手慢慢升格为跨学科知识、善于问题解决、具有创新思维和职业精神的工匠人才。习近平总书记在全国教育大会上提出社会主义建设者和接班人是德智体美劳全面发展的复合型技术技能人才，是知识型、技能型、创新型劳动者大军。这意味着高复合、强素能、重创新的工匠将逐步替换单向度、片面性的技术技能型劳动者或者适岗性的熟练工，高素质大国工匠终将成为国家对职业教育人才的核心界定与发展走向。

（二）行业融合的新风向

旅游业的国民经济战略地位和社会幸福指向日益凸显，对人才的胜任力质量提出新需求。从中国旅游产业对GDP和旅游业直接就业人口总数的综合贡献率数据来看，旅游业逐渐成为国民经济的战略驱动、福民富民的幸福推动和社会发展的动力。《关于促进旅游业改革发展的若干意见》和《"十三五"旅游人才发展规划纲要》提出要激发旅游业科技创新，提高行业贡献值和附加值，调整旅游人才数量、质量与结构，快速适应旅游业发展。中共中央、国务院在《国家中长期人才发展规划纲要（2010—2020年）》中提出要"实施产学研合作培养创新人才政策"，"重视发挥企业作用，在实践中集聚和培养创新人才"，"建立政府指导下以企业为主体、市场为导向、多种形式的产学研战略联盟"。

"旅游+"为主导的产业融合和旅游新业态迅猛发展，对人才的行业胜任力提出了新标准。国务院颁布的《国务院关于加快发展旅游业的意见》第九条指出，旅游与文化、体育、农业、工业、林业、商业、水利、地质、海洋、环保、气象等相关产业和行业融合发展。"十三五"期间，旅游业在原有业态上与乡村、农业建设融合，与第一、第二、第三产业融合发展；与文化产业、城市（城镇）建设相融合等；同时全域旅游对旅游资源、生态环境、公共服务等进行全面、全方位的优化与提升。"大旅游"概念将旅游产业延伸到全产业链，旅游产业呈现出综合性、关联性和带动性。

国家文化部与旅游局合并，文化和旅游相互整合，呼应市场发展需要，诗与远方的新局面意味着旅游院校需要新一轮战略调整和专业改革。文化是内容，旅游是场景，文旅融合观念和文旅运营思维已经成为国家层面的战略思维，旅游高职院校在这样的背景下面临新的挑战和机遇。我国从观光旅游进入休闲旅游的升级阶段，文化旅游的快速发展促进新业态的创新转型。从产业的形态上看，旅游业与生态、农业、文化产业等结合越来越多，在乡村旅游、休闲度假区、旅游产品开发、旅游扶贫等方面亟待投入更多精力。从新兴旅游要素上看，旅游由六要素发展成为十二要素，发展出商、养、学、闲、情、奇新兴六要素，这些囊括行业的新发展区域。譬如以会议会展、奖励旅游为主体的商务旅游，以养生、养老、养心、康体为主题的健康旅游，以修学旅游、科考培训、拓展训练、夏冬令营为表现的研学旅游，以乡村休闲、都市休闲、度假、文化展演等为主体的休闲旅游，以婚庆、婚恋、纪念日旅游、宗教朝觐等为主体的情感旅游，以探索、探险、探秘、游乐、体验为主体的探奇旅游，这些都对旅游人才培养提出了更高的要求。

旅游行业的新岗位诞生和人力资源市场发生变化，对人才的岗位胜任力提出了新要求。2015年新版《中华人民共和国职业分类大典》将旅游团队领队、旅行社计调、旅游咨询员、休闲农业服务员4个职业作为新职业纳入，取消"厨政管理师"和"餐具清洗保管员"两个职业。《中华人民共和国工种分类目录》对工作内容重新做出具体描述。《中华人民共和国分类职业大典》和《中华人民共和国工种分类目录》对开发旅游职业人才新标准和开展人才的职业能力评价提供能力需求的方向。

随着大数据、云计算和AI等技术的飞速发展，世界进入以信息化为代表的数字经济时代。据2019年全球互联网报告，2017年底全球约有37亿互联网用户，2018年底达41亿；2019年有51.8%的互联网流量来自机器人，仅48.2%的互联网流量来自人类；2018年互联网零售额为2.84万亿美元，预计2019年底将达到3.45万亿美元。人们的生活方式、经济运作方式等都在发生变化。目前人工智能技术已经应用到交通、医疗、教育等多个领域。智慧旅游运用信息化技术，通过移动终端应用为旅游者提供高效的旅游服务。十八届三中全会提出要全面深化人才培养模式改革，创建高水平综合性大学。2015年1月国家旅游局明确提出建立智慧旅游人才培养体系；2018年6月教育部强调加强一流本科教育，坚持"以本为本"，推进"四个回归"；2019年4月，教育部等13个部门联合启动"六一拔尖"计划2.0，目的是提高高校人才培养能力，实现高等教育内涵式发展。在数字经济推动智慧旅游蓬勃发展的新时代，加快与重视智慧旅游人才培养刻不容缓。

（三）职业教育的新使命

2010年教育部为贯彻落实《国家中长期教育改革和发展规划纲要（2010—2020年）》和《国家中长期人才发展规划纲要（2010—2020年）》，在全国高校实施"计划"。该计划旨在培养一大批创新能力强、适应经济社会发展的高素质人才，为建设创新型国家和人才强国战略服务。虽然该计划主要针对本科院校和工科专业，但是"计划"的目标理念已经得到许多高职院校和商科专业的认同，其深入影响已逐渐涉及许多职业院校对于以"为社会经济发展培养'高素质、高技能'人才"为己任的高职院校，明确专业人才的素能特点，不断改进现有的人才培养方案和过程，从而进一步提升本专业人才培养质量，将促使专业建设取得办学制高点。从某种意义上说，职业院校追求办学层次提升和人才培养质量提高的过程，就是追求将学生培养成更高层次人才的过程。因此，高职院校同样需要研究相关专业人才的问题。

一是从产业经济发展趋势来看，当前我国社会经济整体上将从劳动密集型发展模式向科技密集型和服务密集型转变，新的旅游产业形态不断涌现。作为国民经济的支柱型产业，旅游业发展日新月异，产业层次不断提升。如休闲旅游、会展旅游、特种旅游、商务旅游蓬勃兴起，与之相应的旅游电子商务、文化创意旅游等新型模式发展迅猛。传统的旅游企业运作模式已不再适应产业发展，我们需要不断研究旅游产业的最新发展趋势，紧密联系行业企业实际，并对专业发展做出新的规划。

二是从企业人才需求来看，当今旅游企业竞争日趋激烈，已由以往的成本竞争转为质量竞争，人才是决定企业成败的最重要因素。在市场调查过程中，许多企业一方面表示传统的导游、门市服务人才已经趋于饱和，另一方面又抱怨亟须营销、策划、电子商务、外语导游等中高级复合型人才。可以看出，当今旅游企业正面临行业人才观的转变，他们迫切需要旅游专业人才来帮助其实现进一步发展。

三是从学生就业期望来看，随着国家社会经济发展、人才就业层次不断提高、就业理念不断成熟，家长和学生对于就业岗位的期望也不断上升。当前以独生子女为主的家庭对就业的企业和岗位层次怀有强烈的期待。传统的以培养基层服务人员为特征的职业教育将不再得到家长和学生的认可，以高端人才培养为目标，才能取得他们的青睐。

四是从学校自身发展来看，当前高职院校发展遇到招生生源萎缩、职业院校数量剧增等问题，面临更加严峻的竞争压力。只有真正瞄准高端人才特质、切实提升人才培养质量，才能在招生、就业、校企合作等方面占据优势。因此，培养旅游专业人才是高职院校自身发展的内在需要，是旅游职业教育发展到更高阶段的必然要求，也是高职院校实现服务社会、服务企业，体现自身价值的重要表现。

（四）工匠培育的新诉求

普通教育培养的是具备文化素养的通识人才，类型教育隶属下的职业教育培养的则是应用型技术技能型人才。但是在具体的教育实践中，从人类生存的本源意义上看职业教育的根本是育人，育的是生命体而不是被工具异化的人，育的是对生命体的精神、人格、智慧、自由等超自然生命实践的完善。生命体经过复杂多变的过程实践与主体间互动，形成人与自然、人与社会、人与他人、人与自我等和谐的关系性存在，最终生成丰富和完整的类主体，这是以社会实践为基础的自然性、社会性和主体性的统一。裴斯泰洛齐通过创办劳动学校的方式践行职业教育理想，凯兴斯泰纳将职业教育与公民教育、国民教育统一起来。马克思主张通过"综合技术教育"培养人的全面发展素质。这类生命诉求是通过自觉自由的生活实践来实现一种总体上满意的生活状态和生活秩序，是摒弃工具理性和半人教育后主体实践以及主体间互动形成的教育自觉，是系统设计和建构整全人教育的根本路向。

区别于传统旅游人才，新时代旅游人才具备政治素养高、复合能力强、国际化融入快、创新创意好的人才特质，具有旅游专业知识、相关产业发展知识以及不同专业领域知识、能力和思维之间的融合。掌握国内旅游专业知识，掌握海外客源市场的语言、文化、风俗习惯和消费特点，满足休闲旅游、度假旅游、体验旅游和乡村旅游以及文化产业的定制旅游服务需求，提供创新旅游产品与高品质服务。新时代旅游应用型人才的"高强快好"新特征，对人才的核心胜任力提出新希望。

二、研究方法

本研究报告充分利用各研究方法的优势，结合管理学、心理学、组织行为学等学科理论视角以及政策材料，将定量研究与定性研究相结合，立足现实问题，挖掘新时代旅游应用型人才的胜任特征。通过文献研究法、专家咨询法、扎根理论、层次分析法、问卷调查法以及人才大数据，构建新时代旅游应用型人才胜任力模型和指标体系。

一是文献研究法。对新时代应用型旅游人才进行结构化、有层次、全方位的文献搜集和整理，为胜任力模型建构、指标体系建构以及旅游企业和旅游院校的方案应用做好铺垫。

二是问卷调查法。通过对符合需要的众多对象进行调查，回收问卷进行数据分析并进行解释，也可以通过提问的形式，让受访对象自由做出书面回答。使用该种方法时需确保充足有效样本量以及需要问卷语言文字通俗准确不产生歧义。

三是扎根理论研究法。以原始资料为依托，从中归纳、概括、提炼概念与范畴，逐步构建出相应的旅游人才胜任力特质。该方法非常适用于访谈资料的分析，通过开放式编码、主轴编码、选择性编码、理论饱和度验证完成模型构建。

四是专家咨询法。就新时代旅游应用型人才素质特征的初步结果，面向旅游行业领军人物、旅游教育行政部门、旅游企业管理部门、旅游人才培养院校和研究机构等方面的专家进行咨询。

五是层面分析法。依据前文构建的指标体系框架,拟采用层次分析法(简称 AHP)进行相关指标权重的赋值与计算、实证与计量检验。层次分析递阶结构用目标层、准则层和指标层来表示。

三、相关概念与理论

(一)人才胜任力的基本概念

1. 旅游应用型人才

(1)人才

当代学者和专家对于人才给出了不同的定义。叶忠海将人才定义为"在一定社会条件下,具有一定知识和技能,能以其创造性劳动,对社会或社会某方面的发展,做出某种较大贡献的人";王通讯则认为,"人才就是为社会发展和人类进步进行了创造性劳动,在某一领域、某一行业或某工作上做出一定贡献的人";罗汉铁认为,人才是"那些具有良好的内在因素,能够在一定条件下通过不断地取得创造性劳动成果,对社会的进步和发展产生了较大影响的人"。在他们的研究中,对人才的界定存在几个共同点:一是对人才劳动的性质,都强调"创造性";二是对人才劳动的进步性,都强调"贡献";三是对人才劳动的社会历史性,都强调"在一定社会条件下"。从中可以看出,人才是一个相对的、发展的概念。

我国政府曾把"具有中专以上学历或初级以上专业职称"作为人才的划分标准,这一标准带有鲜明的时代特征。随着社会和经济的发展,我国政府做出了"人才资源是第一资源"的科学论断。2003 年 12 月 26 日颁布的《中共中央、国务院关于进一步加强人才工作的决定》中,强调要"树立科学的人才观",指出"人才存在于人民群众之中。只要具有一定的知识或技能,能够进行创造性劳动,为推进社会主义物质文明、政治文明、精神文明建设,在建设中国特色社会主义伟大事业中做出积极贡献,都是党和国家需要的人才"。此外还突出强调了选人用人要"四不唯",即"不唯学历、不唯职称、不唯资历、不唯身份",体现了"大人才"观。2010 年颁布的《国家中长期人才发展规划纲要(2010—2020)》,将人才定义为"具有一定的专业知识或专门技能,进行创造性劳动并对社会做出贡献的人,是人力资源中能力和素质较高的劳动者",并明确指出"人才是我国经济社会发展的第一资源"。2022 年,习近平总书记在中国共产党第二十次全国代表大会上所做的报告中再次指出人才是"全面建设社会主义现代化国家的基础性、战略性支撑"之一,"培养造就大批德才兼备的高素质人才,是国家和民族长远发展大计","深入实施人才强国战略,坚持尊重劳动、尊重知识、尊重人才、尊重创造,完善人才战略布局,加快建设世界重要人才中心和创新高地,着力形成人才国际竞争的比较优势,把各方面优秀人才集聚到党和人民事业中来"。

综上所述,可以将具有一定的文化知识、熟练的专业技能、良好的职业道德和操守,能为旅游业的发展起到一定推动作用的从业人员,称为旅游人才。进一步看,广义的旅游人才是指在食、住、行、游、购、娱旅游六要素各个岗位上从事旅游服务工作的从业人员,涵盖行政、服务、技能、管理、销售、设计、客运、会展等各个工作种类;狭义的旅游人才是指直接为游客从事旅游服务的人员,如导游、饭店从业人员等。

(2)应用型人才

有学者认为,旅游人才结构金字塔从第一层至第四层分别是指:理论研究型人才、行业管理型人才、行业技能型人才和行业一般人员。所谓应用型人才处在行业技能型人才和行业管理型人才之间,学历教育的主要对象为高职高专和应用型本科院校,他们是能熟练掌握专业知识和技能并应用于社会实践的一种专门的人才类型。就侧重点不同做进一步细分来看,应用型人才包括理论应用型和技能应用型两类,理论应用型人才是指能很好地将成熟的理论知识应用于实际的生产或者管理活动的人才,其特征是既有比较深厚的科学基础理论功底,又能灵活地将理论应用于工作中;技能应用型人才是指具有过硬的专业技术、技能,并能将其熟练应用于生产或者管理活动中的人才,其特征是具有过硬的专业岗位操作技术技能,能很好地适应专业岗位的直接操作需要。

第一,应用型人才与学术型人才。应用型人才就是与精于理论研究的学术型人才和擅长实际操作的技能型人才相对应的,既有足够的理论基础和专业素养,又能够理论联系实际将知识应用于实际的人才。应用型人才主要是在一定的理论规范指导下,从事非学术研究性工作,其任务是将抽象的理论符号转换成具体操作构思或产品构型,将知识应用于实践。"学术型人才的主要任务是致力于将自然科学和社会科学领域中的客观规律转化为科学原理;应用型人才的主要任务是将科学原理直接应用于社会实践领域,从而为社会创造直接的经济利益和物质财富"。应用型人才的核心是"用",本质是学以致用,"用"的基础是掌握知识与能力,"用"的对象是社会实践,"用"的目的是满足社会需求,推动社会进步。

第二,应用型人才与技术型人才。从应用型人才和技术型人才培养的区别的角度来理解二者的差异:在人才培养的目的旨归方面,应用型人才培养的目的是解决社会应用问题,技术技能型人才培养的目的是解决职业发展问题;在人才培养的关注重点上,应用型人才培养的重点是应用能力,技术技能型人才培养的重点是职业能力;在人才培养模式的内涵上,应用型人才培养模式的内涵要求是"理论宽厚+应用能力",技术技能型人才培养模式的内涵要求是"职业能力+理论够用";在人才培养的支撑学科上,应用型人才培养的支撑学科是应用学科,技术技能型人才培养的支撑学科是职业学科；在人才培养的学校类型上，应用型人才的培养学校是应用型高校，技术技能型人才的培养学校是职业院校；在人才培养的办学层次上，应用型人才培养包括本科、硕士和博士三个层次，技术技能型人才培养包括中职、专科和本科三个层次；在人才培养的历史发展上，应用型人才的培养与现代大学同时产生，技术技能型人才的培养只有一百多年的历史；在人才培养的社会评价上，应用型人才就业能力相对较弱但可持续发展能力较强，技术技能型人才就业能力相对较强但可持续发展能力不足。

（3）旅游应用型人才

旅游人才是指旅游人力资源中能力和素质较高的，具有一定旅游专业知识、专门技能，能够进行创造性劳动，提供高质量服务，对旅游业发展做出一定贡献的人。旅游人才可分为通识型旅游人才和旅游专业人才两个队伍。通识型旅游人才对塑造整体环境至关重要，服务于旅游业和其他产业，影响着有关旅游发展的意识形态。旅游专业人才则直接参与组织旅游相关活动，是旅游产业存在和发展的必备人力资本。《中国旅游业"十二五"发展规划纲要》把旅游行政管理人才、旅游经营管理人才、旅游专业技术人才、导游人才、旅游技能型人才和乡村旅游服务人才作为旅游人才队伍体系的核心，并对各类人才的素质要求做了说明。

应用型人才是指能将专业知识和技能应用于所从事的专业社会实践的一种专门的人才类型，是熟练掌握社会生产或社会活动一线的基础知识和基本技能，主要从事一线生产的技术或专业人才。应用型人才分为工程型人才、技能型人才、技术型人才。应用型旅游人才大致包括旅游产业规划人才、旅游产业管理人才以及旅游服务的直接提供者。这部分人在拥有旅游发展思想之余还必须具备旅游业相关专业技能。

综上所述，旅游应用型人才的基本含义就是指根据市场需求，把已有的规律、知识、技术转化成可以实践或接近实践，主要承担转化应用、实际生产旅游产品、提供旅游服务任务的操作性、实践性较强的人才类型。而新时代旅游应用型人才则是具有时代创新意识和创新思维的高级人才，是需要具有更宽、专、交的旅游知识结构和更强的自主学习能力，具有应用旅游知识进行技术上、服务上创新和二次开发能力，并能够把发明创造的旅游技术、服务引入旅游业界，为旅游经济产生效益的人才。

2. 胜任力

胜任力是指能区分工作者优秀与否的个人特质，这种特质至少包含了知识储备、技能水平等显性特质，也包含了动机、情感、态度、价值观等隐性特质，这种特质可以通过有效手段来进行测量并加以改进。比如在导游的职务分析中除了要包括2015年新版《中华人民共和国职业分类大典》中描述的工作内容，还应包括服务精神、职业道德、创新能力等能够区分优秀导游人才和一般导游从业者的关键素质要求。不同学者基于不同学科、不同研究范式和视角，对胜任力定义做出不同的解读。

从心理学的观点来看，对能力、胜任力和专长等相近概念的关系有比较一致的看法：能力一般被理解为人用来学习支撑认知和表现的知识的潜力；胜任力为一个人已经获得的支持认知表现的专门化知识及相关成分；专长则是非常高水平的胜任力（Mayer，2003）。心理学关于胜任力概念的界定大体存在两种观点，即特质说和行为说。特质说以胜任力概念的提出者麦克利兰为代表，他把胜任力界定为：胜任力是能区分在特定工作职位或组织环境中绩效水平的个人特质；行为说的代表人物是理查德·博雅特兹，他认为胜任力是通过对行为的引导而最终影响绩效的，因此胜任力应是系列与职能相关的行为。

从教育学的观点来看，胜任力应该分为基本能力和专业胜任力，以对"实际工作与生活上都需要的能力"和"完成特定工作或特定角色所需的胜任力"做出区分（林秉贤，2016）。一般认为，专业胜任力包含了知识（knowledge，知道什么）、技能（know-how，知道怎样做）和专业态度（attitude，工作中的精神智力导向，即动机和价值观）三个要素（陈丽辛，2009）。

从管理学的观点来看，对胜任力的讨论多与绩效密不可分。相关研究表明，胜任力——被界定为知识、态度和经验的理想组合——会促进工作绩效的提升，为组织创造价值（Garavan、McGuire，2001）。有学者试图做出对胜任力的定义：胜任特定职业的个体综合能力特征集合体，是动态的、可测量的，包含知识、技能、社会角色、自我认知、特质、动机等。实际上，胜任力的概念并不仅包含个体的知识、技能、能力和特质，还包含着外部工作标准的工作任务、岗位、职务等要求胜任的含义。

李虹认为在胜任力概念的界定中，应注意三个关键词：第一个关键词是胜任。胜任的表现就是具有区分绩效水平也即绩优者和绩效一般者的能力。在实证研究中，绩优者和一般者在胜任力的各个维度上的成绩应存在显著差异。第二个关键词是特定。胜任与否的评价标准与特定目标达成紧密联系。胜任力必须有助于目标的达成。胜任行为必须是顺应特定任务或活动的规律的，并显示出优质的绩效。第三个关键词是特质。特质应既包含智力因素，又包含非智力因素。非智力因素特别是情绪智力对于任务成败的重大影响几已成为共识。胜任力具有如下这些特征：一是胜任力包含一些个人的特征，如知识、特质、动机、自我概念、价值观等；二是胜任力是一种可以测量的综合物；三是胜任力是与绩效相关联的；四是胜任力指标是可以区分出绩效优异者和绩效平平者；五是胜任力是可以经由学习培训逐渐发展的；六是胜任力是动态的。

需要说明的是，若要探讨特定群体所特有的典型胜任力，情境是必须要纳入其中的主要元素。美国学者 LaDuca 提出应将胜任力视为从业者在其职业情境范围内获得的对一系列特定社会境况的总的适应性（LaDuca，1980）。Klink 等人则指出不同国家教育政策差异可能会导致的胜任力界定差异（Klink、Boon，2002）。比如，美国和欧洲对胜任力应用的典型做法在用途、范围和程序上有所不同。这些差异将对胜任力的理解引向"产出取向"或"投入取向"。"产出取向"认为优秀表现者的行为是胜任力发展的源泉，用来作为个人和组织胜任力发展的参照样板；"投入取向"则将胜任力看作教学或培训输入后得以达成的标准，往往与官方认证或职业资格联系在一起。例如，第一个尝试对各职业的胜任力进行界定的组织——英国职业资格认证委员会（NCVQ）——对各个职业的胜任力进行了系统的整理，以作为教学、培训参考指南或职业的准入标准。

总之，经过不同学科学者的努力，胜任力概念已经从一个现代心理学的技术术语转变为一个综合性的学术概念。胜任力的内涵与外延随着人们研究的深入也有一个逐步嬗变的过程（薛琴、林竹，2007）。胜任力研究逐渐从识别高绩效者的具体特征和能力表现，拓展到对胜任力应用、功能和理解差异的探讨；从讨论胜任力概念内容拓展到探索建构胜任力概念的不同视角、维度与层次。胜任力从只是个简单的个体在其工作岗位中的工作表现状况，延伸到知识与情境的动态结合过程，通过对情境的理解或适应来协调知识和行动达成工作目标的状态。这要求实践者不仅要具备开展相应活动的知识，还需具备与情境互动的实践意识。

（二）人才胜任力的相关理论

1. 胜任力理论的相关研究

胜任力的理论研究主要依托人力资源管理、组织行为学、当代心理学的学科理论基础。1973年，美国哈佛大学教授戴维·麦克利兰首次提出"胜任力"的概念，认为它可以将工作岗位的成就者和普通者区分开来。所谓胜任力，是指在特定工作岗位、组织环境或文化氛围中优秀者所具备的可以客观衡量的个体特征及由此产生的可预测的、指向绩效的行为特征。胜任力概念涉及一系列包括动机、特质、自我形象、态度或价值观、某领域知识、认知或行为技能等能够区分优秀与一般绩效的个体特征。

国外关于胜任力的研究历史较为悠久。按照胜任力的表现形式的不同，分为冰山模型和洋葱模型。冰山模型是将个人素质按照表现形式的不同，分为容易了解与测量的个人知识和技能等外在表现特征以及价值观、自我概念、特质与动机等隐藏在冰山水面下难以测量的内在部分。洋葱模型在冰山模型的六个胜任力因素基础上，由内到外把这些因素进行再分类。最内层的胜任力特征为个人特质和动机；中间层的胜任力特征为个人角色定位和自我认知；最外层的胜任力特征为个人知识和技能。因此，研究认为，胜任力是指能区分工作者优秀与否的个人特质，这种特质至少包含了知识储备、技能水平等显性特质，也包含了动机、情感、态度、价值观等隐性特质，这种特质可以通过有效手段来进行测量并加以改进。按照胜任力的工作过程和工作绩效结果来看，较有代表性的定义是指与工作绩效或生活中其他重要成果直接相似或相联系的知识、技能、能力、特质或动机（McClelland，1973）。Spencer认为胜任力是个体的内在特征同工作和情境中相关绩效之间的因果关系。也就是说，评价一位员工是否优秀，一种是对工作结果进行衡量，属于绩效管理的范畴，即关键绩效指标（KPI），还有一种是对工作过程进行衡量，即关键能力指标（KCI），比如在导游的职务分析中除了要包括《中华人民共和国职业分类大典（2015年版）》中描述的工作内容，还应包括服务精神、职业道德、创新能力等能够区分优秀人才和一般从业者的关键素质要求。

国内关于胜任力的概念界定以胜任力为研究主题公开发表的研究成果，最早见于1999年王继承撰写的《管理者胜任特征评价方法的初步研究》。当前学术界对胜任力的理解存在三种观点——特征观、行为观和综合观。特征观支持者如王重鸣（2002）指出，胜任力是指导致高绩效的知识、技能、能力以及价值观、个性、动机等特征；行为观支持者如仲理峰、时勘等（2003）把胜任力看作人们履行工作职责时的行为表现，认为胜任力是与优异绩效有因果关系的行为维度（Dimensions of Behavior）或行为特征（Behavioral Characteristics）；而综合观或折中观支持者则认为胜任力应该是前两种观点的结合，特征观和行为观是相互补充的。

以旅游应用型人才为例，其胜任力具体内容包括：①知识，指个体在某一特定领域要掌握的信息，如导游对旅游目的地风土人情的了解，对游客心理知识的掌握等；②技能，指个体能够掌握和运用某些能力，如导游的语言讲解能力、危机事件处理能力等；③自我概念，指一个人对自己存在的体验，比如，一个人可以通过自我反省、经验或者他人反馈来加深对自己的了解，如导游对自己职业形象的要求，关注游客对自己态度的反馈等；④个人特质，指一个人相对稳定的思想或情绪方式，或者说是某个人的一贯风格，如做事非常认真、细心，富有责任感等；⑤动机，指推动个体进行活动的内部动因或动力，简单地说就是个体从事某种活动的念头，如导游这份职业是自己真心喜欢的，无微不至地照顾别人是希望得到某些人的认可等。

胜任力理论最开始应用于人力资源管理方面，主要表现在驱动员工提高工作业绩，对员工知识技能进行培训，增加员工的价值。对员工胜任力的判定主要是从他们在日常的工作和生活中的综合表现展开的。胜任力理论所表达的基本含义其实就是指对各个行业领域以及企业中各个岗位的员工进行区分和判断，对个人实力和专业素养足够强硬的员工展开有针对性的培养和提升，强化他们的岗位胜任力；对于能力一般的员工也同样要积极组织他们进行相应的职业培训和锻炼，让他们也能够逐渐成长为各个行业领域的优秀人才。

总的来说，胜任力理论适用和被应用的范围较大。胜任力理论的应用，通常需要结合各个行业领域的专业化要求和岗位需求，和特定的工作任务相匹配，还需要对各个行业的优秀员工和一般员工的判定标准进行明确的制定。

2. 胜任力模型的相关研究

自麦克利兰提出"胜任力"概念以来，胜任力理论被应用于各领域，胜任力模型也由胜任力的应用研究发展而来。所谓胜任力模型，描述的是在特定的工作岗位、组织环境和文化氛围中有效地充当一个角色所需要的与高绩效有关的知识、技能、自我概念、特质和动机等胜任力要素的特殊组合。这些胜任力要素是可测评、可分级的，是能够区分高绩效者和一般绩效者的。对胜任力模型的广泛研究有效地确定了在卫生、管理和工程等各个行业取得成功所需的具体能力。胜任力模型为工作能力管理提供了参考依据。其价值在于，可以借此开发一种全面的方法来检查一个人所拥有的能力，并且根据特定行业或专业的要求，梳理仍然需要获得哪些能力。

胜任力模型的构建有研究途径和实践途径。研究途径强调用科学系统的方法采集数据和进行数据分析，使胜任力模型的构成要素全面而准确，其中可分为以行为事件访谈法构建模型的方法和以问卷调查法构建模型的方法。收集行为描述和胜任力要素是非常关键的，其方法有行为事件访谈法（李明斐，2006）、关键事件法、工作分析法、专家小组法、问卷调查法、全方位评价法、焦点访谈法和观察法。实践途径是企业直接借鉴已有的比较成熟的胜任力模型，将其进行修正以适用于本单位的实际情况或召开内部专家会议，确定与组织文化、战略目标和工作要求相匹配的胜任力要素清单，确定出胜任力模型。实践途径的构建过程简单快捷，但是由于开发的过程更多依赖经验和感知，所开发出的胜任力模型的效度和信度还需要得到进一步的科学验证。胜任力模型的检验是保证模型准确性和有效性的重要步骤。常用的模型检验方法有三种：访谈法、测验法和问卷法，最常用的方法是利用问卷对模型的构念效度进行检验。近年来通过人工神经网络算法、熵权法、扎根理论编码和饱和度检验、结构方程模型与回归分析等较多（吴其阳，2020）。

随着国内外专家、学者对胜任力理论和经验研究的不断深入，涌现出了一些关于胜任力模型的研究成果。其中，较具代表性的有：

一是冰山模型。这是美国心理学家麦克利兰于1973年提出的一个著名的模型。所谓"冰山模型"，划分为表面的"冰山以上的部分"和深藏的"冰山以下的部分"。在海上漂浮的、能够被我们观察到的冰山称为个体的外显特征，在海面以下不能被我们观察到的冰山称为个体的内隐特征。冰山上面的专业知识、职业技能这些浅层次的胜任力要素可以在短时间内通过一定的方法习得且容易改变，也能通过精准的测量表现出来。而冰山下面不易被观察到的，如一个人的特质、动机等都是很难通过外界的影响而改变的深层次特征。这些深层次特征是个人最难改变且难以测量的，它们也是决定个体胜任力的关键因素。个人特质、动机虽然很难发现，但是却可以通过它们来评价一个人的业绩和预测个体在未来工作上的表现。而自我概念则介于浅层次特征和深层次特征之间。

二是洋葱模型。在冰山模型的基础上，美国学者理查德·博亚特兹进行了深入和广泛的研究，提出了"洋葱模型"。洋葱模型把胜任素质由内到外概括为层层包裹的结构，像洋葱一样由内向外分布，最里面的一层也就是第一层是动机，第二层是个人特征，第三层是自我形象，第四层是社会角色，第五层也就是最外一层是知识和技能的分布。最外面的一层是最容易被人发现和观察的，也可以通过培训获得，最里边一层则是最核心的一层，是不容易发现和评测的。

四、旅游应用型人才胜任力的维度研究

（一）行业胜任力

随着改革开放持续推进和国民经济飞速发展，旅游成为人们休闲放松的主要方式之一。我国国土面积辽阔，历史悠久，拥有丰富的自然资源和人文资源。但我国旅游业相比发达国家来说，起步较晚，存在一定差距。因此，我国旅游业发展也面临诸多挑战。首先面临的挑战是行业竞争的无序化。各部门之间更多追求经济上的利益，旅游地区的实际发展反而会被忽略。其次是旅游方式的单一化，旅游景区开发形式整体上一致，没有创新点和新颖性，不能与本地区民风民俗结合，使得我国旅游资源的经济价值大打折扣。最后是旅游开发规划不合理，导致旅游资源被破坏，游客参观无序化。这些都会最终导致我国旅游行业难以真正实现长足性的发展。

随着旅游全球化、信息化时代的到来，旅游者的需求也不再仅限于传统观光，旅游产品或服务不断创新改变，旅游也出现了新的业态，例如："旅游+"、共享旅游、私人定制游、医疗旅游、康养游等。因此，对旅游人才而言，无论是实践性还是操作性，都具有很强的专业要求。应用型旅游人才要具有较高的理论基础，同时对旅游从业者的实践能力也有较高的要求，对基本综合素质，包括交流谈吐、基础知识的灵活展现、实地实践能力及灵活变通能力等，都有高要求和高标准。

我国旅游业已成为国民经济中的重要产业，旅游业的蓬勃发展需要大量应用型人才。旅游人才行业胜任力是旅游专业人才胜任行业相关岗位的旅游知识、实践能力与职业素质的综合性基础胜任力。

从行业层面的角度看，传统旅游正在向数字文旅转型升级，以大数据、人工智能、物联网技术、移动互联网、云计算等为代表的新一代信息技术在旅游行业中普遍应用。这揭示了旅游产业已经开始从原本单一的"劳动密集型"和"资本密集型"产业向复

合的"信息密集型"产业转变。伴随着产业融合的持续推进，旅游新业态的涌现，单一技能的服务型人才已无法满足新时期旅游市场的需要，对于综合素质全面，且兼具"互联网＋旅游"跨界知识与技能的复合型人才的需求已经成为市场的主流。

（二）职业胜任力

旅游业，国际上称为旅游产业，是凭借旅游资源和设施，专门或者主要从事招徕、接待游客，并为其提供交通、游览、住宿、餐饮、购物、文娱六个环节的综合性行业。旅游业务主要由三部分构成：旅游业、交通客运业和以饭店为代表的住宿业，这是旅游业的三大支柱，其中包含着不同的职业类型。

职业胜任力不仅指个人所需掌握的职业能力，还包括自己对这项职业的态度、动机以及自我评价等，这些才是做好本职工作的关键。基于职业胜任力的能力观不能简单地认为是培养其动手能力、随机应变能力等，更重要的是让旅游专业人才在学习职业能力的同时，能够培养自己的职业兴趣，养成自我服务意识，树立正确的职业价值观，这些才是关键的职业胜任力的要素。

以下是关于旅游相关专业职业胜任力要素的介绍：旅游人力资源普通管理者主要需要具体工作岗位的知识与技能，而中高管理者需要更高更综合的能力和素质，尤其需要更多的创新创业能力。如麦克利兰认为，人力资源部门中的中层管理者的核心胜任力主要包括富有弹性、变革执行、企业创新、人际理解、授权、团队建设等；而高层管理者的核心胜任力则主要为战略思考、变革领导、人际关系管理等。

酒店管理专业职业胜任力包括五个维度，即职业品质、职业能力、职业素养、职业社交、社会能力。其中，职业品质是基础，必须具备爱国守法、明礼诚信、团结友善、勤俭自强、敬业奉献等品质，同时酒店管理专业人员需具备热情、耐劳、细致的优势品质。职业能力是关键，酒店从业人员良好的心理素质、积极的应变能力、自我职业形象设计能力和一定的英语听说能力是重要的职业能力，也是开展工作的关键。职业素养是保障，酒店管理人员往往会面临独当一面的情形，拥有较强的思考力、独立性、适应力和抗压力等职业素质，是酒店从业人员做好工作的保障。职业社交是途径，人际关系、职业礼仪和尊重他人等酒店从业人员职业社交要素是开展工作的必然途径。社会能力是手段，因为酒店从业人员不可能脱离社会和岗位开展工作，所以团队合作、社会活动、勤奋主动等社会能力是开展工作的重要手段。

商务旅游人才主要包括三类：第一类是商务活动策划和运营管理人才；第二类是外语和旅游人才，由于商务活动越来越多地跨越国界和文化界限，需要翻译和旅游接待人才；第三类是辅助性人才，包括广告、法律咨询、物流、宣传、设计和搭建等方面的人才。商务旅游人才的胜任力要素在职业技能方面主要包括商务旅游市场调研、策划各类商务旅游活动、制订商务旅游计划、商务旅游的组织和营销、商务旅游现场服务与管理、商务旅游客户关系管理、商务旅游文案写作、商务谈判技能、信息技术和跨文化交流能力。

（三）岗位胜任力

所谓"岗位胜任力"是指从事某一特定职位，促使员工能够胜任、担当、适应和履行某一特定工作岗位且在本岗位上取得优异工作绩效的知识、技能、素养和能力的总和。岗位胜任力的定义包括了以下两个方面的内容：第一，岗位胜任力与特定组织中的某一具体工作岗位相联系，具有动态性的特点；第二，岗位胜任力与工作绩效相关联，岗位胜任力能够促使员工在工作岗位上产生优秀的工作绩效，与工作绩效无关的胜任力要素则不属于岗位胜任力研究的范畴。

一方面，聘任具有与岗位相匹配的素质能力的员工，有利于企业的发展，对整个旅游业的发展而言也是如此。近年来，企业在招聘时也越来越注重岗位胜任力的测试，对于岗位技能和素质的要求越来越多，不同的职位有不同的胜任力要求，企业根据职位分析、职位描述和职位规范构建相应的胜任力模型，通过组合胜任特征因素对是否符合该岗位的胜任力要求做出评价，使之成为选拔和招聘的重要条件。另一方面，基于岗位胜任力的要求，旅游人才应以工作价值取向为根本、以工作能力为基础、以工作过程为导向、以工作任务为动力、以工作成效为尺度，突出对行动能力、求知能力、创新能力、竞争能力的发掘与培养。

五、旅游应用型人才胜任力内涵研究

胜任力研究从构建通用的胜任力模型开始转向分门别类的专业层面的系统研究。目前较前沿的关键词热点有岗位胜任力、核心胜任力、职业胜任力和全球胜任力。针对旅游行业人才胜任力的研究文献不够丰富，截至2020年底，通过CNKI搜索"旅游、人才、胜任力"不难发现，旅游人才胜任力硕博士论文49篇，核心及以上文章17篇，其中对某个旅游特定岗位的胜任力特质及其模型研究较多。范围集中在：导游胜任力（鲍艳利，2018；崔三羊，2018；李好，2012；陈芬洁，2013；吴刚，2017；朱瑾，2011）、旅行社职业经理人胜任力（HOANG THI HUONG，2020；王超慧，2019；廖园，2004）、研学导师胜任力（李晨晨，2020）、出境旅游领队胜任力（周鸿儒，2019）、休闲农庄经营者胜任力（张亚鸽，2019）、国际化旅游人才胜任力（许欣瑜，2015）以及酒店管理和前厅工作人员胜任力等。对旅游人才的特质研究主要有：导游人才胜任特征包括职业形象、文化知识、职业技能（跨文化交流能力、现代信息技术、旅游活动组织管理技能）、个人特质（鲍艳利，2018），旅游创业者胜任素质由四个维度构成，即社会资本、心理资本、人力资本与经济资本（谢晋宇，2011），旅游饭店职业经理人胜任素质由四个维度构成，即社会资本、心理资本、人力资本与经济资本（李明生，2011）。

不同行业的胜任力结构具有异质性。即便就在旅游行业内部，胜任力与具体职业、工作岗位和工作任务也紧密相关，彰显差异。旅游人才胜任力要素分析是建立旅游人才胜任力模型的基础。旅游业是综合性产业，旅游从业者必须是理论与实践相结合的复合型人才。结合知识经济时代旅游市场的人才需求以及旅游业的发展趋势，提炼人才胜任力的共同的核心特质，仍然必要。胜任力是人才所需具备的素质和能力要素的集合。人才胜任力的核心特质是行业优秀者个体特征与能力素养的集中体现，通常包括专业知识、职业技能、职业素养和个人特质四个方面。

（一）专业知识

旅游人才必须具备广博的文化知识，这是由旅游行业特点和游客的特点决定的。旅游业涉及古今中外、天文地理等众多知识领域，游客来自四面八方，爱好和阅历各不相同。文化知识贫乏的旅游从业人员，很难满足游客的服务需要。

旅游专业人才需具备基本的专业知识，包括学科的一般理论知识、专业基础知识以及专业方向知识。旅游人才应具备旅游服务中所需的基本技能知识，能熟练掌握辨识运用旅游基础知识、实务规则、旅游法规、突发事件应对、旅游安全等相关知识和情景案例。

除去旅游相关的通识知识，即一些必须掌握的知识和能力外，为了使自己的某些方面的能力有一些提升，可以根据自己的实际情况，学习一些比如外语、领队业务、旅游财务基础等旅游行业相关拓展知识，提升自身竞争力。此外，还应在工作过程中根据各项旅游产品的设计目标和各项活动的特点，不断探索，不断创新，并不断加以总结和研究，形成适合自己的工作模式和方法。

（二）职业技能

职业技能是优秀旅游人才的能力基础。以旅游人才中的导游为例，具备各项技能可以保证导游能很好地完成出团任务。其胜任力核心特质中的职业技能包括导游技巧、专业讲解能力、团队组织管理能力、人际沟通协调能力、突发事件应对能力等几个方面。

——导游技巧，指导游词的创作和讲解能力以及在学习和经验中获得的导游技巧，这些技巧能够被游客直接感知，并做出对旅游从业者的感性评价。导游词创作紧扣主题，尊重历史和现实；用词（或例证）恰当，具有创新性和时代特色；导游讲解紧扣主题，方法和技巧运用恰当，富有亲和力、感染性和渗透性，能体现快速组织能力、知识转化能力和临场应变能力。

——团队组织管理能力，表现为优秀旅游人才能够在旅游活动的分工体系中合理高效地完成组织、调度和衔接，充分发挥导游作为组织游览活动的核心作用，保证旅游过程顺利进行。

——人际沟通协调能力，指掌握与人沟通的技巧，擅长与人交流沟通，能够亲和待人，处理好冲突事件。

——突发事件应对能力，更能体现出表现者和表现平平者的胜任力差距，优秀旅游人才往往能迅速做出恰当反应，妥善解决问题，降低损失。

各行业所需职业技能具有领域特殊性，厘清不同职业类别的特殊性和规律性，参考其他行业所需的职业技能，思考旅游行业所需的职业技能。参考企业对酒店管理专业人才的能力要求，总结酒店管理专业人才需要具备的职业技能是指应具备语言表达、动手操作以及人际沟通的意识和技能；掌握引领顾客、餐饮摆台、前厅接待、餐饮服务、处置贵客投诉、中西式铺床、客房预订以及客房服务等各项专业技能。基于乡村旅游从业人员总体水平低的现状，应充分考虑当地人力资源构成实际情况，重视对从业人员职业技能的提升和人力资源保障机制的完善。根据从业者的年龄、知识层次、从业岗位的不同，结合当地乡村旅游产业特色，分层次、有重点地实施包括民宿经营管理、餐饮服务、讲解导览、旅游产品营销等方面内容在岗服务培训，逐步提升就业人员的整体水平，从而提高就业质量，促进旅游产业健康发展。

（三）职业素养

旅游人才需要"四位一体"的职业素养结构。其中，旅游人才的政治素养是首要前提。树立正确的国家观、历史观、民族观、文化观、和平观，是新时代应用型旅游人才做好本职工作并进而对新时代中国特色社会主义建设事业有所贡献的内在本质要求。应不断提高旅游人才的政治素养，帮助其树立正确的人生观和价值观，为人文素养的提升奠定政治基础。人文素养主要包括社会、历史、文化等方面的人文知识，是培养合格的旅游人才的关键一环；道德素养以立德树人为首要任务，要真正将旅游人才道德素养的提升落到实处。旅游人才的职业素养还包括才艺运用，要展示工作实际情况，主题内容健康积极；有一定的艺术性、观赏性和独创性；表演自然流畅、感染力强，符合旅游者审美规范和需求。

（四）个人特质

一是思维方法。纵览旅游人才的成长足迹及其感人事迹，不难发现其个人思维方法的优化对讲好中国故事、传播好中国价值起到了积极推动作用。旅游人才在其职业活动中，在显性意义上完成的是对景点的讲解、客人的服务以及旅游活动的保障，而其在隐性意义上完成的是对文化的传承和价值观的传播。应用型旅游人才胜任力的核心特质在个人方面，包含着思维方法的要素，思维方法的科学塑造有助于其成长为更受认可的行业人才。

新时代应用型旅游人才兼具新时代中国特色社会主义实践的建设者和旅游业建设者的双重属性。厘清旅游业发展实践与中国特色社会主义实践的辩证关系，讲好酒店业爱国报国、改革创新的"中国故事"，有助于引导新时代应用型旅游人才树立正确的理想信念，培育正确的思维方法。以酒店业发展为例，金陵饭店、白天鹅宾馆等酒店进行改革实践生动诠释了思想解放、敢为人先、奋力拼搏的时代精神，走出了独立自主的中国特色酒店发展道路。以霍英东为代表的酒店业投资兴建者交出了复兴伟业的历史答卷，其"感动中国"的报国实践与"服务至诚"的价值理念为厚植社会主义核心价值观提供了坚实基础。充分挖掘中国旅游业改革创新实践中内在蕴藏与运用的战略思维、创新思维、历史思维，毫无疑问有助于在引领学生关注旅游业发展实践史的基础上，以高度鉴别力和透视力精准把握新时代旅游人应具备的政治素养和思维方法，以崇敬的心态理解与传承旅游业的专业态度与创新精神，交出新时代旅游人的满意答卷。

二是精神追求。"精益求精"的品质精神、"追求"的创新精神、"用户至上"的服务精神、"淡泊名利"的奉献精神等都是当代中国工匠精神和职业精神的体现。旅游从业者的个人特质能够为游客提供特殊的旅游体验。比如对旅游行业极具热情的人，会对自己的工作表现出自信心和成就感，这也是保证旅游人才实现事业上升的根本动力。

三是心理能力。旅游人才的心理能力也是重要因素。表现在旅游事件中主动预测、观察、理解和分析游客。优秀旅游人才更擅长通过观察游客的表情、动作、言语等反应来分析其心理活动或情感变化，从而给游客带来更高层次的旅游体验。心理抗压及情绪控制能力能帮助他们理性分析引发压力的原因，选用恰当的方法来积极面对，并控制自我情绪。

高校教育是旅游人才培养的源头，围绕旅游市场需求设置专业，培养高素质应用型和复合型旅游人才。把旅游人才胜任力的核心特质应用于旅游人才的培养具有重要意义。依据应用型旅游人才所需要具备的胜任素质，确认各门课程的内容结构。高职院校加强旅游专业学生的胜任力培养，将会帮助学生提升岗位适应能力，从而帮助其在旅游领域依靠自身的能力在职业道路上不断突破，最终实现自己的人生价值。

六、旅游人才胜任力的实证研究与结果

（一）研究对象

针对旅游应用型人才胜任力的特质研究，本研究选取南京6家高品质旅游企业和

苏州3家高品质旅游企业的高层、中层、基层企业人员，由此展开人才胜任力理论模型与实践逻辑的深度访谈。所选取的企业具有较好的代表性和典型性，其中纯外资旅游企业3家，国营4家，外国资本委托中方管理2家，涵盖酒店行业和旅游行业的相关岗位，酒店主要有前厅、餐饮和客房等岗位，旅游行业主要有导游、营销等岗位。在经验抽样和理论抽样原则指导下，以32名高技能水平的企业优秀员工和中高层管理者雇主作为访谈对象，运用半开放问题的访谈法，围绕旅游应用型人才胜任力要素特征及其培育路径进行一对一的访谈。

参与访谈的企业员工与管理者的基本情况如下：访谈者中有16名基层岗位人员、11名中层管理者和5名高层管理者；从业年龄0~5年的有4名，5~10年的有6名，10~15年的有12名，15~20年的有5名，20年以上的有5名；访谈人员所在单位的企业性质中，国际品牌委托管理11个，国营企业17个，私营企业4个。大部分受访员工具有大专及以上文凭，管理者具有本科及以上文凭；男性14人，女性18人。因此，本研究在选取企业类型、性别、从业年龄、职务等级方面较为均衡，基本能够覆盖反映旅游应用型人才胜任力组成要素的不同受访者观点。

同时，选取应用型高技能人才案例样本来自历届中华技能大奖（1995—2022年）和全国技术能手获奖者（2005—2022年）（旅游大类方向及相关）的事迹材料，包括官方发布的中华技能大奖、全国技术能手、大国工匠以及世赛荣誉等。考虑与旅游大类、旅游相关获奖者方向的辐射面和覆盖面，故选取中华技能大奖和全国技术能手获奖者这两项的先进事迹作为案例文本研究。对通过案例文本分析对旅游应用型高技能人才的能力素质等特质要素进行提炼，形成基于案例研究的旅游应用型人才胜任力特质的验证和补充。

（二）研究工具与数据收集

本研究以"江苏旅游应用型人才胜任力"访谈提纲为主要研究工具，以企业对高技能人才的胜任力诉求为研究的出发点，在访谈过程中让访谈对象描述对旅游应用型人才胜任力的认识，在工作任务、职业能力、专业知识、核心素养、职业道德等方面的要求以及各种实现的路径和通道等，旨在提取胜任力的核心要素和培育路径。在借鉴以往相关研究的基础上，拟围绕以下话题进行深度访谈：哪些方面构成了旅游应用型人才胜任力；旅游应用型人才胜任力中哪些是关键点；旅游应用型人才胜任力方面主要存在的问题有哪些；提升人才胜任力方面的建议。

研究者随后对深度访谈资料进行录音整理，将录音音频转换成文本资料。9家不同企业的访谈共分为5次采集，访谈人员达32人次，访谈录音总时长近17小时，转录后的文本资料约198 798字，加上采集其他的文本资料，约210 354字。平均每位受访者的访谈时间为 34 分 25 秒，平均每位受访者转录的文本为 8157 字，以便尽量准确、详尽地记录相关细节。

（三）研究方法与数据分析

本研究采用扎根理论的研究方法，遵循归纳逻辑的路径，通过对所获访谈和案例文本材料的解读、聚焦，构建江苏旅游应用型人才胜任力模型。扎根理论的策略是一种运用系统化的程序，针对某一现象来发展并归纳式地导引出扎根理论的一种质性研究方法。其中，三级编码即开放性编码、主轴性编码和选择性编码，是分析和解释资料并生成理论的重要程序。研究使用 Nvivo12.0 作为数据与资料分析的编码工具，对研究资料进行三级编码。在编码过程中，首先采用开放式编码的方式，确定被研究者观点和事迹中的相关主题。随着编码过程的进行，越来越多相似的观点逐步出现，这时可以将开放节点转换成主轴节点，并通过对主轴节点下的相关观点的分类，逐渐形成选择性编码，进而生成分析框架。

（四）旅游应用型人才胜任力的范畴提炼

本研究采用程序化扎根理论的方法对资料进行质性分析，具体操作步骤为"开放性编码—主轴编码—选择性编码"。首先，在相互不影响的背景下，3 位研究者对 33 位访谈者的访谈资料文字进行反复比对，重组分析，选取与研究主题密切相关的语句进行初步概念化，并对概念进行分类，进一步形成范畴。之后研究者充分讨论，结合文献研究，提取相同的编码内容，对不同的编码进行反复论证直至意见统一，咨询行业专家、高校教师等专业人士，形成相对统一的意见。在过程中剔除出现频次少于 2 次的无法进行范畴化的概念。编码过程与结构如图 5-1 和图 5-2 所示。

图 5-1 人才胜任力的初始编码框架

图 5-2 人才胜任力的初始编码过程

本研究将 36 个范畴进行归纳和总结，最终形成 5 个主范畴和 28 个副范畴。比如将"灵活应对""维护关系""注意细节"归纳为"客户服务"这一更为统合性的范畴。"爱岗敬业""奉献精神""踏实肯干""吃苦耐劳"等可以归纳成"职业道德"。涉及人际交往、抗压、合作、协调等需要与别人共同完成的、涉及双方主体交互的能力，我们归纳为"社会情感"，涉及"持续学习""反思总结"等复盘思维、终身学习能力，我们把它界定为"创造思维"。各范畴代表的内容分析如图 5-3 所示。

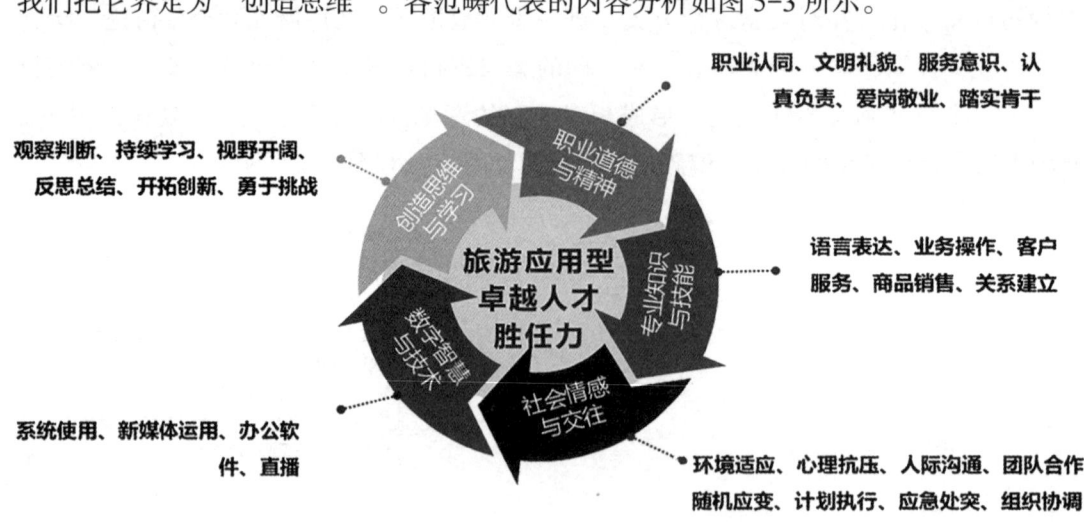

图 5-3 旅游应用型人才的胜任力模型

从 28 位访谈者开始，发现后续的受访者观点与之前的受访者观点基本一致，没有新的概念或内容出现，达到了质性研究的"理论饱和"的状态。值得注意的是，在深度访谈的开放性编码阶段发现信息技术数字能力这一块，虽然大部分受访者都有提到数字转型对旅游行业人才胜任力的影响，但是在认识和拓展数字能力应用方面较为局限，基本停留在普适性人才的企业系统的使用和专业人员的技术功能。随着数字技术在旅游行业的发展与推进，基于数字智能、人机协同的旅游人才胜任力还有待进一步挖掘和拓展衍生。

（五）旅游应用型人才胜任力的模型框架

基于深度访谈的旅游应用型人才胜任力模型建构更多着眼于人才胜任力的时代因素和现实特质。然而人才发展是长期的，人才胜任力既要着眼于当下，立足于过去，还要发展于未来。人才的成长过程、生命历程以及高级别荣誉的案例资料背后更能凸显人才胜任力发展的张力和内涵。因此，本研究潜入旅游应用型技能人才的浩瀚时空，从历届中华技能大奖（1995—2022年）和全国技术能手获奖者（2005—2022年）的典型事迹中提取旅游行业的能手材料。这些材料集中在与旅游相关的行业，提炼的是旅游行业不同维度的共性特质。为契合新时代文旅融合发展的新契机，中华技能大奖、全国技术能手获奖者中主要选取的有饭店、烹饪、陶艺、工美等技能获奖的人才。通过行为事件关键词，从与旅游相关、旅游大类的历届中华技能大奖（1995—2022年）和全国技术能手获奖者（2005—2022年）的典型事迹材料中不难发现，旅游应用型技能人才有持之以恒、精益求精、专业技能、吃苦耐劳、团队合作、勇于拼搏、常怀感恩、包容开放、努力钻研、创意思维、虚心学习、崇高理想的12个重要共性特质，以区别于一般旅游应用型人才特质，此结论从人才制高点上抓住了人才成长和发展的重要因素和普适规律，以此补充完善人才胜任力的模型。

结合前期访谈形成的初步模型，通过专家法的论证，通过扎根理论质性研究与量化分析相结合的混合研究方法对旅游人才胜任力模型进行学理研究与实证研究，最终得出新时代旅游应用型人才胜任力的6个主范畴、36个副范畴的研究结论以及12个新时代旅游应用型人才胜任力的共性特质（见表5-1）。相比既往研究，其结论更加强调了人才胜任力的核心要素、时代要素和发展要素，由此更加有利于我们抓住新时代下旅游应用型人才发展的规律性、普适性与动态性，这些都为挖掘新时代下旅游应用型人才的中国本土化特点，以及为后续新时代旅游应用型人才胜任力评价指标体系打下坚实的基础。

表 5-1 新时代旅游应用型人才胜任力模型

一级维度	二级维度	排序
A 职业道德与精神	A1 诚实守信	1
	A2 崇高理想	2
	A3 敬业精神	3
	A4 踏实肯干	4
	A5 精益求精	5
	A6 持之以恒	6
	A7 服务意识	7
	A8 工作热情	8
B 专业知识与技能	B1 商务知识	9
	B2 管理知识	10
	B3 人文知识	11
	B4 法律政策	12
	B5 实务操作	13
	B6 策划设计	14
	B7 语言表达	15
C 数字智慧与技术	C1 业务操作系统	16
	C2 信息检索	17
	C3 数据处理分析	18
	C4 直播与新媒体运用	19
	C5 办公软件	20
D 社会情感与交往	D1 人际沟通	21
	D2 团队合作	22
	D3 情绪调节	23
	D4 组织协调	24
	D5 反省审思	25

续表

一级维度	二级维度	排序
E 创造思维与学习	E1 创造性思维	26
	E2 终身学习	27
	E3 努力钻研	28
	E4 风险预测	29
	E5 包容开放	30
	E6 分析决策	31
F 个人特质	F1 心理抗压	32
	F2 积极乐观	33
	F3 勇于挑战	34
	F4 自信进取	35
	F5 常怀感恩	36

（六）旅游应用型人才胜任力评价指标体系的构建

层次分析法是由美国运筹学家萨迪（Saatty TL）提出来的一种决策方法，通过对定性消息的定量化处理，来解决结构较为复杂的问题，通过构建矩阵和方根法统计专家评价意见。层次分析法成为多目标决策法中常用的方法之一。

1. 层次结构的构建

我们根据对旅游应用型人才胜任力评价体系的分析，构建了旅游应用型人才胜任力层次结构图，如图 5-4 所示。

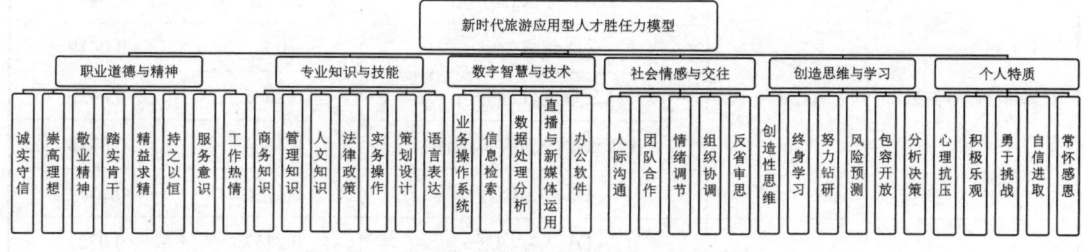

图 5-4 旅游应用型人才胜任力层次结构图

2. 指标权重的确定

在软件 Yaahp 中建立低阶层次结构后，得到旅游应用型卓越人才胜任力结构各指标重要性两两比较的判断矩阵。专家在软件内根据提示，分别对各指标重要性进行打分。针对回收后问卷，计算一级指标的相对重要程度。为了有效得出各级指标的相对权重值，本研究采用层次分析法软件 Yaahp 进行分析，通过一致性检验后，可得出各项评价指标最终权重值。表 5-2 为其中专家的相对重要程度的判断矩阵。分析判断矩阵能够确定专家打分的一致性，将判断矩阵的赋值进行 2 次归一化处理，最终将得到一级指标的初始权重值。

表 5-2 旅游应用型卓越人才胜任力评价体系

一级指标	权重值	二级指标	相对权重	组合权重
A 职业道德与精神	0.2519	A1 诚实守信	0.1724	0.0434
		A2 崇高理想	0.1249	0.0315
		A3 敬业精神	0.1287	0.0324
		A4 踏实肯干	0.1218	0.0307
		A5 精益求精	0.1136	0.0286
		A6 持之以恒	0.1131	0.0285
		A7 服务意识	0.1136	0.0286
		A8 工作热情	0.1119	0.0282
B 专业知识与技能	0.222	B1 商务知识	0.1941	0.0431
		B2 管理知识	0.1871	0.0415
		B3 人文知识	0.1306	0.029
		B4 法律政策	0.1474	0.0327
		B5 实务操作	0.1149	0.0255
		B6 策划设计	0.1146	0.0255
		B7 语言表达	0.1114	0.0247
C 数字智慧与技术	0.2094	C1 业务操作系统	0.2356	0.0493
		C2 信息检索	0.2	0.0419
		C3 数据处理分析	0.2085	0.0436
		C4 直播与新媒体运用	0.1784	0.0374
		C5 办公软件	0.1776	0.0372
D 社会情感与交往	0.1441	D1 人际沟通	0.2237	0.0322
		D2 团队合作	0.2219	0.032
		D3 情绪调节	0.1938	0.0279
		D4 组织协调	0.1832	0.0264
		D5 反省审思	0.1774	0.0256

续表

一级指标	权重值	二级指标	相对权重	组合权重
E 创造思维与学习	0.085	E1 创造性思维	0.1863	0.0158
		E2 终身学习	0.1789	0.0152
		E3 努力钻研	0.172	0.0146
		E4 灵活应变	0.162	0.0138
		E5 包容开放	0.1546	0.0131
		E6 问题解决	0.1462	0.0124
F 个人特质	0.0876	F1 身心抗压	0.2026	0.0178
		F2 积极乐观	0.2451	0.0215
		F3 勇于挑战	0.1952	0.0171
		F4 自信进取	0.1817	0.0159
		F5 常怀感恩	0.1754	0.0154

参考文献

［1］彭正梅.如何培养高阶能力：哈蒂"可见的学习"的视角［J］.教育研究，2019（05）：76-85.

［2］叶忠海.普通人才学［M］.上海：复旦大学出版社，1990：41.

［3］王通讯.宏观人才学［M］.北京：中国社会科学出版社，2001：4.

［4］罗洪铁.再论人才定义的实质问题［J］.中国人才，2002（3）：23.

［5］习近平.高举中国特色社会主义伟大旗帜为全面建设社会主义现代化国家而团结奋斗：在中国共产党第二十次全国代表大会上的报告［N］.人民日报，2022-10-26（01）.

［6］袁媛.中国旅游人培养模式研究［D］.北京：中国社会科学院研究生院，2013：2.

［7］毛金凤.旅游管理专业应用型人才培养模式研究［M］.北京：中国社会科学出版社，2016.

［8］邹雪梅.智慧旅游背景下高职院校应用型旅游人才培养研究［D］.南京：江西科技师范大学，2018.

［9］吴中江，黄成亮.应用型人才内涵及应用型本科人才培养［J］.高等工程教育研究，2014（02）：66-70.

［10］宋伯宁，宋旭红.山东省高等学校分类研究［M］.济南：山东大学出版社，2012.

［11］罗静，侯长林，蒋炎益.应用型和技术技能型人才的区别［J］.高教发展与评估，

2022, 38(05): 13-22+119-120.

[12] 刘亚玲, 刘秀丽. 高校旅游管理专业应用型创新人才培养的内涵探究[J]. 科教导刊(上旬刊), 2012(21): 148-149.

[13] 张丹宇. 高校旅游管理专业应用型创新人才培养模式[J]. 学术探索, 2015(02): 73-77.

[14] 徐东华. 战略性人力资源管理[M]. 北京: 中国人民大学出版社, 2010: 166.

[15] 方振邦, 彭剑锋. 战略人力资源管理理论、实践与前沿[M]. 北京: 中国人民大学出版社, 2014: 209.

[16] 吴敏. 供需耦合下师范生教师胜任力研究[D]. 乌鲁木齐新疆师范大学, 2022.

[17] 李虹. 知识管理视域下高校教师胜任力研究[D]. 东北师范大学, 2022.

[18] 罗汉铁. 再论人才定义的实质问题[J]. 中国人才, 2002(3): 23.

[19] 林燚宁. 高职院校辅导员胜任力的应然向度、实然表征与必然路径: 基于校企协同育人视角[J]. 教育与职业, 2023(02): 101-105.

[20] 毕晓. 胜任力理论在人力资源管理中的应用研究[J]. 老字号品牌营销, 2022(15): 40-42.

[21] 郑赤建, 朱少双. 基于胜任力模型的生态旅游导游培训体系构建研究[J]. 湘潭大学学报(哲学社会科学版), 2013, 37(03): 153-157.

[22] 赵昕, 谢镕键, 杨经梓. 基于胜任力模型的旅游专业研究生产教融合创新培养模式构建[J]. 长春工程学院学报(社会科学版), 2022, 23(03): 33-36.

[23] 林燚宁. 高职院校辅导员胜任力的应然向度、实然表征与必然路径: 基于校企协同育人视角[J]. 教育与职业, 2023(02): 101-105.

[24] 张岩, 秦元梅, 邹小燕, 等. 岗位胜任力在我国新入职护士培训中的应用现状[J]. 护理研究, 2023, 37(03): 488-491.

[25] 付继宏. 浅析旅游业面临的机遇与挑战[J]. 营销界, 2019(35): 138-139.

[26] 亚吉, 尹立军. 基于OBE导向的应用型旅游人才培养体系建设研究[J]. 呼伦贝尔学院学报, 2020, 28(04): 93-98.

[27] 张楗让. 浅议应用型旅游人才培养[J]. 教育与职业, 2015(11): 81-83.

[28] 苏志平, 李炳义, 刘霞霞. 独立学院应用型旅游人才培养模式探析[J]. 教育理论与实践, 2010, 30(18): 12-13.

[29] 徐建国, 李梓. "互联网+旅游"背景下旅游人才需求变化及职业教育应对策略研究[J]. 天津经济, 2022(09): 32-38.

[30] 陆明华. 职业胜任力视阈下的高职院校文旅专业建设研究: 以旅游管理专业为例[J]. 产业与科技论坛, 2021, 20(15): 237-239.

［31］杜明义.职业胜任力为导向的人力资源管理专业大学生创新创业能力培养：基于CBE 和 OBE 模式比较与借鉴［J］.职教通讯，2019（18）：55-63.

［32］夏瑛.基于职业胜任力模型的高职酒店管理专业课程体系构建研究［J］.岳阳职业技术学院学报，2016，31（02）：34-37.

［33］李佳.基于胜任力模型的商务旅游人才培养对策［J］.中国经贸导刊，2012（22）：72-73.

［34］周辉，马卫.基于"岗位胜任力"的高职酒店信息工程专业课程体系研究［J］.高教学刊，2017，70（22）：193-196.

［35］刘阳阳，蒋亚龙.应用型高校人才培养现状及职业能力培养研究［J］.吉林省教育学院学报，2020，36（03）：65-68.

［36］李颖，康铁钢.高职技能型人才岗位胜任力分析及培养模式构建［J］.教育与职业，2015，826（06）：107-109.

［37］朱靓，杨春宇.基于岗位胜任力导入的"四轮驱动、一轴转动"旅游管理专业课程培养模式研究［J］.中国成人教育，2015（05）：137-139.

［38］焦娜.应用型高校学生管理问题及对策探讨［J］.高教学刊，2017（05）：119-120.

［39］瞿群臻，王萍.我国旅游人才胜任力模型构建与应用研究［J］.江苏商论，2011（10）：104-106.

［40］褚凌云，魏薇，魏胜，等.应用型高校文化和旅游人才协同培养机制研究［J］.北方经贸，2022（01）：143-145.

［41］金丽娇，方法林，涂玮.胜任力视角下的高职旅行社专业课程体系的构建［J］.中国职业技术教育，2013（05）：68-71+74.

［42］郑赤建，朱少双.基于胜任力模型的生态旅游导游培训体系构建研究［J］.湘潭大学学报（哲学社会科学版），2013，37（03）：153-157.

［43］程兆宇，段颖.高职院校导游专业技能型人才胜任力模型构建与应用研究［J］.黑龙江高教研究，2022，40（12）：144-148.

［44］王宏兰.高职酒店管理专业职业技能与职业精神融合培养研究［J］.厦门城市职业学院学报，2018，20（03）：32-36.

［45］李娟梅.基于乡村振兴战略的乡村旅游从业者职业能力提升探究［J］.成人教育，2019，39（06）：60-64.

［46］唐春艳.从职业技能大赛视角看职业素养培养：以高职旅游专业人才为例［J］.现代交际，2019（24）：168-169.

［47］孔翠萍，纪文静，鲁晨阳.新时代应用型旅游人才的思维方法塑造研究［J］.产

业与科技论坛，2022，21（12）：198-200.

[48] 陶楠.旅游人才胜任力模型构建及评价研究[J].旅游纵览，2021（21）：41-43.

[49] 瞿群臻，王萍.我国旅游人才胜任力模型构建与应用研究[J].江苏商论，2011（10）：104-106.

[50] 许艳平."一带一路"背景下高职旅游专业学生胜任力提升路径探究[J].决策探索（下），2021（04）：71-72.

第六篇 新时代应用型旅游人才培养质量监测与预警研究

张晓玲 崔英方 倪月犁 朱 丽 王 媛 李俊楼[①]

摘 要：本课题将预警理论引入人才培养质量的研究中，以网络文本数据与问卷调研数据两类数据为基础，分析了新时代应用型旅游人才的供需现状，基于毕业生和企业满意度两个视角，构建了新时代应用型旅游人才培养质量监测与预警的模型，对新时代应用型旅游人才培养需求和质量的变化趋势进行判定预警，为高职院校的人才培养、专业设置提供建议。

关键词：人才质量；企业人才需求模型；预警模型

一、引言

习近平总书记到福建闽江学院考察时，对闽江学院坚持"不求最大，但求最优，但求最适应社会需要"的办学理念给予了充分的肯定，要求闽江学院从适应社会需要出发，根据自身的办学基础和优势，聚焦若干学科专业布局办学，不求大而全，而是做到最优，做到最适应社会需要。习近平总书记考察闽江学院时的讲话，为高等职业教育在新时代的高质量发展指明了发展方向，为高等职业教育在新时代应用型人才的培养方面指明了方向。

高等职业教育要从注重规模建设转向内涵发展轨道，提升并保障人才培养质量成

---

① 作者简介：张晓玲，南京旅游职业学院副教授，硕士研究生，主要研究方向：旅游预警、职业教育。
崔英方，南京旅游职业学院副教授，博士研究生，主要研究方向：旅游规划、职业教育。
倪月犁，南京旅游职业学院副教授，硕士研究生，主要研究方向：旅游管理、职业教育。
朱丽，南京旅游职业学院副教授，硕士研究生，主要研究方向：旅游管理、职业教育。
王媛，南京旅游职业学院副教授，硕士研究生，主要研究方向：旅游管理、职业教育。
李俊楼，南京旅游职业学院副教授，硕士研究生，主要研究方向：电子商务、职业教育。

为高等职业教育发展的主题。高等职业教育质量保障是一个复杂的、系统的工程，质量预警是整个教育质量保障系统中的关键要素，也是关系着整个人才培养质量能否及时发现问题并得到提升的重要环节。本课题组对新时代应用型旅游人才培养质量监测与预警的研究，目标是能及时收集到社会、行业、企业对培养的新时代应用型旅游人才质量评价的相关数据，既可以跟踪监测人才培养质量的发展状态，又可以根据所获得的数据及时评价各种状态下人才培养质量偏离预警线的强弱程度，准确地向教育部门或院校发出预警信号使其提前采取预控对策。

二、研究价值

本课题所涉及的预警概念范围属于广义，即预警是对一定时期的新时代应用型旅游人才培养质量进行多维连续、动态预测、分析与评价，确定变化的趋势、速度以及达到某一变化限度的时间等，可以实时给出变化和恶化的各种警戒信息及相应对策，具有重要理论与现实意义。

课题运用预警理论和相关人才培养质量研究的实践成果，通过对学院的专业设置、师资水平、教学环境、教学设施等与学生的学习、就业以及可持续发展的需求是否匹配和对专业的教学内容、教学大纲、课程安排、教学过程等与用人行业、企业的需求是否吻合两方面进行调研，构建了高职教育质量预警系统研究的基础理论、评价指标、评价方法、预警管理等理论体系和理论模型，完善了人才培养质量综合评价和动态分析理论，进一步拓展了人才培养质量的研究内容。

课题构建的新时代应用型旅游人才培养质量监测与预警的框架包括警情监测、警源判定、警兆分析和预警等重要功能模块。通过对新时代应用型旅游人才培养质量现状的分析构建警情、警源、警兆指标体系确定权重，并通过数理模型对新时代应用型旅游人才培养质量预警线和预警区间划分进行探讨，为教育主管部门或院校采取预控对策，为旅游类职业教育应用型人才的培养起到现实的指导作用。

三、研究现状述评

（一）应用型旅游人才培养研究

随着我国旅游产业的大发展，旅游应用型人才的研究步伐和探索进展都比较快，应用型旅游人才研究时间相对较长，主要集中在旅游人力资源开发、旅游人才培养与旅游教育问题、旅游管理专业本科人才培养模式、旅游管理专业人才培养的教学模式和目标定位等方面。

以应用型旅游人才为篇名的第一篇文章为 2003 年钟志平发表在《旅游学刊》中的

《建立"双体系"教育体系 突出"应用型"旅游管理人才培养特色》一文，提出建立旅游高等教育的"双金字塔结构的教育体系"，即理论教学体系和实践教学体系，突出旅游管理人才培养的适用性，并提出了相应的措施。

田巧莉以"旅游市场营销"课程为例，在提出应用型旅游人才定位与培养特点的基础上，进行了旅游市场营销课程的教学分析和教学改革，提出要通过模块化教学、课程整合与多学科融合等方法进行具体的教学改革。

周坤通过构建三位一体校企合作模式，以"三进三同""三层递进""三力并发"为基点，完成了一系列基于应用型本科院校和应用型专业的改革举措，对"三位一体"模式下的旅游管理专业校企合作办学进行了有益尝试。

（二）质量预警研究

预警理论在教育领域的运用比较普遍，在义务教育、高等教育和研究生教育领域都有相关研究，涉及教育质量、德育、教师教育质量、大学生思想政治教育等多个方面。

李建军等根据高等教育服务质量观、社会稳定和预警理论设计了高等教育质量预警系统。娄欣生分析了研究生德育中存在的风险与危机，提出研究生德育预警问题，并尝试运用预警理论分析风险，以提高德育工作的针对性和实效性。汪广涛利用正态分布规律，尝试探索义务教育影响因素，进而建立义务教育预警系统。付敏通过对教师教育质量的调查研究，引入了质量预警机制，利用预警理论进行了教师教育研究。樊华、周庆贵、孙韶通过专家访谈和文献查阅法，初步确立高等教育过度预警指标集，建立了高等教育过度预警模型，并对该模型进行了验证。薛俊跃首次将预警理论运用于大学生网络思想政治教育。黄可钦以大学（本科院校）为研究对象，从组织、教师、课程、学生四个维度探讨影响大学质量管理的关键因子，构建出一个高等教育质量预警系统，用以分析高等教育运行的特征和规律、进行监测预警。

（三）满意度预警研究

游客满意度的理论基础来源是顾客满意度理论。格鲁诺斯、帕拉苏拉曼、克罗宁等学者早在20世纪80年代就定义了服务质量的概念，建立了理论层面的顾客满意度的基础模型。此后，美国、欧洲等国家和地区构建了实践层面的国家顾客满意度指数模型。Gregory 和 Ernest（2005）研究了大学所学专业与今后工作领域对工作满意度的影响，研究得出，对工作满意度影响较大的因素是大学所学的专业、专业与工作领域的一致程度、收入三个方面，并且收入和一致性具有专业对工作满意度影响的中介作用。

国内在这方面的研究主要有冯伯麟（1996），其研究指出，影响教师工作满意的主要因素有领导因素、社会参照常数、考试压力、个人背景因素四个方面，并对自我实现、工作强度、工资收入、与领导关系、与同事关系五个方面进行了测量。李秀一等（2010）通过研究教师工作满意度的影响因素得出，教师工作满意度的影响因素包括学校类型、组织环境、领导方式、教师授权、教师的性别和年龄、班级规模和师生互动几个方面。黄培森（2012）研究了国内教师工作满意度的决定因素，主要包括个人因素、职业因素和组织因素三个方面。常亚平等（2007）设计了中国高等院校学生满意度的评价指标模型，包括学校环境风气、学生管理机制、教学基础设施、后勤服务、课外活动、教师职业素质、教学课程管理、职工服务意识、个人发展这几个方面。高庆等（2010）研究了高校学生食堂服务的满意度，得出影响食堂服务满意度的四个主要因素分别为：食堂产品感知、就餐环境、服务质量感知、就餐条件。吕部等（2014）通过用人单位对高校毕业生满意度的理论研究，构建出3个维度12个观测变量的研究模型。

综上所述，学者们对应用型旅游类人才培养的研究主要集中在培养模式、培养途径和能力定位等方面，在人才培养模式的认识和实践中都取得较大进步，获得较多的研究成果。但是近年来随着旅游行业的变革和创新，学校培养的应用型旅游类人才能否适应行业的变化，学校的培养模式、途径、定位等是否需要改革，在此背景下将人才培养理论、满意度理论以及预警理论相结合，对新时代应用型旅游人才培养质量监测与预警进行研究是有其必要性的。

四、基于招聘信息的旅游企业人才需求模型的构建

（一）旅游企业对新时代应用型旅游人才的质量需求分析

1. 数据来源

（1）旅游企业岗位群

为了便于招聘信息采集，课题组通过网络调研、企业调研以及抓取的招聘信息对旅游企业的主要工作岗位群重新进行了梳理，具体岗位群如图6-1所示。

（2）数据采集

为了保证数据的准确性和权威性，课题组通过51job、智联招聘、58同城、最佳东方四个主流招聘平台，利用网络爬虫技术将旅游企业的主要岗位作为关键词确定数据抓取范围，采集2021年1~12月全年的旅游企业发布的招聘信息，形成元数据。

（3）数据处理

该模块的核心是文本挖掘，本课题首先对抓取的招聘信息进行清洗和规范，然后使用中文分词技术提取出有分析价值的关键词。

（4）数据分析

根据该岗位招聘信息中关键词出现的次数与总的招聘信息的条数比作为关注度，

计算各岗位群中有价值的关键词的关注度为企业人才模型的构建奠定基础。

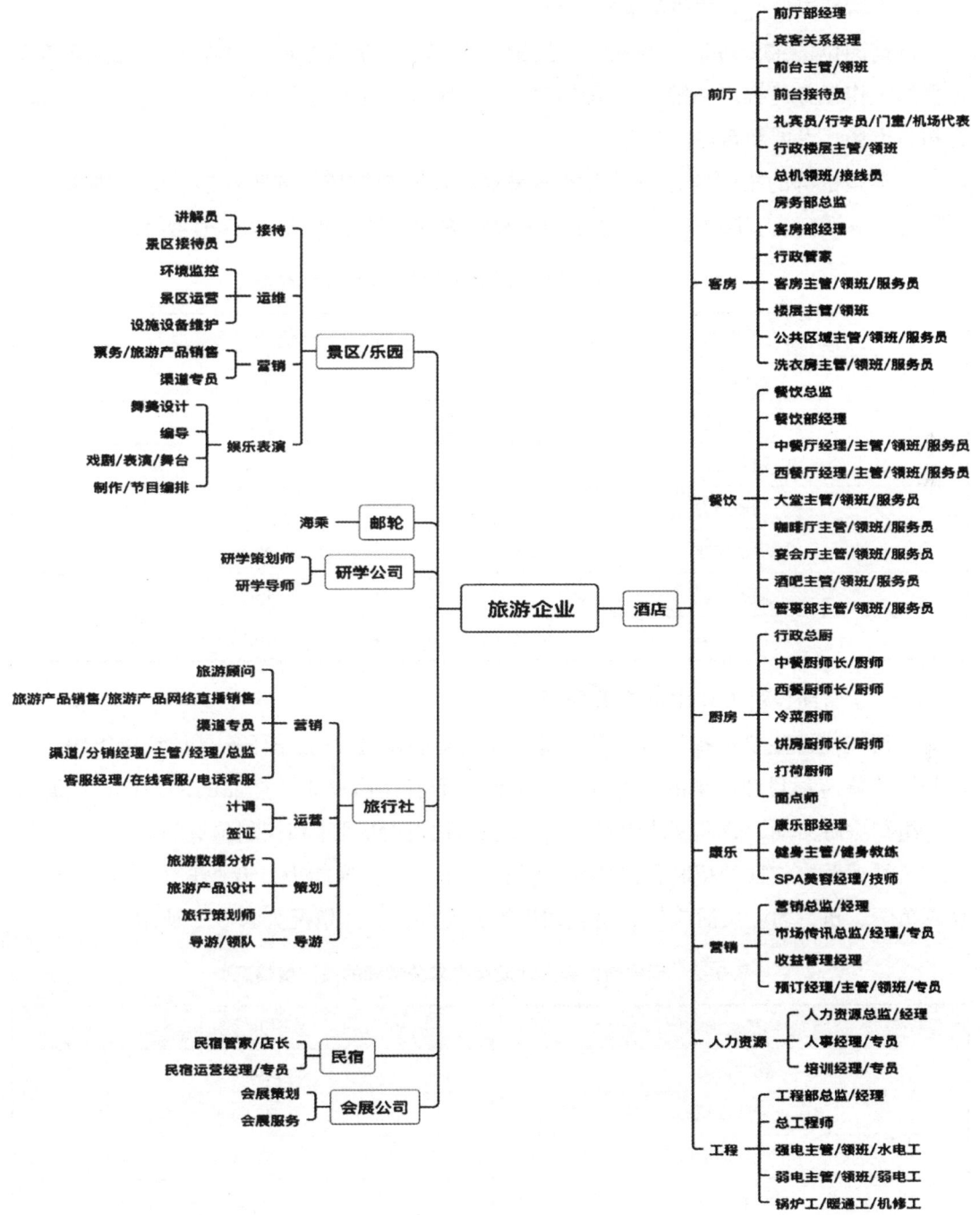

图 6-1 旅游企业的主要岗位群图

2. 旅行社岗位群人才质量需求分析

根据旅行社企业的部门架构（见图 6-1），旅行社企业岗位群主要包括营销岗位群、运营岗位群、策划岗位群、导游岗位群等。

（1）营销岗位群人才质量需求分析

营销岗位群主要包括旅游顾问、旅游产品销售、渠道专员、客服等。旅游营销岗位群的工作任务是推广和销售公司旅游产品、管理现有渠道资源、维护发展客户关系、开拓新市场、发展新客户资源等。

这类岗位群的招聘信息中对人才的需求涉及营销技巧、诚实守信、团队协作、沟通能力、灵活应变、商务礼仪、抗压能力等关键词，具体情况如表6-1所示。

表6-1 营销岗位群人才质量需求关键词的关注度情况

关键词	关注度（%）
营销技巧	66.14
诚实守信	35.43
团队协作	33.07
沟通能力	22.05
灵活应变	20.47
商务礼仪	15.75
抗压能力	10.24

（2）运营岗位群人才质量需求分析

运营岗位群主要包括计调、签证等。旅游运营岗位的工作任务是指负责组织、安排和协调旅游项目和活动的职业人员。他们的职责是协助旅游产品的部门设计旅游线路，组织旅游活动，处理团队中发生的问题，评估团队风险和控制预算等。

这类运营岗位群的招聘信息中对人才的需求涉及沟通能力、专业知识、抗压能力、认真负责、执行力、灵活应变、财务知识等关键词，具体情况如表6-2所示。

表6-2 运营岗位群人才质量需求关键词的关注度情况

关键词	关注度（%）
沟通能力	50.44
专业知识	48.36
抗压能力	31.44
认真负责	30.5
执行力	28.74
灵活应变	18.82
财务知识	10.33

(3)策划岗位群人才质量规格要求分析

策划岗位群主要包括旅游数据分析师、旅游产品设计顾问、旅游策划师等。旅游策划岗位群的工作任务主要是负责旅游产品的设计和研发、产品市场分析和成本核算、产品供应商的筛选和运维等。

这类岗位群的招聘信息要求涉及专业知识、团队协作、创新能力、计算机应用、财务知识、灵活应变、学习能力等关键词。具体情况如表6-3所示。

表6-3 策划岗位群人才质量需求关键词的关注度情况

关键词	关注度（%）
专业知识	34.70
团队协作	28.72
创新能力	21.71
计算机应用	17.09
财务知识	16.92
灵活应变	16.67
学习能力	10.33

(4)导游岗位群人才质量规格要求分析

导游岗位群主要包括地方导游、全陪导游和领队。导游岗位群的工作任务主要是根据旅行社与游客签订的合同或约定，负责旅行过程中组织和安排游客的旅游活动，负责为游客导游、讲解，介绍（地方）文化和旅游资源，负责解答游客的问询和反馈游客意见，处理旅途中遇到的问题，保障游览活动的顺利完成。

这类岗位群的招聘信息要求涉及专业知识、沟通能力、抗压能力、认真负责、服务意识、团队协作、外语能力等关键词。具体情况如表6-4所示。

表6-4 导游岗位群人才质量需求关键词的关注度情况

关键词	关注度（%）
专业知识	58.27
沟通能力	43.88
抗压能力	40.29
认真负责	39.57
服务意识	33.09
团队协作	23.74
外语能力	10.14

3. 酒店岗位群人才质量规格要求分析

根据酒店企业的部门架构（见图6-1），酒店企业岗位群主要分八类：前厅、客房、餐饮、厨房、营销、工程、人力资源、康乐。本报告主要研究的岗位群为前厅岗位群、客房岗位群、餐饮岗位群、景区岗位群。

（1）前厅岗位群人才质量规格要求分析

前厅岗位群主要包括前台接待员、前台主管、领班、前厅部经理、宾客关系经理、礼宾员、行政楼层主管、总机领班等。前厅岗位群的主要工作任务是负责招徕并接待宾客（组织客源）、组织接待和协调对客服务、控制客房状况等为客人提供各种综合服务的对客服务部门。

这类岗位群的招聘信息要求涉及沟通能力、踏实肯干、商务礼仪、计算机应用、团队协作、营销技巧、服务意识、抗压能力等关键词。具体情况如表6-5所示。

表6-5 前厅岗位群人才质量需求关键词的关注度情况

关键词	关注度（%）
沟通能力	53.25
踏实肯干	41.55
商务礼仪	38.33
计算机应用	36.10
团队协作	30.43
营销技巧	29.94
服务意识	26.45
抗压能力	21.25

（2）客房岗位群人才质量规格要求分析

客房岗位群主要包括房务部总监、客房部经理、行政管家、客房主管/领班/服务员、客楼层主管/领班、公共区域主管/领班/服务员、洗衣房主管/领班/服务员等岗位。客房岗位群的主要工作任务是负责酒店所有客房的清洁和保养工作，做好客房接待服务，满足客人各方面的正当需求，与其他部门协调合作，保证客房服务需求，为客人创造一个清洁、美观、舒适、安全的理想住宿环境。

这类岗位群的招聘信息要求涉及踏实肯干、服务意识、沟通能力、团队协作、执行力、身体健康、专业技能等关键词。具体情况如表6-6所示。

表 6-6　客房岗位群人才质量需求关键词的关注度情况

关键词	关注度（%）
踏实肯干	41.84
服务意识	32.64
沟通能力	30.11
团队协作	28.36
执行力	23.91
身体健康	17.36
专业技能	11.75

（3）餐饮岗位群人才质量规格要求分析

餐饮岗位群主要包括餐饮总监、餐饮部经理、中餐厅经理/主管/领班/服务员、西餐厅经理/主管/领班/服务员、大堂主管/领班/服务员、咖啡厅主管/领班/服务员、宴会厅主管/领班/服务员、酒吧主管/领班/服务员、管事部主管/领班/服务员等岗位。餐饮岗位群的主要工作任务是提供餐饮服务、菜单设计、成本控制等。

这类岗位群的招聘信息要求涉及沟通能力、服务意识、踏实肯干、团队协作、执行力、营销技巧、专业技能等关键词。具体情况如表 6-7 所示。

表 6-7　餐饮岗位群人才质量需求关键词的关注度情况

关键词	关注度（%）
沟通能力	57.55
服务意识	48.54
踏实肯干	42.89
团队协作	42.12
执行力	30.74
营销技巧	25.77
专业技能	13.69

4.景区岗位群人才质量规格要求分析

根据景点景区企业的部门架构（见图 6-1），将企业岗位群进行了重新梳理，主要分四类：接待、营销、运维、娱乐表演。因营销岗位群的人才质量规格要求与旅行社营销岗位群类似，娱乐表演人才不属于旅游人才，故本报告主要研究接待岗位群和运维岗位群。

（1）接待岗位群人才质量规格要求分析

景区接待岗位群主要包括讲解员、景区接待员等岗位。景区接待岗位群的主要任务是负责制订接待方案、负责讲解工作、负责接待资料整理工作等。

这类岗位群的招聘信息要求涉及专业知识、沟通能力、抗压能力、认真负责、服务意识、计算机能力、外语能力等关键词。具体情况如表6-8所示。

表6-8 接待岗位群人才质量需求关键词的关注度情况

关键词	关注度（%）
专业知识	54.33
沟通能力	47.83
抗压能力	43.33
认真负责	38.17
服务意识	36.67
计算机能力	21.67
外语能力	12.50

（2）运维岗位群人才质量规格要求分析

景区运维岗位群主要包括景区运营、设施设备维护和环境监控等岗位。景区运维岗位群主要负责景区的发展规划、负责景区产品及设施的维护和管理、负责景区智慧化等。

这类岗位群的招聘信息要求涉及专业技能、踏实肯干、团队协作、执行力、服务意识、学习能力、抗压能力等关键词。具体情况如表6-9所示。

表6-9 运维岗位群人才质量需求关键词的关注度情况

关键词	关注度（%）
专业技能	56.91
踏实肯干	31.48
团队协作	29.38
执行力	24.69
服务意识	19.14
学习能力	14.07
抗压能力	12.22

（二）旅游企业人才需求模型的构建

1. 关键词归类

将提取的旅游企业各岗位群招聘信息中关注度高的关键词，根据《基于职业教育视角的中国旅游人才供给与需求研究报告（2020）》中的旅游人才质量词典总结归纳，进行归类，结果如表6-10所示。

表6-10 关键词归类

素质与能力	关键词
职业道德与责任感	认真负责、踏实肯干、诚实守信
团队协作能力	团队协作
创新能力	创新能力
服务意识	服务意识
终身学习能力	学习能力
人际交往与沟通能力	沟通能力
心理素质	抗压能力
身体素质	身体健康
专业知识与技能	专业技能、专业知识、商务礼仪、
管理组织能力	执行力、灵活应变能力
营销能力	营销技巧
信息技术与应用能力	计算机能力
财务知识与应用能力	财务知识
外语应用能力	外语能力

2. 构建旅游企业人才需求模型

近年来众多专家学者关注到学生综合能力素质的创新培养，职业院校的毕业生在教学的过程中应该注重培养学生的什么素质，在学生毕业后如何考核与评价、是否达到了培养目标，学生的职业能力、道德水平、工作价值观如何适应现在的经济发展现状等问题，例如杨千朴学者的著作——《职业素养基础》一书中提道：职业知识——职业的由来、发展、分类与意义，是职业素养的起始与基础。职业能力——职业技能、就业创业能力，是职业素养的骨骼与支柱。职业操守——职业理想、职业道德与职业尊严，是职业素养的内核与灵魂。高等职业技术院校主要培养高等技术的应用型人才，应用型人才都应具有一定的职业身份，这就要求高等技术的应用型人才具备很强的职业能力，职业能力集中地体现为全面的职业素养。

根据相关文献资料的梳理，以及上述对提取的旅游企业各岗位群招聘信息中关注度高的关键词的素质能力的总结归纳，笔者将旅游人才的能力素质分为：专业知识、职业素质、职业能力，作为旅游企业人才需求模型的三大模块。旅游企业人才需求模型见表 6-11。

表 6-11 旅游企业人才需求模型

专业知识	职业素质	职业能力
专业知识与技能	服务意识	人际交往与沟通能力
信息技术与应用能力	心理素质	营销能力
财务知识与应用能力	职业道德与责任感	管理组织能力
外语应用能力	身体素质	创新能力
		终身学习能力
		团队协作能力

五、新时代应用型旅游人才培养质量的调研现状及分析

（一）问卷调研

1. 院校调研

调研数据来源于部分江苏省开设旅游类专业的高等职业院校，共调研院校 45 所，回收调查问卷 44 份，主要调研了 2017—2020 年的就业相关数据。

2. 企业调研

调研方式为线上问卷发放，问卷设计是以旅游企业人才需求模型的 14 个素养指标为基础设计的调研问卷，更具有针对性和目的性。发放对象主要为：江苏省旅游企业的人力资源负责人或企业管理者，共回收有效问卷数 434 份。

通过该两类问卷调研的主要作用是：

（1）了解目前江苏省旅游类专业人才培养的基本情况以及就业质量。

（2）了解目前企业对新时代应用型旅游人才需求质量的现状以及企业对高等院校目前培养旅游类毕业生的质量的满意度。

（3）为新时代应用型旅游人才培养质量监测与预警指标体系的构建以及预警评价值权重的计算提供数据。

（二）新时代应用型旅游人才培养的基本情况

1. 旅游类专业人才培养基本情况

江苏作为教育强省和旅游大省，经济繁荣、科教发达。江苏省高等职业教育目前已进入强调专业结构、质量提升、实力增强的内涵式发展。根据问卷调研分析结果得知，现行的专业尚能满足专业群不断拓展的需要，并在近三年来能够较好地引导旅游类专业的开设与建设。以南京旅游职业学院为例，专业建设成效比较显著，酒店管理被评为江苏省唯一的旅游类品牌专业；旅游管理被评为江苏省高水平骨干专业建设项目；酒店管理、导游等技能服务大赛成绩位于全国前茅。2021年，南京旅游职业学院酒店管理专业群、无锡商业职业技术学院旅游管理专业群、无锡城市职业技术学院酒店管理专业群、江苏旅游职业学院烹调工艺与营养专业群、江苏旅游职业学院旅游管理专业群、镇江市高等专科学校旅游管理专业群6个专业群入选江苏省高等职业教育高水平专业群。

在取得诸多成效的同时，旅游类专业也存在一些问题。如存在专业间发展不平衡问题，景区服务与管理、旅行社经营管理、休闲服务与管理等专业近三年招生规模缩小，且招生效果不理想。此外，随着旅游业进入"四化"（大众化、多元化、个性化、网络化）时代，江苏省旅游产业发展需要大量高素质、高技能的复合型人才，目前，大部分院校存在人才培养定位不够清晰、人才培养目标形式化、师资实践经验和结构有限且不合理、校内实训条件相对滞后等问题。

2. 旅游类专业毕业生就业质量分析情况

党的十九大报告指出，"就业是最大的民生。要坚持就业优先战略和积极就业政策，实现更高质量和更充分就业"。就业质量关系到毕业生的个人发展和学校办学的社会影响力，毕业生高质量就业、充分就业会起到很好的社会宣传作用，同时对于促进专业发展与建设、促进产教融合起到积极的推动作用。就业质量从就业率、专业对口率、工作满意度、求职容易度、就业稳定性、薪酬达成度六个指标进行调研。

（1）就业率

就业率包括协议和合同就业、创业、灵活就业、升学四类去向。就业率调研时间为每年的10—11月，能够反映就业市场的供需关系。

根据2017—2020年的高职旅游类专业的就业率以及全省专科专业的平均就业率，通过对比发现，近四年旅游类专业的就业率一直稍低于全省各专业的均值；2020年因为疫情全省各专业的平均就业率都有明显的下降，疫情对旅游业打击较大，因此旅游类专业的就业率下降了3个百分点，具体详见图6-2。

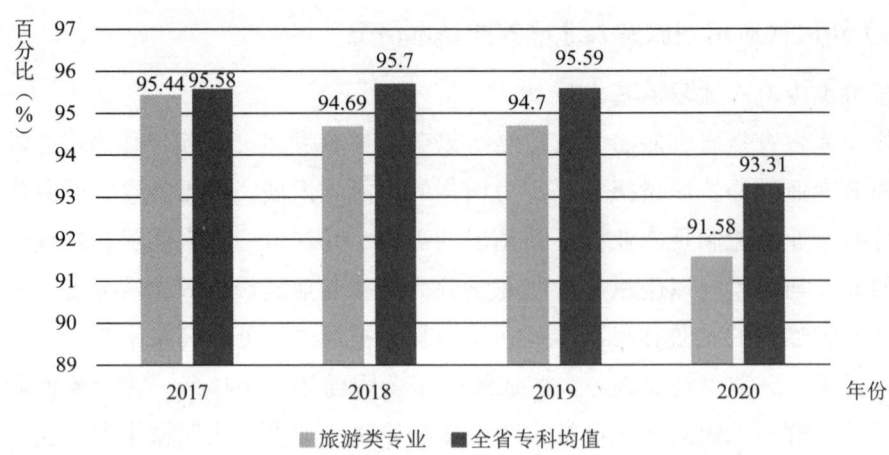

图 6-2 2017—2020 年江苏省高职旅游类专业就业率与全省各专业均值的对比

（2）专业对口率

工作与专业相关度是毕业生对从事工作与所学专业相关性的判断，分为相关、不相关两个选项。工作与专业相关度对应了专业相关岗位的数量或质量状况，从侧面反映出专业相关岗位的需求情况。

根据 2017—2020 年的高职旅游类专业的专业对口率以及全省专科专业的平均专业对口率，通过对比发现，近四年全省各专业的专业对口率的均值一直都不高，但是旅游类专业的对口率一直稍低于全省各专业的均值；2020 年因为疫情全省各专业的平均就业对口率都有明显的下降，疫情对旅游业的打击是巨大的，因此旅游类专业的就业对口率下降了 20 个百分点，具体详见图 6-3。

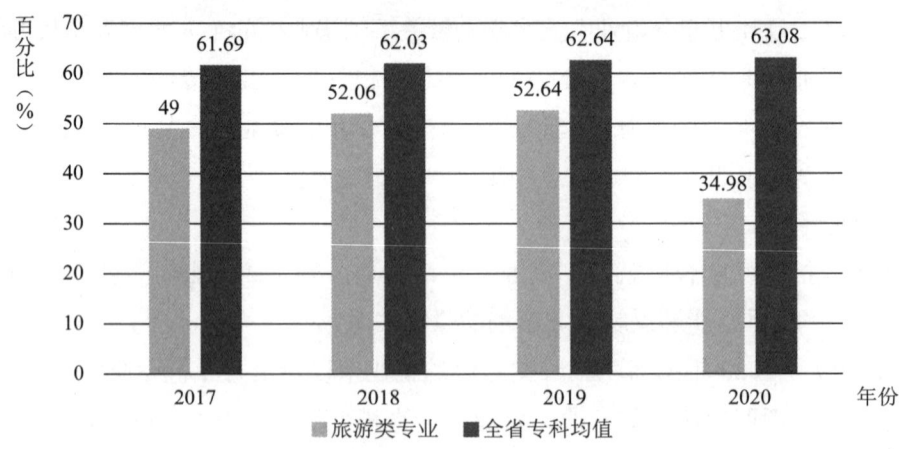

图 6-3 2017—2020 年江苏省高职旅游类专业对口率与全省各专业均值的对比

（3）求职容易度

求职容易度是毕业生对自身求职过程容易程度的主观判断，分为非常容易、容易、困难、非常困难四种程度。求职是毕业生与就业市场之间的磨合过程,求职容易度反映出磨合成本,是供需关系的重要体现。

根据2017—2020年的高职旅游类专业的求职容易度以及全省专科专业的求职容易度的均值,通过对比发现,近四年全省各专业的求职容易度均值都比较稳定,波动不大,旅游类专业除2017年数值稍高,其他年度也是比较稳定的,数值也略低于全省各专业的均值,说明旅游类专业相对其他专业比较容易找到工作,也从一方面说明旅游行业对高职人才的需求比较旺盛,具体详见图6-4。

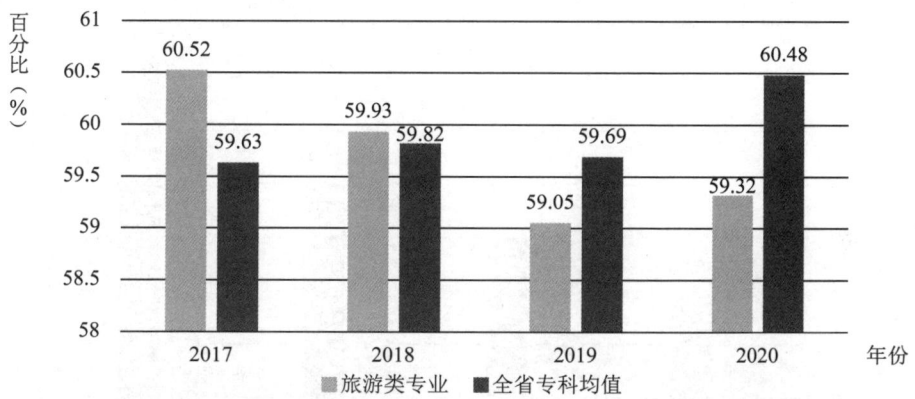

图6-4　2017—2020年江苏省高职旅游类专业求职容易度与全省各专业均值的对比

（4）工作满意度

工作满意度是毕业生对所从事工作满意程度的主观判断。该观测点综合了毕业生对工作环境、发展前景等诸多因素的感受,是对就业质量的综合评价。

根据2017—2020年的高职旅游类专业的工作满意度以及全省专科专业的工作满意度的均值,通过对比发现,近四年全省各专业的工作满意度均值波动不大,数值也一直不高,旅游类专业的工作满意度要略低于全省均值。具体详见图6-5。

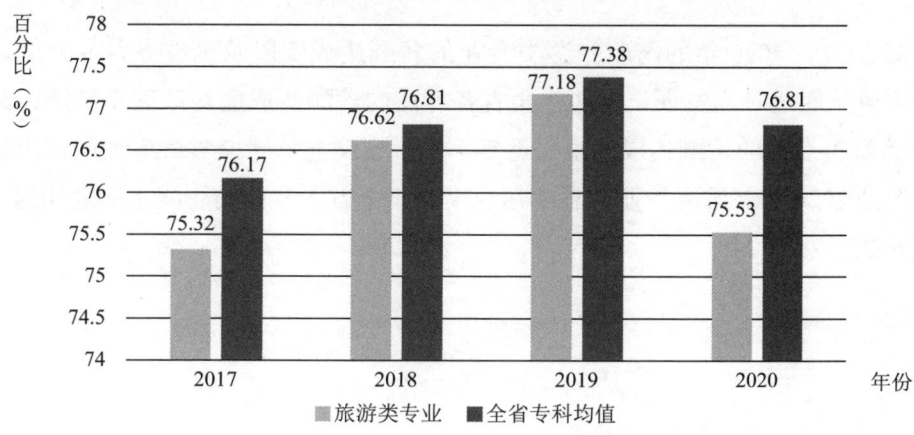

图6-5　2017—2020年江苏省高职旅游类专业工作满意度与全省各专业均值的对比

(5) 就业稳定性

就业稳定性是指毕业半年内，未离职毕业生占就业毕业生的比例。就业稳定性率高，说明毕业生的工作状态稳定，就业质量较高。

根据2017—2020年的高职旅游类专业的就业稳定性以及全省专科专业的就业稳定性的均值，通过对比发现，近四年全省各专业的就业稳定性均值逐年提高，旅游类专业的就业稳定性也是逐年提高，但是提高的幅度要低于全省均值提高的幅度，导致2019年后旅游类专业的就业稳定性要低于全省均值，具体详见图6-6。

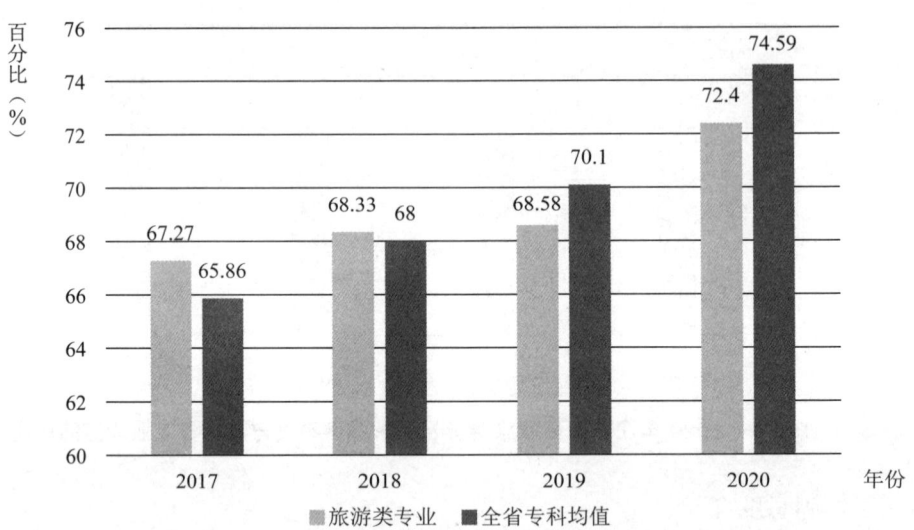

图6-6 2017—2020年江苏省高职旅游类专业就业稳定性与全省各专业均值的对比

(6) 薪酬达成度

薪酬达成度是毕业生期待薪酬的实现程度，是实际薪酬与期待薪酬的比值（比值大于1时，表示实际超过期待水平，以此类推）。薪酬达成度直接反映就业质量中的收入情况。

根据2017—2020年的高职旅游类专业的薪酬达成度以及全省专科专业的薪酬达成度的均值，通过对比发现，近四年全省各专业的薪酬达成度均值逐年下降，2017—2019年旅游类专业的薪酬达成度也是逐年下降，也明显低于全省各专业的薪酬达成度均值，但是2020年旅游类专业的薪酬达成度高于全省各专业的薪酬达成度均值，具体详见图6-7。

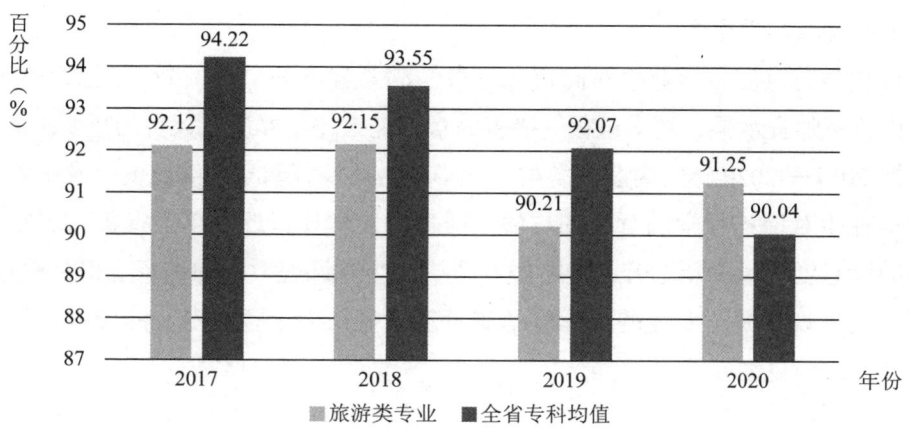

图 6-7　2017—2020 年江苏省高职旅游类专业薪酬达成度与全省各专业均值的对比

（7）自身发展满意度

自身发展满意度是毕业生对在校期间自身发展满意程度的主观判断，是对人才培养成效的综合评价。

根据 2017—2020 年的高职旅游类专业毕业生的自身发展满意度以及全省专科专业的毕业生自身发展满意度的均值，通过对比发现，近四年全省各专业的毕业生自身发展满意度均值逐年上升，2017—2019 年旅游类专业毕业生的自身发展满意度也是逐年上升，但是 2020 年出现了明显下降，这与新冠疫情的发生导致旅游行业整体不景气有相关性。

同时也发现旅游类专业毕业生的自身发展满意度也明显低于全省各专业毕业生的自身发展满意度的均值，具体详见图 6-8。

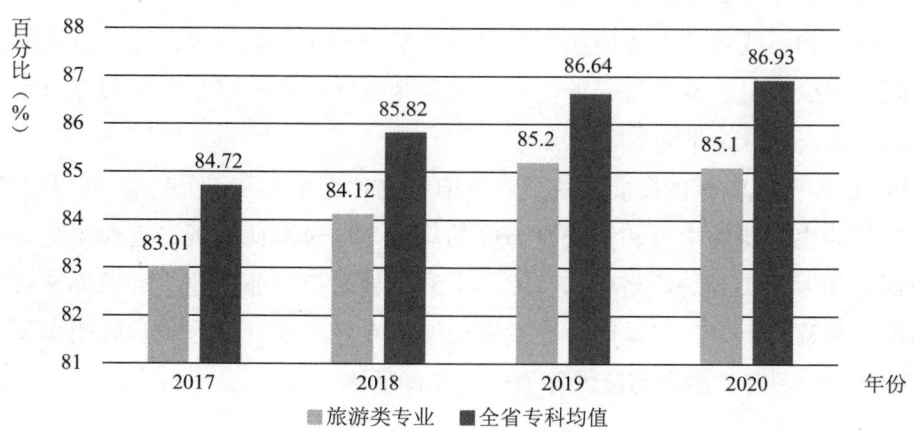

图 6-8　2017—2020 年江苏省高职旅游类专业自身发展满意度与全省各专业均值的对比

（8）课程教学满意度

课程教学满意度是毕业生对高校课程教学满意程度的主观判断。该观测值综合考察课程设置、师资水平、教学过程等诸多因素，是人才培养质量评价的重要组成部分。

根据2017—2020年的高职旅游类专业毕业生对课程教学的满意度以及全省高职各专业的毕业生对课程教学满意度的均值，通过对比发现，近四年全省各高职专业的课程教学的满意度均值逐年上升，旅游类专业毕业生对课程教学的满意度也是逐年上升，但是同时也发现旅游类专业的课程教学满意度明显低于全省各专业的课程教学满意度的均值，具体详见图6-9。

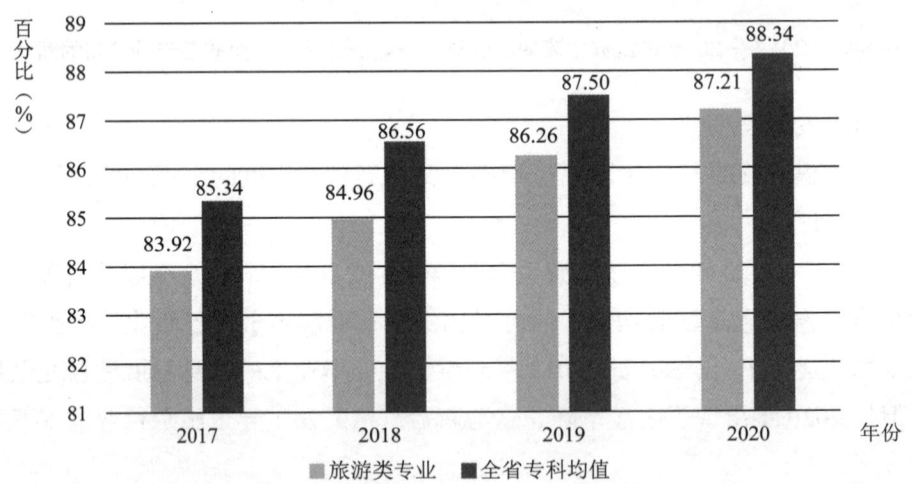

图6-9 2017—2020年江苏省高职旅游类专业课程教学满意度与全省各专业均值的对比

（9）课外学习和实践参与度

课外学习和实践参与度指毕业生参与课外学习和实践的频率，分为经常参与、参与、一般、很少参与、不参与五种程度。该观测点反映高校对学生实践能力培养的质量和成效，是人才培养评价不可或缺的一部分。

根据2017—2020年的高职旅游类专业毕业生对课外学习和实践参与以及全省高职各专业的毕业生对课外学习和实践参与度的均值，通过对比发现，近四年全省各高职专业的课外学习和实践的参与度均值逐年上升，旅游类专业毕业生的课外学习和实践的参与度也是逐年上升，但是同时也发现旅游类专业的课外学习和实践明显低于全省各专业的课外学习和实践参与度的均值，具体详见图6-10。

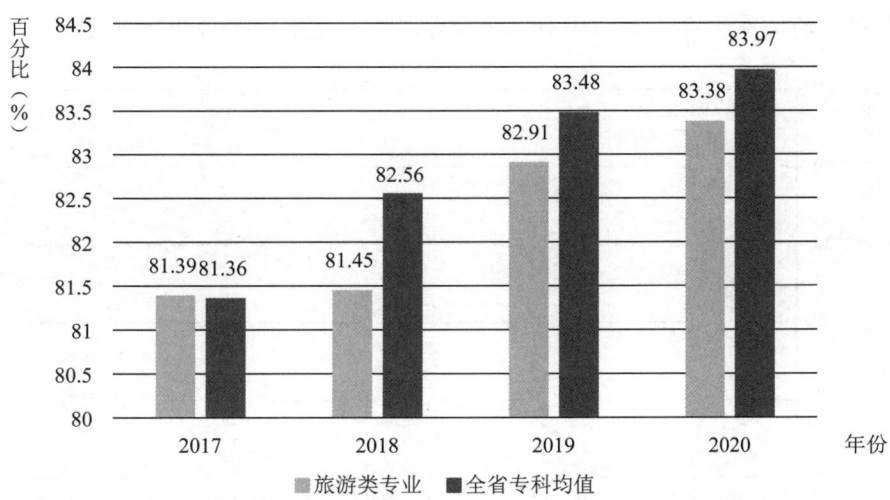

图 6-10 2017—2020 年江苏省高职旅游类专业课外学习与实践参与度与全省各专业均值的对比

（三）旅游企业人力资源的基本情况

1. 旅游企业的类型及分布

本次问卷调查的企业主要分布在江苏，覆盖酒店、民宿、景区、线上线下旅行社、会展公司等旅游企业。被调研的 434 家旅游企业中，25.58% 的企业为酒店，线上旅行社占比 13.59%，线下旅行社占比 44.7%，景区占比 47.24%，会展公司占 8.53%，其他企业占 14.75%，其他企业主要包括民俗、研学公司、房车营地、主题乐园等旅游企业（见图 6-11）。

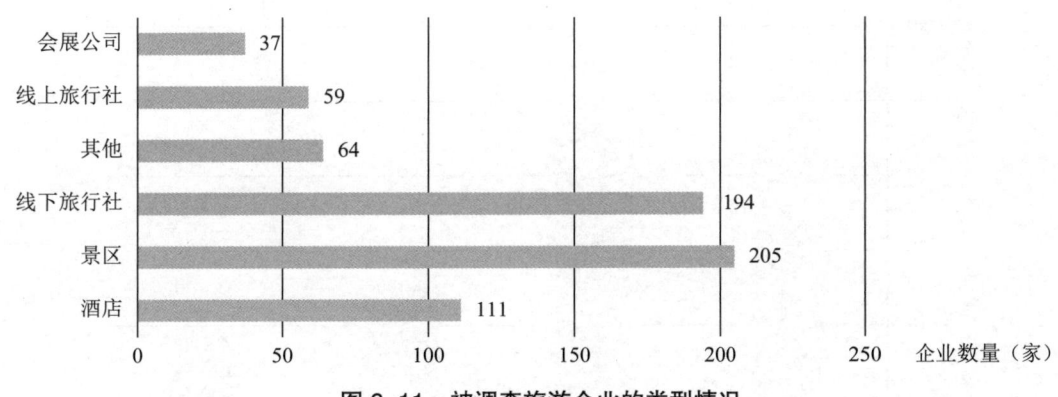

图 6-11 被调查旅游企业的类型情况

2. 旅游企业的员工配置情况

在企业员工编制方面，被调研旅游企业中，13.36% 的旅游企业员工编制数量超过 500 人，且基本都为大型景区、酒店、旅游度假区。22.81% 的旅游企业员工编制数在 100~500 人之间。44.93% 的被调研企业员工编制在 30 人以下，疫情持续的两年中，旅游类企业员工流失率很高,同时也有部分企业减少了编制。具体见图6-12。

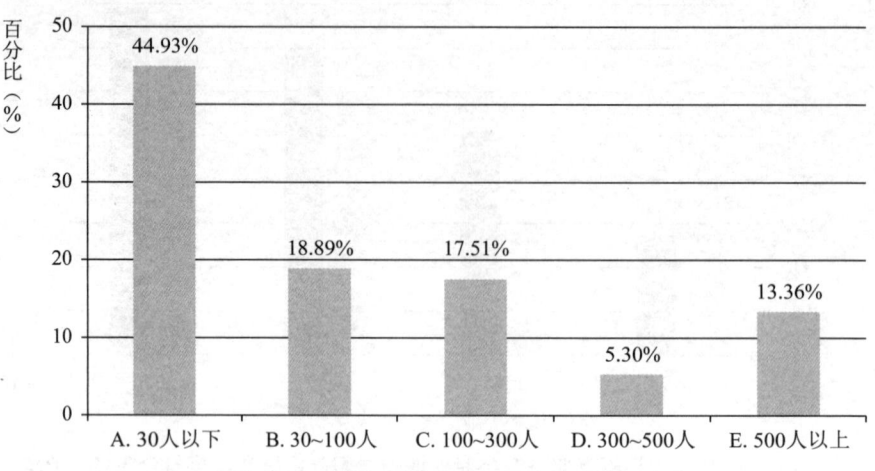

图6-12 被调查旅游企业员工编制情况

3.旅游企业人力资源的基本情况

(1)高职高专学历员工是旅游企业员工的主力

从旅游企业员工学历结构(见图6-13)看,41.47%的被调研旅游企业中高职高专学历(含在读)的员工最多,仅有20.51%的旅游企业中中专及以下学历员工最多,有35.25%的旅游企业中高职高专员工比例达到40%以上,这主要得益于我国近年来持续推进高职扩招,推动我国的高等教育迈入普及化阶段,旅游企业也不断地鼓励在职员工接受再教育,企业员工的学历水平不断提升。

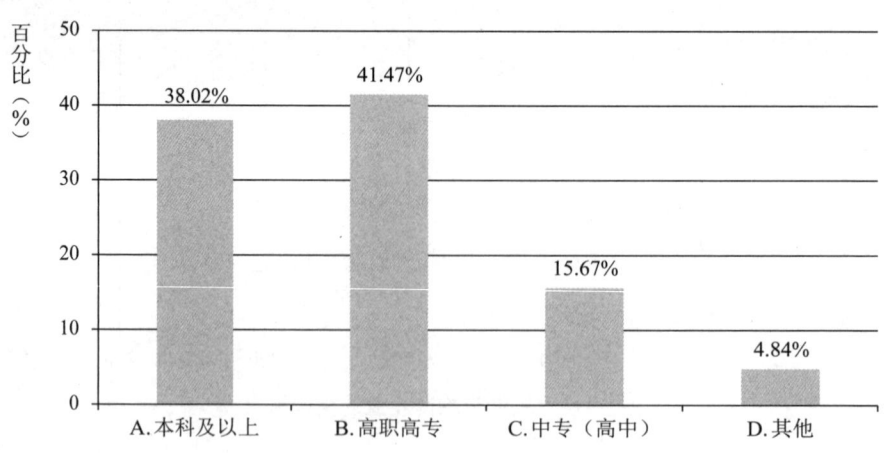

图6-13 旅游企业中占比最高的员工学历情况

(2)旅游企业组织架构呈现金字塔结构

从旅游企业的组织架构来看,基层员工在大多数旅游企业中比重最大,主要是因为目前的旅游业还属于劳动密集型企业，尤其是酒店、景区、旅游度假企业。35.71%的被调查旅游企业基层员工占70%以上，27.42%的被调查旅游企业基层员工占60%~70%，符合一般企业的金字塔形组织架构。

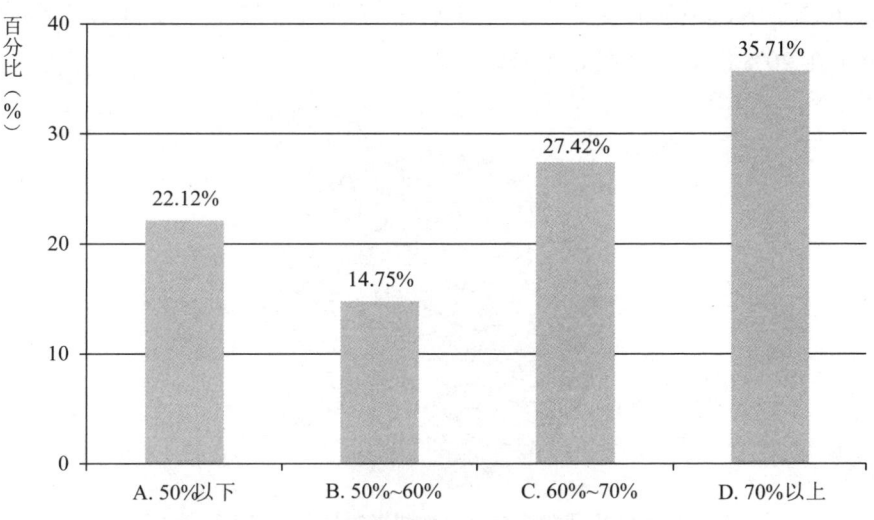

图6-14　被调查旅游企业的基层员工占比

（3）旅游企业员工流失情况

在旅游企业的员工流失率方面，根据本次被调查旅游企业的数据，员工流失率在10%以下的企业占53.23%，主要为一些国有企业，12.9%的被调查旅游企业员工流失率在30%以上（见图6-15）。根据受访企业负责人分析，受疫情影响，社会整体就业压力增大，员工更加珍惜原工作岗位，因此流失率较之前有所降低。

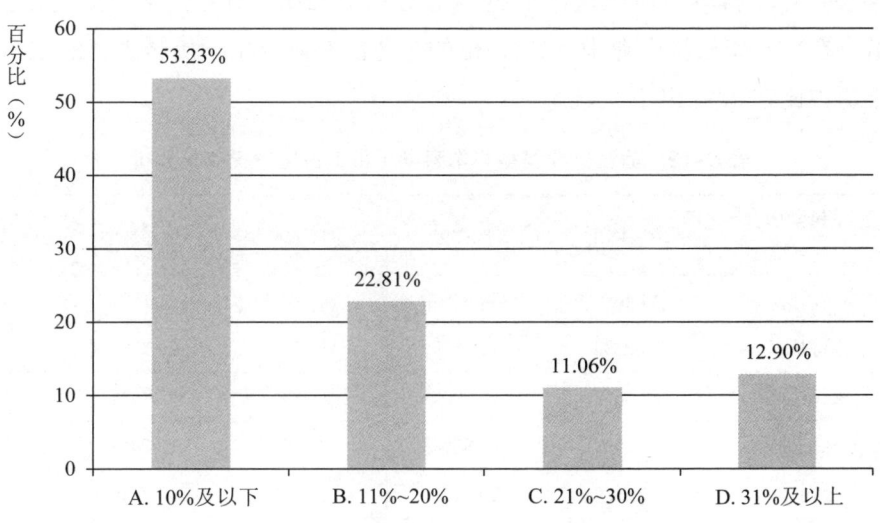

图6-15　被调查旅游企业的员工流失率

4. 旅游企业人才需求情况分析

(1) 大专学历仍是当前旅游企业的主流需求

从旅游企业现有员工学历层次来看,高职高专学历员工仍是旅游企业的主力。在被调研旅游企业中,50%的企业高职学历员工占到40%以上,只有12.50%的企业高职学历员工在20%以下(见图6-16)。

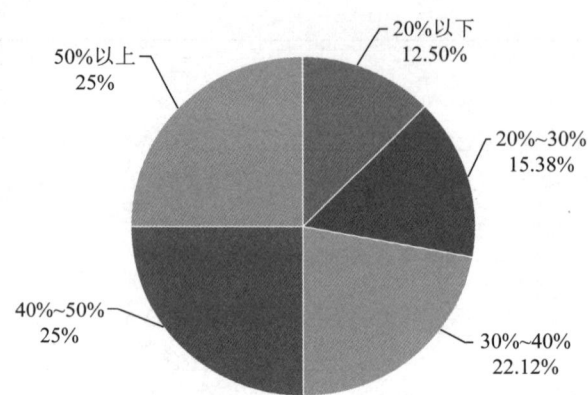

图6-16 被调研旅游企业高职高专学历员工占比情况

本科学历员工在旅游企业的占比目前低于高职员工,被调研旅游企业中只有12.50%的企业本科学历员工占比超过50%,68.27%的企业本科学历员工占比在30%以下。进一步通过交叉分析可以看到,不同类型的旅游企业中,酒店、景区的本科生学历占比相对较低,79.36%的酒店企业本科学历员工占比在30%以下,68.96%的景区本科学历员工占比在30%以下,会展公司的本科学历员工占比相对较高,35.71%的被调研会展企业本科学历占比超过了50%(见表6-12)。研究生学历员工在旅游企业占比较低。在被调研旅游企业中,13.46%的企业没有研究生学历员工,81.73%的企业研究生学历占比在20%以下。

表6-12 旅游企业类型与本科学历员工占比情况交叉分析

企业类型 \ 本科学历占比	20%以下	20%~30%	30%~40%	40%~50%	50%以上
酒店	44.44%	34.92%	4.76%	11.11%	4.76%
线下旅行社	23.08%	15.38%	15.38%	30.77%	15.38%
线上旅行社	42.86%	14.29%	0.00%	42.86%	0.00%
景区	31.03%	37.93%	13.79%	13.79%	3.45%
会展公司	25%	10.71%	17.86%	10.71%	35.71%
其他	16.67%	33.33%	16.67%	16.67%	16.67%

（2）旅游企业对新时代应用型旅游类毕业生的质量要求

在旅游企业对新时代应用型旅游人才的质量要求方面，根据旅游人才质量词典中的14项素质和能力指标进行调研获知：在旅游企业招聘应届毕业生时，职业道德与责任感、服务意识、团队协作能力是企业最重视的三个素养要求，外语应用能力、财务知识与应用能力则是旅游企业认为相对最不重要的两个知识能力要求（见图6-17），但是旅游企业普遍较为注重对员工的软技能的要求。

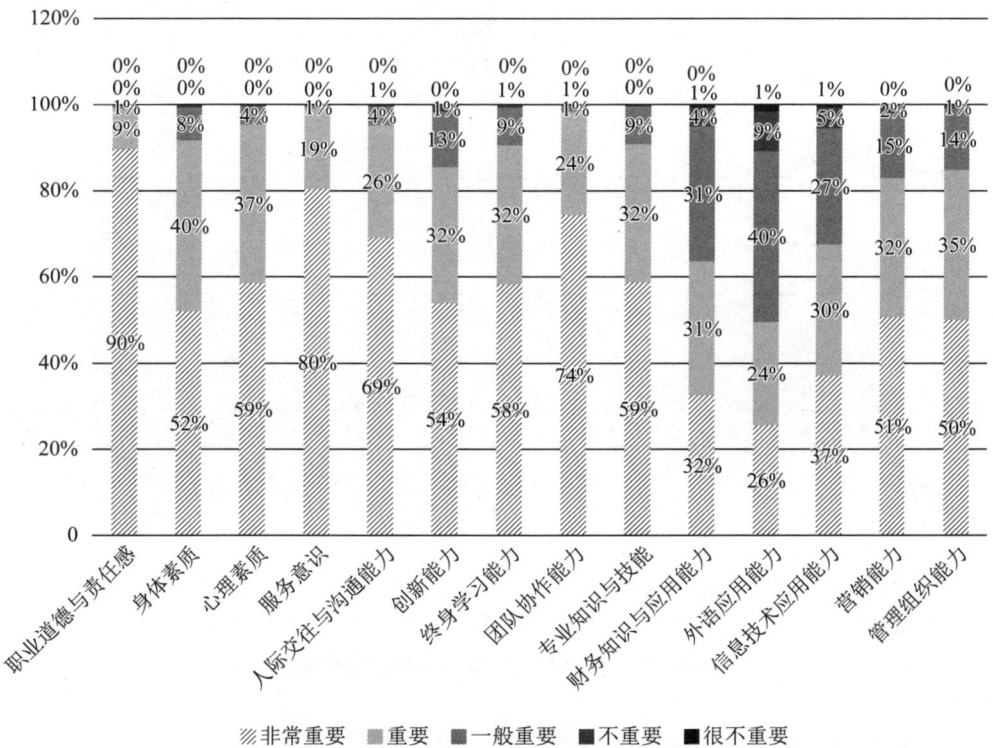

图 6-17 旅游企业招聘应届毕业生的质量要求

（3）旅游企业对基层管理人员的质量要求

旅游企业对基层管理人员的素养要求方面（见图6-18），职业道德与责任感、服务意识、团队协作能力仍是最重要的；知识与能力方面外语应用能力、财务知识与应用能力也是旅游企业认为相对不重要的指标，这与招聘应届毕业生的素养要求基本一致。但是，在14个素质和能力指标中，旅游企业对基层管理人员的要求明显比招聘的应届毕业生高，尤其是管理组织能力、创新能力、专业知识与技能三个指标的重要程度至少提高了10%。因此，院校在人才培养过程中，应该加强对学生的职业道德培养，同时要注重其专业知识与技能、管理组织能力、创新能力的提升，以提高学生的可持续发展能力。

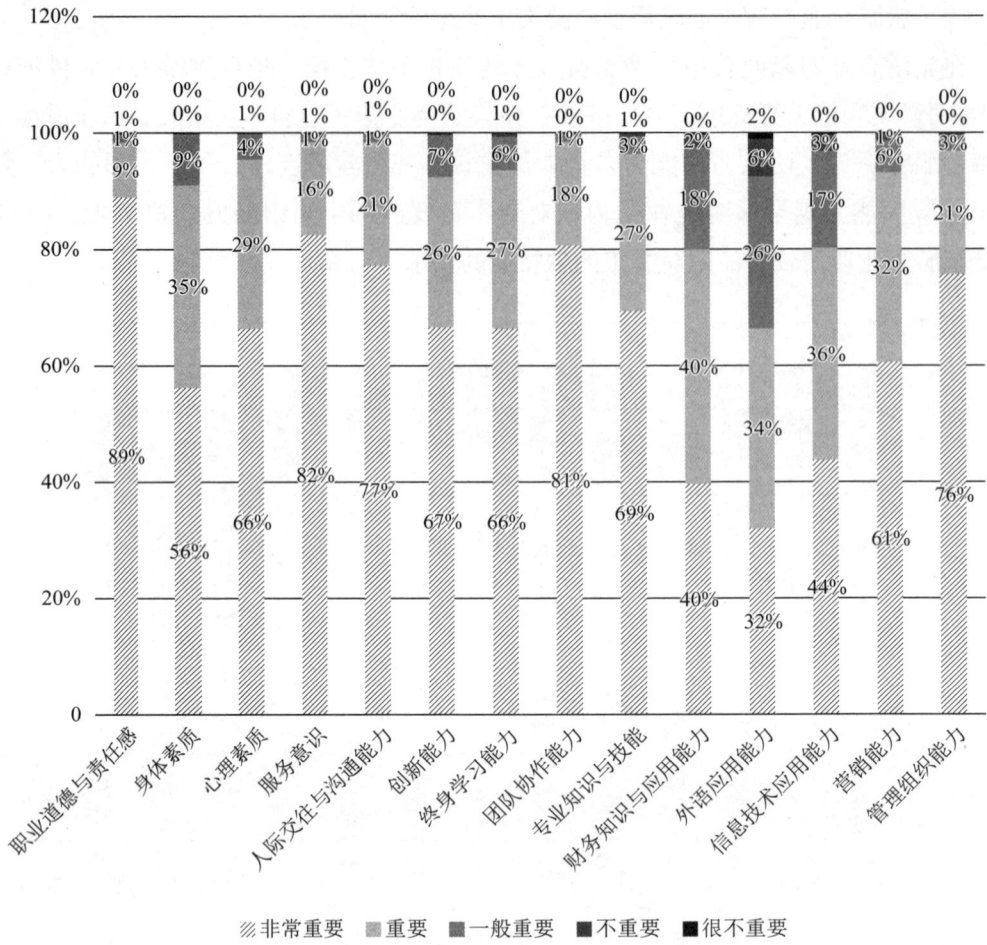

图 6-18 企业对基层管理人员的质量要求

(4) 旅游企业对应用型旅游类专业毕业生质量的满意度

旅游企业对应用型旅游类专业毕业生质量的满意度方面：针对毕业生的 14 个素质和能力指标，旅游企业非常满意的占比低于 40%，满意的占比低于 70%（见图 6-19）。满意度最高的指标主要是：专业知识与技能、职业道德与责任感、身体素质。满意度最低的指标是：财务知识与应用能力、外语应用能力、营销能力。总体满意程度不高，因此院校在人才培养过程中要积极进行专业改革、课程改革，提升人才培养的质量，旅游企业也应从"被动参与合作"向"主动向产教融合企业转型"，通过"1+X"证书等制度向院校输出企业标准，培养满足企业标准、适合行业发展的新时代应用型旅游人才。

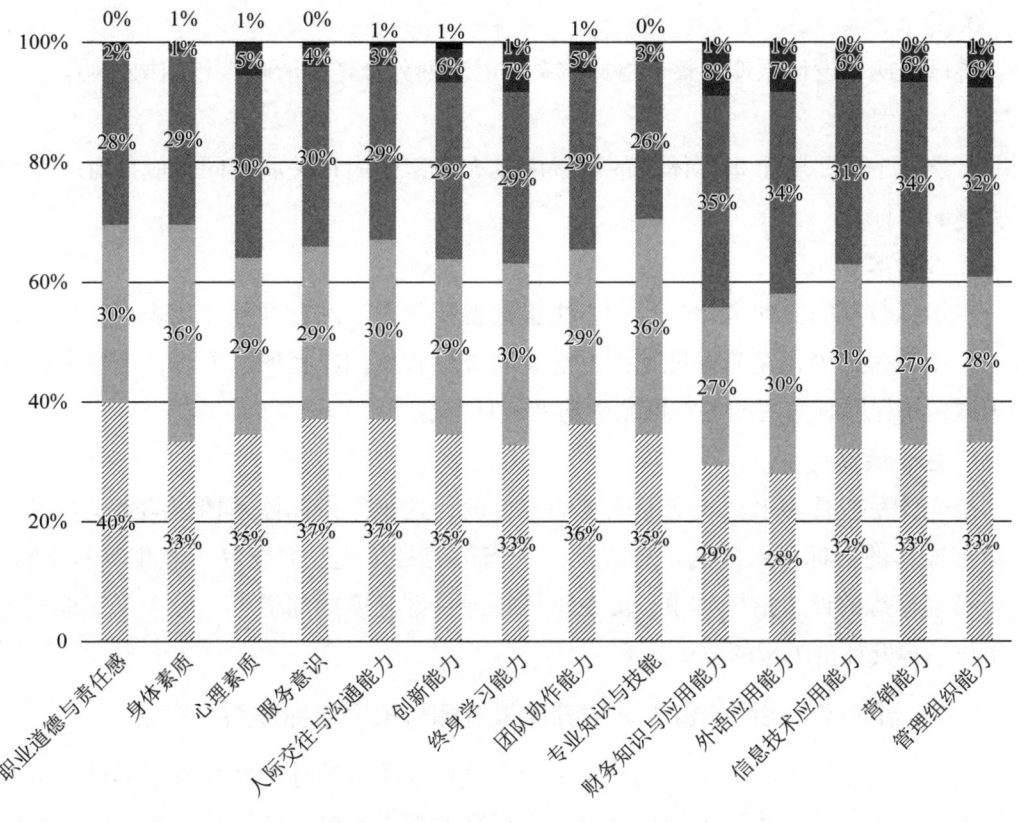

图 6-19 旅游企业对新时代应用型旅游类专业毕业生质量的满意度

六、新时代应用型旅游人才培养质量监测与预警指标体系的构建

（一）指标体系构建的原则

指标体系的各指标间往往既有一定的差异性，又有一定的相关性，其综合反映目标对象的整体状况。为确保得到一个具有普遍适用性和广泛代表性的指标体系，在新时代应用型旅游人才培养质量监测与预警指标体系的构建分析过程中需严格执行以下几个原则。

1. 独立性

各指标间应相互独立，不可替代，彼此间呈现一定的正交性。

2. 相关性

各指标间应呈现一定的相关性，保证整个指标体系的构成紧密而完整。

3. 层次性

遵循层次化设计原理，整个指标体系的层次划分合理、清晰，且结构分明。

4. 完整性

从宏观上看，整个指标体系的构成应具有紧密的内在关联，同时应拥有一个相同且完整的目标。

5. 准确客观

在指标数据的实际量化过程中，注重数据量化方法的合理性和代表性，同时在数据收集挖掘过程中，充分保证挖掘方法的先进性和挖掘途径的全面性，不掺杂任何主观因素，确保在真实的前提下做到数据准确且客观。

6. 易于操作

指标体系应是为了解决实际问题而存在的，这正是指标体系构建的意义所在。一个易于操作的指标体系应满足构成简洁、指标容易量化、数据易于收集等几个特点。一个极其精练的评价指标体系，能在不牺牲评价准确度的前提下，最大可能地简化评价工作，提升评价工作的整体效率。

（二）新时代应用型旅游人才培养质量监测与预警指标体系的构建

质量是人才培养的根本指标，应用型人才培养质量的标准在学校培养计划的基础上，更需加入企业人才需求的标准，突出标准的双重属性。在产业结构升级、智能化推进的基础上，产教融合的人才培养需具有动态性，强化人力资源配备对经济社会发展的逻辑遵循度。新时代应用型旅游人才培养质量不仅要满足学生个人职业的需求，更要满足经济社会产业发展尤其是旅游企业的旅游类专业需求程度。因此本课题对新时代应用型旅游人才培养质量监测与预警是基于人才需求视角，从毕业生和企业的满意度两个维度进行分析。

1. 毕业生视角

通过企业、院校调研和专家访谈，从毕业生视角的维度，根据学生个人职业的需求，确定了9个三级指标、3个二级指标的新时代应用型旅游人才培养质量预警指标体系，见表6-13。

表 6-13　基于毕业生视角下新时代应用型旅游人才培养质量预警指标体系

一级指标	二级指标	三级指标
新时代应用型旅游人才培养质量预警指标体系	供需关系	就业率满意度
		专业对口率满意度
		求职容易度
	就业质量	工作满意度
		薪酬达成度
		就业稳定性
	学生发展	自身发展满意度
		课程教学满意度
		实习与实践参与度

2. 企业满意度视角

根据对旅游企业关于应用型旅游类人才素养要求中的 14 个素质指标进行调研发现，企业一致认为 14 个指标都很重要。因此从企业满意度的维度，确定了 14 个指标都作为企业满意度视角下新时代应用型旅游人才培养质量监测与预警研究的三级指标体系（见表 6-14）。

表 6-14　基于企业满意度视角下新时代应用型旅游人才培养质量预警指标体系

一级指标	二级指标	三级指标
新时代应用型旅游人才培养质量预警指标体系	职业素质	职业道德与责任感
		身体素质
		心理素质
		服务意识
	职业能力	人际交往与沟通能力
		创新能力
		管理组织能力
		终身学习能力
		团队协作能力
		营销能力
	专业知识	专业知识与技能
		外语应用能力
		财务知识与应用能力
		信息技术应用能力

七、基于毕业生视角的新时代应用型旅游人才培养质量监测与预警模型的构建

(一)毕业生视角下新时代应用型旅游人才培养质量预警评价值的计算

1. 建立评价集

(1) 就业率满意度评价集

就业率包括协议和合同就业、创业、灵活就业、升学四类去向。本课题采用2017—2020年9—11月的江苏省旅游管理专业的平均就业率,根据毕业生对所学专业就业率的满意程度建立评价集,分为非常满意、满意、一般、不满意、很不满意五种程度,总分为10分,其中两分为一个级别。

(2) 专业对口率满意度评价集

专业对口率是毕业生对从事工作与所学专业相关性的判断,本课题采用2017—2020年9—11月的江苏省旅游管理专业的平均对口率,根据毕业生对所学专业对口率的满意程度建立评价集,分为非常满意、满意、一般、不满意、很不满意五种程度,总分为10分,其中两分为一个级别。

(3) 求职容易度评价集

求职容易度是毕业生对自身求职过程容易程度的主观判断,分为非常容易、容易、一般、困难、非常困难五种程度,总分为10分,其中两分为一个级别。

(4) 工作满意度评价集

工作满意度是毕业生对所从事工作满意程度的主观判断,分为非常满意、满意、一般、不满意、很不满意五种程度,总分为10分,其中两分为一个级别。

(5) 薪酬达成度评价集

薪酬达成度是毕业生对薪酬期待的满意程度,分为非常满意、满意、一般、不满意、很不满意五种程度,总分为10分,其中两分为一个级别。

(6) 工作稳定性评价集

工作稳定性是指毕业生对在就业半年内的工作状态的评价,分为非常稳定、稳定、一般、不稳定、很不稳定五种程度,总分为10分,其中两分为一个级别。

(7) 自身发展满意度评价集

自身发展满意度是毕业生对在校期间自身发展满意程度的主观判断,分为非常满意、满意、一般、不满意、很不满意五种程度,总分为10分,其中两分为一个级别。

(8) 课程教学满意度评价集

课程教学满意度是毕业生对高校课程教学满意程度的主观判断,分为非常满意、满意、一般、不满意、很不满意五种程度,总分为10分,其中两分为一个级别。

（9）实习与实践参与度评价集

实习与实践参与度是指毕业生参与课外学习和实践的频率，分为经常参与、参与、一般、很少参与、不参与五种程度，总分为10分，其中两分为一个级别。

2. 数据调研

根据评价集设计评价度量表，发放对象为南京旅游职业学院毕业的2017—2020届的毕业生，通过问卷星调研共获得有效问卷数104份。

3. 建立权重集

根据院校调研问卷及深度访谈结果来核算。根据指标体系中每个三级指标的重要程度用相应的权重系数来表示，组成评价权重集 $w=\{w_1, w_2, \cdots w_i\}$，且权重之和为1。根据调研的数据，将9个三级指标的各个因素线性化值进行平均数、权重分析得到各指标的权重系数，如表6-15所示。

表6-15 毕业生视角下新时代应用型旅游人才培养质量预警指标体系及权重

一级指标	二级指标	权重	三级指标	权重
A 新时代应用型旅游人才培养质量预警指标体系	A_1 供需关系	0.45	A_{11} 就业率满意度	0.18
			A_{12} 专业对口率满意度	0.15
			A_{13} 求职容易度	0.12
	A_2 就业质量	0.35	A_{21} 工作满意度	0.13
			A_{22} 薪酬达成度	0.12
			A_{23} 就业稳定性	0.10
	A_3 学生发展	0.2	A_{31} 自身发展满意度	0.08
			A_{32} 课程教学满意度	0.07
			A_{33} 实习与实践参与度	0.05

4. 新时代应用型旅游人才培养质量预警的各级指标评价值测算

（1）预警三级指标的评价值分析

由于评价集是一种模糊概率评价，选取指标集的不同评价集（I）乘以抽样数建立隶属度矩阵（K），从而可计算得到：三级指标预警值集（m）=隶属度矩阵（K）×平均值（I）。获得各三级指标模糊评价矩阵见表6-16，各三级指标的模糊矩阵即为各指标的预警评价集，得出三级指标的预警评价值。

（2）预警二级指标的评价值分析

预警二级指标预警评价值（M）=权重集（W）×预警三级指标预警值集（m），计算得出二级指标的预警评价值，见表6-16。

（3）预警一级指标的评价值分析

预警一级指标预警评价值=各二级指标预警评价值的和，计算得出一级指标的预警评价值，见表6-16。

表6-16 毕业生视角下新时代应用型旅游人才培养质量预警各指标的评价值

一级指标	预警评价值	二级指标	预警评价值	三级指标	预警评价值
A 新时代应用型旅游人才培养质量预警指标体系	7.57	A_1 供需关系	3.11	A_{11} 就业率满意度	9.41
				A_{12} 专业对口率满意度	4.64
				A_{13} 求职容易度	5.98
		A_2 就业质量	2.77	A_{21} 工作满意度	7.60
				A_{22} 薪酬达成度	9.14
				A_{23} 就业稳定性	6.90
		A_3 学生发展	1.69	A_{31} 自身发展满意度	8.43
				A_{32} 课程教学满意度	8.56
				A_{33} 实习与实践参与度	8.23

（二）毕业生视角下新时代应用型旅游人才培养质量预警区间的确定

在预警中，预警界限由预警评价值的范围确定，同时需要根据预警界限确定不同的预警信号，以直观的形象给管理者发出警讯，因此预警界限确定的合理性是决定预警准确性的重要因素，本课题利用统计学 3σ 的理论确定预警界限。

1. 确定各指标的平均值和标准差

利用 Matlab 工具确定各指标的预警中心值，计算出各指标的均值、标准差见表6-17，其中标准差 σ 的计算公式为

$$\sigma = \sqrt{\frac{\sum_{i=1}^{m}(x-\bar{x})^2}{m}}$$

表6-17 新时代应用型旅游人才培养质量预警体系各级指标的平均值与标准差

一级指标	平均值	标准差	二级指标	平均值	标准差	三级指标	平均值	标准差
A	7.90	0.42	A_1	3.43	0.12	A_{11}	9.51	0.20
						A_{12}	6.24	0.11
						A_{13}	5.99	0.07
			A_2	2.76	0.26	A_{21}	7.69	0.09
						A_{22}	9.25	0.32
						A_{23}	6.96	0.65
			A_3	1.71	0.20	A_{31}	8.60	0.17
						A_{32}	8.69	0.23
						A_{33}	8.28	0.19

2. 毕业生视角下新时代应用型旅游人才培养质量预警界限值的确定

根据统计学中的正态分布原理，当预警指标的预警评价值在 $(\bar{x}-\sigma, 10]$ 区间内时，说明该指标处于良性状态，属于无警区；若预警评价值在 $(\bar{x}-2\sigma, \bar{x}-\sigma]$ 内，说明该指标处于准劣性状态，属于轻警区；若预警评价值在 $(\bar{x}-3\sigma, \bar{x}-2\sigma]$ 内，说明该指标处于劣性状态，属于中警区；若预警评价值在 $(0, \bar{x}-3\sigma]$ 内，表示该指标处于危急状态，属于重警区，具体数值见表6-18。

表6-18 毕业生视角下新时代应用型旅游人才培养质量各级预警指标的预警区间及预警状态

各级指标	无警区 良性状态 $(\bar{x}-\sigma, 10]$	★ 轻警区 准劣性状态 $(\bar{x}-2\sigma, \bar{x}-\sigma]$	★★ 中警区 劣性状态 $(\bar{x}-3\sigma, \bar{x}-2\sigma]$	★★★ 重警区 危急状态 $(0, \bar{x}-3\sigma]$
A_{11}	(9.31, 10]	(9.11, 9.31]	(8.91, 9.11]	(0, 8.91]
A_{11} 评价值	9.41			
A_{12}	(6.13, 10]	(6.02, 6.13]	(5.91, 6.02]	(0, 5.91]
A_{12} 评价值				4.64
A_{13}	(5.92, 10]	(5.85, 5.92]	(5.78, 5.85]	(0, 5.78]
A_{13} 评价值	5.98			
A_{21}	(7.60, 10]	(7.51, 7.60]	(7.42, 7.51]	(0, 7.42]
A_{21} 评价值		7.60		
A_{22}	(8.93, 10]	(8.61, 8.93]	(8.29, 8.61]	(0, 8.29]
A_{22} 评价值	9.14			
A_{23}	(6.31, 10]	(5.66, 6.31]	(5.01, 5.66]	(0, 5.01]
A_{23} 评价值	6.90			
A_{31}	(8.43, 10]	(8.26, 8.43]	(8.09, 8.26]	(0, 8.09]
A_{31} 评价值		8.43		
A_{32}	(8.46, 10]	(8.23, 8.46]	(8.00, 8.23]	(0, 8.00]
A_{32} 评价值	8.56			
A_{33}	(8.09, 10]	(7.90, 8.09]	(7.71, 7.90]	(0, 7.71]
A_{33} 评价值	8.23			
A_1	(3.31, 4.5]	(3.19, 3.31]	(3.07, 3.19]	(0, 3.07]
A_1 评价值			3.11	
A_2	(2.50, 3.5]	(2.24, 2.50]	(1.98, 2.24]	(0, 1.98]
A_2 评价值	2.77			
A_3	(1.51, 2.00]	(1.31, 1.51]	(1.11, 1.31]	(0, 1.11]
A_3 评价值	1.69			
A	(7.48, 10]	(7.06, 7.48]	(6.64, 7.06]	(0, 6.64]
A 评价值	7.57			

3. 新时代应用型旅游人才培养质量预警状态的设置

划分预警区间后需要确定预警等级，并采用信号灯法输出对应的预警状态。预警信号系统设计：★表示轻警区，★★表示中警区，★★★表示重警区，警情越严重星数越多，具体见表6-18。

根据对表6-18的新时代应用型旅游人才培养质量的预警区间及预警状态进行分析可以获得：

第一，新时代应用型旅游人才培养质量预警指标评价值是7.57，处于无警区良性状态，二级指标学生发展和就业质量都处于无警区良性状态，三级指标就业率满意度、求职容易度、薪酬达成度、就业稳定性、课程教学满意度、实习与实践参与度6个指标都处于无警区良性状态，工作满意度、自身发展满意度2个指标处于轻警区准劣性状态。总的来说某旅游职业学院的旅游人才培养质量获得毕业生的一致认可。

第二，供需关系指标评价值是3.11，处于中警区劣性状态，供需关系指标下的三级指标专业对口率满意度评价值是4.64处于重警区危急状态，毕业生就业专业对口率低是一直困扰旅游类专业发展的问题，是亟待解决的问题。

第三，工作满意度评价值和自身发展满意度评价值都处于轻警区准劣性状态，院校需要进一步调研找到问题所在，以免继续下降滑入劣性状态。

通过对预警区间及预警状态的分析，发现与调研的毕业生的现实情况相符，验证了毕业生视角下新时代应用型旅游人才培养质量预警模型的科学性和合理性。

八、基于企业满意度视角的新时代应用型旅游人才培养质量监测与预警模型的构建

（一）企业满意度视角下新时代应用型旅游人才培养质量预警评价值的计算

1. 建立评价集

基于企业满意度视角下新时代应用型旅游人才培养质量监测与预警指标体系的14个指标，分别按照非常满意、较满意、一般、不太满意、非常不满意的尺度进行评价。调查结果采用程度尺度法就满意度按照10分、8分、6分、4分、2分进行赋值。

2. 建立权重集

根据企业调研问卷及深度访谈的数据结果来核算。根据指标体系中每个三级指标的重要程度用相应的权重系数来表示，组成评价权重集 $w = \{w_1, w_2, \cdots w_i\}$，且权重之和为1。根据调研的数据，将14个三级指标的各个因素线性化值进行平均数、权重分析得到各指标的权重系数，如表6-19所示。

表 6-19 企业满意度视角下新时代应用型旅游人才培养质量预警指标体系及权重

一级指标	二级指标	权重	三级指标	权重
B 新时代应用型旅游人才培养质量预警指标体系	B_1 职业素质	0.34	B_{11} 职业道德与责任感	0.11
			B_{12} 身体素质	0.06
			B_{13} 心理素质	0.07
			B_{14} 服务意识	0.10
	B_2 职业能力	0.44	B_{21} 人际交往与沟通能力	0.09
			B_{22} 创新能力	0.07
			B_{23} 管理组织能力	0.06
			B_{24} 终身学习能力	0.07
			B_{25} 团队协作能力	0.08
			B_{26} 营销能力	0.07
	B_3 专业知识	0.22	B_{31} 专业知识与技能	0.07
			B_{32} 外语应用能力	0.05
			B_{33} 财务知识与应用能力	0.04
			B_{34} 信息技术应用能力	0.06

3. 企业满意度视角下新时代应用型旅游人才培养质量预警的各级指标评价值测算

（1）预警三级指标的评价值分析

由于评价集是一种模糊概率评价，选取指标集的不同评价集（I）乘以抽样数建立隶属度矩阵（K），从而可计算得到：三级指标预警集（m）=隶属度矩阵（K）×平均值（I）。获得各三级指标模糊评价矩阵见表 6-20，各三级指标的模糊矩阵即为各指标的预警评价集，得出三级指标的预警评价值。

（2）预警二级指标的评价值分析

预警二级指标预警评价值（M）=权重集（W）×预警三级指标预警值集（m），计算得出二级指标的预警评价值，见表 6-20。

（3）预警一级指标的评价值分析

预警一级指标预警评价值=各二级指标预警评价值的和，计算得出一级指标的预警评价值，见表 6-20。

表 6-20 企业满意度视角下新时代应用型旅游人才培养质量预警各指标的评价值

一级指标	预警评价值	二级指标	预警评价值	三级指标	预警评价值
B 新时代应用型旅游人才培养质量预警指标体系	7.87	B_1 职业素质	2.72	B_{11} 职业道德与责任感	8.13
				B_{12} 身体素质	8.02
				B_{13} 心理素质	7.85
				B_{14} 服务意识	7.96
		B_2 职业能力	3.44	B_{21} 人际交往与沟通能力	7.99
				B_{22} 创新能力	7.81
				B_{23} 管理组织能力	7.71
				B_{24} 终身学习能力	7.72
				B_{25} 团队协作能力	7.92
				B_{26} 营销能力	7.70
		B_3 专业知识	1.71	B_{31} 专业知识与技能	8.03
				B_{32} 外语应用能力	7.53
				B_{33} 财务知识与应用能力	7.51
				B_{34} 信息技术应用能力	7.77

（二）企业满意度视角下新时代应用型旅游人才培养质量预警区间的确定

在预警中，预警界限由预警评价值的范围确定，同时需要根据预警界限确定不同的预警信号，以直观的形象给管理者发出警讯，因此预警界限确定的合理性是决定预警准确性的重要因素，本课题利用统计学 3σ 的理论确定预警界限。

1. 确定各指标的平均值和标准差

利用 Matlab 工具确定各指标的预警中心值，计算出各指标的均值、标准差见表 6-21，其中标准差 σ 的计算公式为

$$\sigma = \sqrt{\frac{\sum_{i=1}^{m}(x-\bar{x})^2}{m}}$$

表 6-21　企业满意度视角下新时代应用型旅游人才培养质量预警体系各级指标的平均值与标准差

一级指标	平均值	标准差	二级指标	平均值	标准差	三级指标	平均值	标准差
B	8.93	0.95	B_1	3.20	0.27	B_{11}	9.76	0.76
						B_{12}	8.85	1.34
						B_{13}	9.06	1.22
						B_{14}	9.58	0.71
			B_2	3.95	0.47	B_{21}	9.27	1.2
						B_{22}	8.75	1.55
						B_{23}	8.67	1.52
						B_{24}	8.96	1.39
						B_{25}	9.45	1.01
						B_{26}	8.62	1.63
			B_3	1.78	0.32	B_{31}	8.98	1.37
						B_{32}	7.25	2.02
						B_{33}	7.81	1.87
						B_{34}	7.97	1.89

2. 企业满意度视角下新时代应用型旅游人才培养质量预警界限值的确定

根据统计学中的正态分布原理，当预警指标的预警评价值在 $(\bar{x}-\sigma, 10]$ 区间内时，说明该指标处于良性状态，属于无警区；若预警评价值在 $(\bar{x}-2\sigma, \bar{x}-\sigma]$ 内，说明该指标处于准劣性状态，属于轻警区；若预警评价值在 $(\bar{x}-3\sigma, \bar{x}-2\sigma]$ 内，说明该指标处于劣性状态，属于中警区；若预警评价值在 $(0, \bar{x}-3\sigma]$ 内，表示该指标处于危急状态，属于重警区，具体数值见表 6-22。

表 6-22　企业满意度视角下新时代应用型旅游人才培养质量各级预警指标的预警区间及预警状态

各级指标	无警区 良性状态 $(\bar{x}-\sigma, 10]$	★ 轻警区 准劣性状态 $(\bar{x}-2\sigma, \bar{x}-\sigma]$	★★ 中警区 劣性状态 $(\bar{x}-3\sigma, \bar{x}-2\sigma]$	★★★ 重警区 危急状态 $(0, \bar{x}-3\sigma]$
B_{11}	(8.74, 10]	(7.72, 8.74]	(6.70, 7.72]	(0, 6.70]
B_{11} 评价值		8.13		
B_{12}	(7.51, 10]	(6.17, 7.51]	(4.83, 6.17]	(0, 4.83]
B_{12} 评价值	8.02			
B_{13}	(7.84, 10]	(6.62, 7.84]	(5.40, 6.62]	(0, 5.40]
B_{13} 评价值	7.85			

续表

各级指标	★	★★	★★★	
	无警区	轻警区	中警区	重警区
	良性状态	准劣性状态	劣性状态	危急状态
	$(\bar{x}-\sigma, 10]$	$(\bar{x}-2\sigma, \bar{x}-\sigma]$	$(\bar{x}-3\sigma, \bar{x}-2\sigma]$	$(0, \bar{x}-3\sigma]$
B_{14}	(8.87, 10]	(8.16, 8.87]	(7.45, 8.16]	(0, 7.45]
B_{14} 评价值			7.96	
B_{21}	(8.07, 10]	(6.87, 8.07]	(5.67, 6.87]	(0, 5.67]
B_{21} 评价值		7.99		
B_{22}	(7.20, 10]	(5.65, 7.20]	(4.10, 5.65]	(0, 4.10]
B_{22} 评价值	7.81			
B_{23}	(7.15, 10]	(5.63, 7.15]	(4.11, 5.63]	(0, 4.11]
B_{23} 评价值	7.71			
B_{24}	(7.57, 10]	(6.18, 7.57]	(4.79, 6.18]	(0, 4.79]
B_{24} 评价值	7.72			
B_{25}	(8.44, 10]	(7.43, 8.44]	(6.42, 7.43]	(0, 6.42]
B_{25} 评价值	7.92			
B_{26}	(6.99, 10]	(5.36, 6.99]	(3.73, 5.36]	(0, 3.73]
B_{26} 评价值	7.70			
B_{31}	(7.61, 10]	(6.24, 7.61]	(4.87, 6.24]	(0, 4.87]
B_{31} 评价值	8.03			
B_{32}	(5.23, 10]	(3.21, 5.23]	(1.19, 3.21]	(0, 1.19]
B_{32} 评价值	7.53			
B_{33}	(5.94, 10]	(4.07, 5.94]	(2.20, 4.07]	(0, 2.20]
B_{33} 评价值	7.51			
B_{34}	(5.94, 10]	(4.07, 5.94]	(2.20, 4.07]	(0, 2.20]
B_{34} 评价值	7.77			
B_1	(2.93, 3.3]	(2.66, 2.93]	(2.39, 2.66]	(0, 2.39]
B_1 评价值		2.72		
B_2	(3.48, 4.4]	(3.01, 3.48]	(2.54, 3.48]	(0, 2.54]
B_2 评价值		3.44		
B_3	(1.46, 2.2]	(1.14, 1.46]	(0.82, 1.14]	(0, 0.82]
B_3 评价值	1.71			
B	(7.98, 10]	(7.03, 7.98]	(6.08, 7.03]	(0, 6.08]
B 评价值		7.87		

3. 企业满意度视角下新时代应用型旅游人才培养质量预警状态的设置

划分预警区间后需要确定预警等级，并采用信号灯法输出对应的预警状态。预警信号系统设计：★表示轻警区，★★表示中警区，★★★表示重警区，警情越严重星数越多，具体见表6-22。

根据对表6-22的企业满意度视角下新时代应用型旅游人才培养质量的预警区间及预警状态进行分析可以获得：

第一，新时代应用型旅游人才培养质量预警指标评价值是7.87，处于轻警区一般状态，说明旅游企业对目前的旅游人才培养质量是基本满意的，二级指标专业知识处于无警区良性状态，职业能力和职业素质处于轻警区一般状态，说明企业对旅游人才的专业知识是最满意的，对职业能力和职业素质基本满意。三级指标身体素质、心理素质、创新能力、管理组织能力、终身学习能力、团队协作能力、营销能力、专业知识与技能、外语应用能力、财务知识与应用能力、信息技术应用能力11个指标都处于无警区良性状态。

第二，职业道德与责任感和人际交往与沟通能力处于轻警区准劣性状态，这两个指标是企业在招聘人才和提拔人才时比较重视的，需要引起院校的警惕，找出人才培养的问题，以免继续下降滑入劣性状态。

第三，服务意识处于中警区劣性状态，旅游行业作为服务性行业，旅游人才需要具备较强的服务意识，这就要求院校各专业在人才培养时要注重职业的认同感渗透，增强服务意识的培养。

通过对预警区间及预警状态的分析，发现与调研企业的人才情况基本相符，验证了企业视角下新时代应用型旅游人才培养质量预警模型的科学性和合理性。

九、新时代应用型旅游人才培养质量监测与预警机制构建的策略分析

（一）建立长效的新时代应用型旅游人才培养质量监测与预警机制

新时代应用型旅游人才培养质量监测与预警机制需在学校、企业和毕业生三方利益主体的共同参与下，建立公平有效的专业第三方评估机构，定期监测预警值变化，第三方评估机构的组建必须保证公平公正性与专业权威性。当检测数值处于无预警区（良性状态）则保持平衡发展；进入轻预警区（准劣性状态）应及时针对预警单项指标制定出政策调整；一旦进入中预警区（劣性状态）则需要利益三方共同商议制定对策。预警指标的提取同样需要在利益三方的调研访谈中及时修正，以保证预警值的准确有效。

（二）完善旅游人才供需的监测和信息共享机制

预警的前提是健全预测机制，基于高职院校专业设置与区域经济发展具有耦合互动性，需要建立反映人才供需结构和动态变化的信息平台，为政府和学校调整专业结构、专业布局提供数据支撑。平台数据应涵盖经济、科技、产业结构调整等对人才的需求信息和变化趋势，区域各高职院校专业设置的总体情况如专业布点数、专业数、招生人数等，区域各高职院校专业群（专业）人才培养情况等。组建一支专业设置预测专家团队有助于提升宏观预警和专业合理配置的科学性，需要区域教育行政部门、经济统计部门、高职院校、劳动人事部门等合作共享资源，同时也需要多学科领域的理论知识支撑。一方面追踪和预测专业的社会需求情况，分析就业市场，调研行业中需求明显减少、毕业生就业率低的"夕阳专业"；另一方面，对高职院校专业人才的供给也进行预测，使二者有机融合。

（三）加强预警决策机制

预警在预测的基础上强调调控的前瞻性，对早期的异常情况发出相应级别的警报，并启动应急响应方案，所以必须建立预警决策机制。决策机制需要动态跟踪监测、及时响应，完善预警、调整和退出机制。以就业预警决策机制为例，可由就业质量反馈系统、专业设置决策系统、决策监督调控系统等组成；决策机制需要动态跟踪监测、及时响应，完善预警、调整和退出机制，对就业率连续两年偏低红色预警的专业需要进行减招或停止招生并整改，连续3年不招生的专业将被撤销。高职院校既要将自身成熟、特色的专业优势化，创建品牌，又需根据社会发展、市场需求灵活匹配，增设新职业对应的"朝阳专业"或改造现有专业。

参考文献

[1] 吴旭涛.闽江学院：引导学生赓续好传统肩扛新使命[N].福建日报，2021-07-03.

[2] 尹邵军.住宅产品顾客满意度预警系统研究[D].长沙：中南大学，2008.

[3] 钱敏，吴未央.上海轿车销售公司顾客满意预警系统研究[D].南京：南京理工大学，2002.

[4] 李建军，厉春元，刘俊学，等.高等教育质量运行与预警管理系统的构建[[J].江苏高教，2005(2).

[5] 操阳，等.基于职业教育视角的中国旅游人才供给与需求研究报告2018[M].北京：旅游教育出版社，2019.

[6] 张晓玲，倪月犁."互联网+"背景下旅游目的地网络形象监测与预警指标体系的

研究[J].中国商论,2021(21):51-53.
[7] 李彦江."双高计划"专业群建设:内涵、价值与路径[J].南通航运职业技术学院学报,2020(19):99-104.
[8] 汪长明."1+X"证书试点项目质量体系建设思考[J].机械职业教育,2020(08):1-5.
[9] 范国睿.中国教育政策蓝皮书2019[M].上海:上海教育出版社,2020.
[10] 侯新华.中职教育服务质量认知差异研究[D].秦皇岛:河北科技师范学院,2014.
[11] 徐田花.基于供需匹配满意度的大连中职市场营销人才培养改革研究[D].辽宁:辽宁师范大学,2018.
[12] 杨乐克,等.高职院校专业设置预警机制研究[J].职业技术教育,2020(11).

第七篇　新时代应用型旅游人才人文素质培养与提升研究

朱　丽[①]

摘　要：新时代应用型旅游人才人文素质教育培养与提升研究，以习近平新时代中国特色社会主义思想为引领，紧密结合新时代文化旅游产业特别是江苏文化旅游产业发展的新业态、新趋势，以提升旅游人才人文素养及综合素质为目标，通过研究基础理论，构建"人文塑旅"素质课程体系，深化研究人文素质培养与提升相关课程模块的育人价值，拓展人文素质持续提升的实践探索，为提升旅游类高校培养人才的质量，培养培训适应新时代发展需求的应用型旅游人才，促进江苏乃至全国文化和旅游业高质量发展发挥支撑作用。

关键词：人文素质；育人价值；应用型旅游人才

人文素质教育是引领学习者突破由事务主义和技能训练引起的短视，去探索外部世界、政治、经济、文化、历史，并关注自我心理成长的教育。人文素质教育是以古今中外经典的文、史、哲、艺术作品为教学重点，致力于塑造或影响学习者的价值观，培育学习者专业之外素养的教育。简言之，人文素质教育可以被看作通过人文学科知识训练所形成的尊重人的价值、维护人的尊严、张扬人的主体性、发挥人的创造性的教养和素质。新时代如何培养与提升应用型旅游人才的人文素养，是应该被重视并值得深入开展的重要研究课题。

一、研究背景

根据《国家职业教育改革实施方案》精神，高等职业教育需注重培养大国工匠，强调"文化素质+职业技能"的人才培养定位。大国工匠培养目标需要人文素质教育

[①] 作者简介：朱丽，南京旅游职业学院基础部主任、教授，博士研究生，主要研究方向：中国现当代文学、南京文学文化及人文素质教育。

能够融入工匠精神，厚植工匠文化，工匠精神不仅是职业技能的体现，更是爱国主义情怀的外显、内在精神品质的彰显、自身文化素养的凸显，包括爱岗敬业的职业精神、精益求精的品质精神、协作共进的团队精神、追求卓越的创新精神，这对高职院校人文素质教育改革思路提出了更高层次要求。

2020年全国教育工作会议强调，提升落实立德树人根本任务的针对性、实效性，对准"五育并举"体系中的短板弱项，保持定力、持续用力、精准发力。此外，2014年教育部颁布的《完善中华优秀传统文化教育指导纲要》，2017年中共中央办公厅、国务院办公厅印发《关于实施中华优秀传统文化传承发展工程的意见》，要求高校开设中华优秀传统文化必修课，强化中华优秀传统文化的价值挖掘与教育普及，重视传承发展中华思想理念、传统美德及人文精神。根据国家系列指导性会议及文件精神，高职院校应立足立德树人教育根本，进一步强调人文素养教育在高职院校人才培养方面的重要性，抢抓人文素质教育改革契机。

同时，在文化和旅游相融共生的时代背景下，我们应紧密结合新时代文化旅游产业特别是江苏文化旅游产业发展的新业态、新趋势，思考旅游人才的培养方式。旅游人才的培养应全面考虑行业社会背景与职业发展趋势，持续强化人文素质教育，培养服务文旅发展的优秀人才，这是高校立德树人的责任所在、使命所系，也是旅游职业院校高质量发展的必然要求。

二、概念厘定

人文素质教育受重视之前，被广泛提及的是"通识教育"。通识教育是一种广泛的、非专业性的、非功利性的基本知识、技能和态度的教育，是基于对人与社会本质的认识而提出的一种大学教育思想和培养策略。通识教育在欧美倡导了百余年，可谓是高等教育理论中既经典又极具活力的部分。它有过各种观点、做法及争议，也面临新挑战和变革。全世界最早在这个方面做出努力的是美国的哈佛大学。哈佛大学认为人类过度重视科技，重视理工，导致社会整体人文素养太差，使得社会决策常有偏差，长此以往，决策的偏差会给一个国家带来灾难性后果。因此，采用"通识教育"的方法，就是希望补救"重理工、轻人文"社会观念的缺陷，试图通过该项教育平衡人才的知识构成，关心人与社会的发展。

对于通识教育，我国高等教育的先驱们有过很好的见识和倡导。蔡元培先生提倡大学要"融通文理两科之界限"。梅贻琦认为大学教育应以"通识为本，专识为末"。总的来说，通识教育的核心命题就是为社会培养什么样的人，其基本要素包括人与社会、教育与大学、教学与课程等。其基本特征是从大学以外的问题来思考大学的使命，不仅以满足大学内部需要为目的；由专业知识和技能以外的问题来思考培养目标，不仅以满足职业的需要为目标，还要考虑到人和社会的全面和长期的发展。

综上观点，通识教育补救"重理工，轻人文"的观念缺陷。应该说，人文素质教育是通识教育的核心担当。古今中外，人文素质教育都是一项重要的教育，它不是单纯的专业或技能知识传授，也不仅是读书识字，还牵涉知识、思维、审美、文化立场、道德人心、意识形态等。学者约翰·杜威指出，人文教育是共同体每个成员都应该接受的教育，这是一种能够释放每个人能力的教育，使他（她）能够幸福，也对社会有用。而从教育实践层面来讲，人文素质教育是以古今中外经典的文、史、哲、艺术作品为教学重点，致力于塑造或影响学生的价值观，引领学生突破由事务主义和技能训练引起的短视，去探索外部世界、政治、经济、文化、历史，并关注自我心理成长的教育，因此也被视作培育学生专业之外素养的教育。简言之，人文素质教育可以被看作通过人文学科知识训练所形成的尊重人的价值、维护人的尊严、张扬人的主体性、发挥人的创造性的教养和素质。

在明确了人文素质教育的概念之后，我们研究认为"如何建立人文素质教育课程体系"是推进人文素质教育的核心任务。而我们新时代应用型旅游人才人文素质培养与提升的核心任务或者说根基研究，就在于如何构建适合应用型旅游人才的人文素质培养课程体系。这也是本项目研究的重中之重。

三、研究价值

本项目研究把握应用型旅游人才的特点，在理论价值层面，研究构建针对性、科学性、操作性强的人文素质课程体系，力图通过有效的人文素质教育，在知识传授之外，培养让人终身受益的观念、学习方法、思维方式等，提升应用型旅游人才的独立思考、价值判断能力，培养有思想的行业精英，保障其职业的可持续发展。

在应用价值层面，通过落地内在逻辑联系紧密、职能分明、主题集中的人文素质教育课程体系，丰富高职院校人才培养体系，提升应用型旅游人才的人文精神，全面提升应用型旅游人才人文素质教育的实效性。

四、研究成果

课题研究遵循定量与定性研究结合的原则，以微观研究为主，兼顾宏观和中观研究，具体研究方法为文献法、实地调研法、试验法、比较研究法、案例法、归纳总结法、理论分析法等。通过近三年的研究与实践，在应用旅游人才人文素质培养课程体系设置、理论研究拓展、教材创新改革、行业实践探索四个方面取得了一些成果，现报告如下。

（一）课程体系设置

经过前期近一年的研究、调研及论证，项目组撰写了应用型旅游人才人文素养培养课程体系设置指南，现将指南内容报告如下。

1. 范围

本指南规定了应用型旅游人才人文素养培育课程体系设置的总体原则、基本要求、资源配置、评价与改进等内容。本指南适用于旅游职业教育的高等职业院校、社会应用旅游人才培养。

2. 总体原则

（1）目标明确

基于旅游服务行业属性，引导学生通过人文学科知识的习得，养成包括语言表达、心理品格、思维方式、价值观等在内的基本人文素养，掌握处理人与自然、人与社会、人的信仰、人的职业发展、人的现实性与历史性相统一的知识、兴趣、性情、价值观、世界观等。

（2）内容适中

教育的知识层次与学生心智水平及旅游人才需求要素相适应、相匹配，教育的知识内容与职业教育专业相融合，知识点力求精准、精练。

（3）体系完善

设置过程应注重结构构成的系统性，统筹安排课程间的分工与合作，形成较为科学的课时结构，全面实现课程目标。

3. 基本内容

（1）适用专业

依据教育部《职业教育专业目录（2020）》设置的旅游大类专业，教学对象包括但不限于以下专业生源：高等职业专科教育旅游专业，包括旅游管理、导游、旅行社经营与管理、定制旅行管理与服务、研学旅行管理与服务、酒店管理与数字化运营、葡萄酒文化与营销、茶艺与茶文化、智慧景区开发与管理、智慧旅游技术应用、会展策划与管理、休闲服务与管理、餐饮智能管理、烹饪工艺与营养、中西面点工艺、西式烹饪工艺、营养配餐等。

（2）课程体系

人文素养课程包括公共基础课程、公共选修课程、专业基础课程三种性质，以及课程类型、课程内容、课程目标等，见表7-1。

表 7-1 人文素养课程体系

课程性质	课程类型	课程内容	课程目标
公共基础课	语言文学类	讲授东西方经典的与旅游相关的文学、语言学理论和作品，包括文学与旅游、中国山水诗艺术、茶文学艺术、言语交际学等 示例：《文化旅游文本解读》等	重点培养学生基本的语言文学修养和与旅游职业相应的审美形象和气质
	旅游美学知识类	讲授旅游接待、导游旅游服务美学方面的知识，包括旅游职业礼仪、公共社交礼仪以及语言沟通等内容 示例：《旅游职业礼仪》等	
公共选修课	人文基础类	讲授东西方人文基础知识，包括人文主义的源起与发展、代表性思潮、人文素养的当代意义等 示例：《人文素养概说》等	掌握人文学科的基本知识和历史形成
	哲学类	讲授东西方哲学的经典理论，重点讲述与旅游相关的哲学知识，包括地理哲学、自然哲学、旅游哲学等内容 示例：《中西方哲学与旅游》等	重点培养学生的价值观和世界观以及旅游开发的理性主义思维方式
	历史类	讲授东西方经典史学理论和与旅游相关的历史文化常识，包括中国文化史、世界史等 示例：《中国历史与文化》等	重点培养学生基本的历史观以及对中外文化的阐释能力
	非遗类	讲授非物质文化遗产相关知识、制度、公约等，包括民间文学、民俗、传统文化等 示例：《非遗概论》等	重点培养学生对中华传统文化的认知与传承能力
	艺术类	讲授东西方经典艺术流派和作品，以及艺术创作实践体验，包括音乐与舞蹈学、戏剧与影视学等和旅游专业相融合的内容 示例：《艺术与修养》等	重点培养学生基本的审美能力和创造能力
	在地文化精神类	讲授学校在地文化、城市文化、区域文化等内容，构建在地文化及城市文化精神，发挥文化精神的浸润和影响作用 示例：《城市文化史》等	重点培养学生对区域文化、传统文化、城市文化等的阐释能力
专业基础课	结合专业基础选择的人文学科类课程	讲授与旅游职业、应用旅游相关的人文素养类课程，可从公共选修课程中选定，与专业结合扩展并固化	重点拓展学生开展旅游文创的综合职业能力和素养

（3）课时学分

人文素养课程原则上周课时控制在 2 学时，每门课程总学时 36 学时及以上；人文素养课程按学期安排的课程每 18 学时折算为 1 学分，每 36 学时计 2 学分。

4. 教学实施

人文素养课程推行理论教学和实践教学两种模式。理论教学，宜采用线上线下混合式教学，以课堂讲授、课堂讨论等为主要教学环节，宜采用统一标准化考试的考核方法；实践教学，宜采用线上线下混合式教学，以实践操作、场景体验、技能展示为主要教学环节，宜采用考查的考核方法。人文素养课程分两个学期完成教学：公共基础课程为全校必修课程，宜在第一学年完成；公共选修课程供全校跨年级、跨专业选修，可灵活确定教学实施时间，不同专业可根据各类人才培养需要，选择确定1~2门公共选修课程扩展固化为本专业的专业基础类人文素养课程，宜在第二学年完成。

5. 资源配置

（1）教师

符合院校人事处、教务处、教师发展中心等相关职能部门对专任教师、兼职教师、外聘教师的聘任要求和管理要求，相关教师应纳入学校各类教师队伍建设工程、培养计划等。依据人文素养课程体系中的课程性质、授课计划、学时量等教学要求，充分考虑选课人数，配置相应教师数量。充分考虑旅游职业人才及应用旅游人才的培养和社会发展需求的对接，加强学校和行业企业的合作，引入行业专家参与教学。

（2）教材

应使用编著教材。应按教育部《职业院校教材管理办法》《普通高等学校教材管理办法》要求进行编著：公共基础课程教材，应与职业教育的知识层次及学生心智水平，以及应用旅游人才需求要素相匹配；公共选修课程教材，应与提升学生综合技能素养的教育目标相配合；专业基础课程教材，应与旅游专业学科知识相融合。

（3）场地和设施

各门课程理论教学部分宜在多媒体教室完成，应具备电脑、投影、黑板、扩音等线上线下混合式教学条件。各门课程实践教学部分宜在实训教室和专用教室完成，实训教室应具备相关职业场景模拟的条件，专用教室应具备各种艺术形式体验的条件。图书文献配备应涵盖相关人文学科专业，能满足人才培养、专业建设、教学科研等工作的需要，方便师生查询、借阅。

6. 评价与改进

（1）评价主体

教学主管部门；质量监控部门；授课教师、学生；实习单位和部门等。

（2）评价内容及方式

课程体系方面，人文素养课程体系对课程设置的评价以及专业人才培养方案的修订宜采用专家论证的方式开展。教学资源方面，教师、教材编著和选用、教学场地设施等教学资源应符合本指南第六章的要求，对教学资源的评价宜采用资格证书审核、教材评选、教法评比等方式开展。教学质量方面，评价内容包括：教学主管部门对教学实施情况的评价，人文素养教育重视程度、教育投入的满意度，教学管理的满意度，师资建设、教材建设、课程建设的满意度；质量监控部门对教学效果的评价，教师对课程设置、教学安排、课堂教学效果的满意度，学生对课程内容、授课教师素养、学习成效的满意度；实习单位和部门对学生人文素养提升的评价；知识转化为能力的表现，如调查报告、专业论文等。（上述内容建议采用调查问卷、教师座谈、学生座谈等方式开展评价。）

（3）持续改进

应建立持续改进工作机制，对评价情况进行统计分析，及时改进课程设置、完善资源配置，不断提升人文素养课程教育水平。改进内容和方向包括：教师的发展需求，包括提升自身人文素养、提升人文素养类课程教学能力；学生的发展需求，包括提升就业竞争力、促进个人可持续发展。

（二）理论研究拓展

围绕应用型旅游人才人文素质培养课程体系中的核心课程开发，深化理论研究，深度阐释中国传统文化、中国传统哲学课程的育人价值。

1. 中国传统文化融合大学生人文素质教育研究

中华民族在几千年历史中创造和延续的中华优秀传统文化，是中华民族的根和魂。党的十八大以来，习近平总书记多次深刻阐述中华优秀传统文化的思想内涵、时代价值和传承理念。2014年2月24日，习近平总书记在主持十八届中央政治局第十三次集体学习时指出："博大精深的中华优秀传统文化是我们在世界文化激荡中站稳脚跟的根基。"2014年3月26日，教育部印发了《完善中华优秀传统文化教育指导纲要》贯彻落实党的十八届三中全会关于完善中华优秀传统文化教育的精神。2017年1月25日，中共中央办公厅、国务院办公厅印发了《关于实施中华优秀传统文化传承发展工程的意见》。2021年4月，中央宣传部印发了《中华优秀传统文化传承发展工程"十四五"重点项目规划》，实施中华优秀传统文化传承发展工程成为党和国家延续中华文脉、传承优秀传统的重大战略举措。

而同时，党和国家始终把提高全民族素质作为关系社会主义现代化建设全局的一项根本任务，其中尤其关注的是学生的素质教育。素质教育是以全面提高人的基本素质为根本目的，尊重人的主体性和主动精神，以人的性格为基础注重开发人的智慧潜能，注重形成人的健全个性为根本特征的教育。2017年9月24日，中共中央办公厅、国务院办公厅印发了《关于深化教育体制机制改革的意见》，明确指出要推进全国的教育体制改革，在全国范围内实施素质教育。素质教育是未来教育改革的目标，也是提升学生人文素养的最根本措施。2020年10月，《关于全面加强和改进新时代学校美育工作的意见》《关于全面加强和改进新时代学校体育工作的意见》发布。2021年4月

30 日新修订的《中华人民共和国教育法》，2022 年 4 月 20 日新通过的《中华人民共和国职业教育法》，都指出了中华优秀传统文化在素质教育中的引领作用。

有关传统文化融合素质教育的论题热度持续不下，可由中国传统文化中的文学、历史、哲学、艺术思想出发，阐释传统文化中的精髓对当代大学生人文素质培养的重大意义和提升途径，推进理论与实践的紧密结合，尤其是通过实践教学中的具体案例展示，给出将传统文化与人文素养融入课堂的典范路径。

（1）文史哲艺层面传统文化思想的育人路径

基于文史哲艺层面的传统文化思想在提升学生人文素养方面有着极为重要的价值。众所周知，文明特别是思想文化是一个国家、一个民族的灵魂，文化生成民族，也保持一个民族的独特属性，并捍卫一个民族的精神属地。其中，文学是诗意栖居的人生之象，传统文化中的文学思想是人类心灵的寓所，浸润其中有助于引领学生提炼出自己的精神灯火。而史学是明鉴古今的思想之镜，从兴衰沉浮中呈现的传统文化中的史学思想可以提升学生的智识，而文史融通是提升学生史学素养的途径。哲学是穷通天人的存在之思，其蕴含在生命律动中的智慧光芒是传统文化中的哲学思想，由此引发的人生思辨是提升哲学素养的途径。最后经由艺术呈现的心灵律动展现着天地人之美，气韵天成凸显着传统文化中的艺术思想，而在艺术方面对至美境界的追求是提升学生艺术修养的途径。传统文化外显为书法、山水画、碑帖、金石、建筑、服饰、诗词歌赋等艺术形式，大学生既可以在欣赏这些艺术作品时体悟传统文化之美，也可以通过学习书法、绘画等，提升艺术情操，感悟传统文化美的真谛，同步提升人文素养。

（2）传统文化中素质培养教学法之践行

中华优秀传统文化与人文素质教育融合的路径及其实践探索，可具体实践于课程教学中，可在教学中实施讨论教学法、案例教学法、角色扮演法、项目教学法等教学方法，通过教学实践切实提升学生的人文教养，应该说创新教学理念与方法是推动传统文化传承创新的重要途径，而其中教师的文化积淀和教学方法对学生的学习成长产生最为重要的影响。正因为中华优秀传统文化在提高学生人文素质、传递人文精神与科学精神、提升对本民族文化的理解和审美能力等方面有着重要价值和意义，这些具体教学法的探索才显示出其极强的借鉴和典范意义。而且关于教学实践方法及路径的具体微观的探索，凸显具体微观的教学探索的重要价值和实践意义。

（3）传统文化融合人文素质教育的三个重要维度

人文素质教育不是单纯的专门知识传授或灌输，而是基于独立思考、判断、价值认可、尊严意识的说理和对话能力的全面培养和提升。因而传统文化融合大学生人文素质教育的探索，个人认为要重视三个维度：其一，师资永远是中华优秀传统文化融入人文素质教育的最强智力保障。在教育教学过程中，教学内容的选取、教学过程的安排、教学方法的运用、课下活动的引导和督促，都离不开教师的主导作用。作为中华优秀传统文化的传授者、宣传者、推动者的教师，其文化积淀和教学方法对学生的学习成长必将产生最为重要的影响。因而，从教师层面，应自觉了解中华传统文化，深入探寻传承之道，努力提升自身专业素养和教育教学水平，并能在实践中创造性地开展中华优秀传统文化教育和人文素质教育，将二者有机融合，让中华优秀传统文化展现独特魅力实现创新传承与发展。其二，资源永远是中华优秀传统文化融合人文素质教育的最强物质支撑。中华优秀传统文化博大精深是人文素质教育可以连绵不绝、源源不断发掘的资源库，这一巨大资源在丰富人文素质教育内容、提升人文素质教育水平、创新人文素质教育方法等方面都是巨大的宝藏。要分类分项系统构建中华优秀传统文化课程资源库，建立以中华优秀传统文化为主要内容的人文素质课程体系。其三，特色永远是中华优秀传统文化融合人文素质教育的最强精神属性。不同高校要结合办学实际和办学特色，构建符合自身人文素养教育的课程体系，以发掘中华优秀传统文化为抓手，开发特色课程资源、制定特色课程标准、优化特色课程结构，在创新课堂教学的同时依托"互联网"+开展各类特色线上活动，全面提升人文素质教育水平，创造有着鲜明特色属性的传统文化融合人文素质教育。同时注重推动中华优秀传统文化融入校园文化及文化景观建设，塑造富有特色的传统文化情境，助力以文化人，情境育人。

2. 中国传统哲学思想的文化育人价值研究

居于中国文化系统核心和灵魂地位的中国传统哲学思想，萌芽于《周易》，历经先秦子学、两汉经学、魏晋玄学、隋唐佛学、宋明理学、明清实学、乾嘉朴学等阶段，形成了一系列基本思想观念和人文精神，对于中国传统文学、艺术、教育、科学、宗教、医药、风俗等产生重要引导和广泛影响。同时深刻作用于中国社会的稳定发展及人民大众的日常生活。应该说，以中国传统哲学为思想内核的中华优秀传统文化蕴含着丰富的人文精神、教化思想、道德理念。那么，中国传统哲学有生命力的精神是什么，这些精神对于中华民族精神的孕育和形成起到什么样的作用，这些精神的文化育人价值又体现在哪些方面，是值得我们深入思考的重大问题。

2017年5月中共中央印发的《关于加快构建中国特色哲学社会科学的意见》强调"中华民族有着深厚的文化传统，形成了富有特色的思想体系，体现了中国人几年来积累的知识智慧和理性思辨。这是我国的独特优势。中华文明延续着我们国家和民族的精神血脉，既需要薪火相传，代代守护，也需要与时俱进，推陈出新。"2022年5月27日在十九届中央政治局第三十九次集体学习时，习近平总书记指出："要营造传承中华文明的浓厚社会氛围，广泛宣传中华文明探源工程等研究成果，教育引导群众特别是青少年更好认识和认同中华文明，增强做中国人的志气、骨气、底气。"中国传统哲学作为中华文明独特的精神标识,是当代中国文化的根基,其中蕴含着的诸如哲学思维、认识方法、社会秩序、伦理规范、道德教化、行为准则等方面,是中国文化创新的宝藏,更是塑造中国青年的源头活水。党的二十大报告强调要把青年工作作为战略性工作来抓,那么探索中国传统哲学对中华民族精神的孕育、形成的重要作用,探索中国传统哲学对于中国青年的教育价值、文化育人价值就成为一个时代命题。笔者研究认为中国传统哲学的文化育人价值具体可体现在以下四个方面。

(1) 构建天人合一的自然观

中国哲学思想中的天人合一观念源远流长。《庄子·达生》曰:"天地者,万物之父母也。"孔子曰:"天何言哉?四时行焉,百物生焉,天何言哉?""致中和,天地位焉,万物育焉。"其实都在讲一个顺着自然的道理,顺着自然去生发。因此,青年人学习中国传统哲学,理解人与自然之间需要建立一种和谐、亲密的关系,认识到作为人的自然生命与宇宙万物的生命都是协调统一的,逐步形成与环境和宇宙间的自然生命相互依存的文化心态,构建起天人合一的自然观,是推动新时代生态文明建设的思想基础。

(2) 形成团结统一的国家观

统一的多民族的国家是中华文明的基本特征,各民族都向往团结统一构成中华民族的共同追求。对一个民族来说,历史发展的精神动力首先来自民族精神,民族精神可以激发人的归属意识、进取意识和奋斗意识。以中国哲学为思想内核的中华优秀传统文化所凝聚成的民族精神是激励全国各族人民的思想力量。中华民族在五千多年的历史发展中,形成了以爱国主义为核心的团结统一、爱好和平、奋进互助、自强不息的伟大民族精神,这种伟大的民族精神是中华民族自信和自尊力量的源泉,也是中华民族生生不息、生存进步的强大精神支柱。引导中国青年从中国哲学中汲取团结力量、奋发为国、弘扬民族精神是新时代国家发展的政治基础。

(3) 培育和合协同的社会观

中华文化博大精深、源远流长。古往今来,已经融汇成浩瀚巨流,在这巨流之中亘古不绝、一脉相承的是什么?是上应天理、下合人伦,贯穿于万事万物之根本的一个"和"字。老子提出"万物负阴而抱阳,冲气以为和",孔子主张和同之辩。"和"甚至被视作中国哲学观的核心,"和"是人际和谐之学,是身心平衡之学,是安身立命之学,是协同进步之学。借助中国哲学之"和"可以为化解社会矛盾与人生困惑提供价值帮助,"和"是中国青年应该在中国哲学中习得的人生智慧。

(4) 塑造勤谨勇毅的道德观

中华民族是勤劳、勇敢的民族,自强不息、厚德载物,奉行勤而行之的实践精神,勤劳是进步之路,勤劳是道德之本,勇敢是中华民族的精神气质,从愚公移山、精卫填海无不表明我们中华民族追求幸福和文明,勇于探索、敢于进取的精神气质。党的二十大报告强调要在全社会弘扬劳动精神、奋斗精神、奉献精神、创造精神、勤俭节约精神,这正是中国传统哲学思想道德观的生动显现和实践追求。中国青年可以在中国传统哲学思想的学习中,完成个体道德意识的塑造与完善。

习近平总书记指出"学哲学,用哲学,是我们党的一个好传统"。中国传统哲学作为中华民族繁衍千年传承下来的宝贵精神财富,作为内外和谐的精神追求,其文化育人价值体现在中国传统哲学生生不息的精神境界引领中国青年构建天人合一的自然观、形成团结统一的国家观、培育和合协同的社会观、塑造勤谨勇毅的道德观,帮助中国青年在当今多元文化碰撞与交融的世界上自强不息,毅然前行。

(三)教材创新改革

教材作为组成教学过程的基本要素之一,是落实教学改革精神的重要保障,在人才培养中发挥着基础性的作用。加强教材建设是深化职业教育教学改革创新的有效途径,加强教材改革是推进人才培养模式改革的重要条件,是加快推进职业教育教学改革创新的重要抓手,对促进现代职业教育体系建设、提高职业教育人才培养质量、服务职业教育内涵提升具有十分重要的作用。

在应用型旅游人才人文素质培养与提升项目中,我们不断加强文旅融合背景下高职旅游院校文化素质教育教材改革的探索,编撰了《文化旅游经典文本解读》。该教材注重创新,积极服务于文旅融合发展,在内容和结构上呈现出鲜明的时代特征和职教特色。

根据《国家职业教育改革实施方案》精神,高等职业教育需要注重培养大国工匠,强调"文化素质+职业技能"的人才培养定位。大国工匠培养目标需要通识教育能够融入工匠精神,厚植工匠文化,工匠精神不仅是职业技能的体现,更是爱国主义情怀的外显、内在精神品质的彰显、自身文化素养的凸显,包括爱岗敬业的职业精神、精益求精的品质精神、协作共进的团队精神、追求卓越的创新精神,这对高职院校通识教育教材改革思路提出了更高层次要求。同时,高职通识类教材应全面考虑行业社会背景与职业发展趋势,在文化和旅游相融共生的时代背景下,需要坚持"以文塑旅、以旅彰文"的谋篇格局,确保经典文本与旅游要素、文化素质、文学元素的深度融合。

基于此,《文化旅游经典文本解读》教材编写秉持培养学生的综合人文素质和基本专业素养的价值理念,结合对已有同类教材的分析比较,以语言素养与语文素养的融合提升为改革之根本,以文化素质和职业素质的综合养成为核心,以理论讲授和实践练习的学习过程为抓手,坚持通识教育专业性整合、经典解读行业性融合的指导思想,以文化体系构建为改革视角,明确"家国情怀""红色记忆""思想荟萃""美益求美""山水田园""寻味之旅""方俗百态"七大文化主题,构筑章节格局,规范文本遴选,编写体例强调文本解读与实践过程的相辅相成,旨在提升学生爱国情怀、社会责任感、创新精神、实践能力，实现人文素质与专业素养兼具、优秀思想与文化底蕴齐备的新时代文化旅游职业人才培养目标。

教材突破现有经典文本解读类教材重理论轻实践的现状格局，打破通识课程教育理论知识与实践能力的融合壁垒，以实践拓展设计支撑主题章节的学习评价，通过实践环节加深学生对主题内容的认知体悟，通过活动设计提升学生对学以致用的贯彻融通，做好理论与实践相结合。

教材在谋篇布局和编写格局在充分考虑学生文学、语言、文化等素养提升需求的基础上，强调文化旅游专业属性在文本遴选、解读引导中的指导性和引导性，在注释环节兼及汉语言知识与传统文化知识，在鉴赏模块兼顾文学审美性与专业文化性，实现通识能力和专业素养的整体性融通。

同时，在教材中附有课程资源二维码，实现纸质教材到线上课堂、在线资源的跳转切换。通过相对稳定的纸质教材和动态更新的数字课堂相融合，激发学生学习主动性和积极性，同时解决了教材内容更新完善的滞后性问题，保障课程学习效果。本教材入选江苏省高等学校重点教材，已于2022年9月出版。

（四）行业实践探索

结合新业态，积极探索与六朝博物馆的合作，一是探索应用型旅游人才人文素养提升，在地文化精神类课程的开发与实践；二是加强对旅游新业态的了解与合作，丰富人文社会实践活动体系。

作为在地文化课程的开发试点，南京旅游职业学院与六朝博物馆共建人文素养实践教育基地，并且合作开发了校馆课程——六朝美学，于2022年度首次开展课程教学。六朝美学课程设置具体内容如下。

1.《六朝美学》教学对象

南京旅游职业学院二年级学生（选课人数30人），专业不限。

2.《六朝美学》教学内容

以六朝历史政治为脉络，以六朝博物馆展陈内容为载体，扩展讲解六朝人物、器物、诗文、书画、石刻的内蕴及风格之美。

3.《六朝美学》教学目标

通过理论学习与实地考察，提升旅游院校学生的历史认知、艺术感悟及审美趣味，增强服务审美能力，提高文化自信。

4.《六朝美学》教学内容解析

（1）六朝美学概述

概述六朝历史政治脉络，整体把握六朝作为上承秦汉，下启隋唐的重要历史时期的时代特征与美学风尚。

（2）六朝人物之美

从六朝博物馆三楼"六朝人杰"厅三类人物中选取有代表性的人物，讲述人物思想观点，分析人物美学特征。

（3）六朝器物之美

以六朝博物馆二楼"六朝风采"厅青瓷单元的器物为主要讲授对象，领悟青瓷的色泽、器型、艺术之美。

（4）六朝石刻之美

主要分析南朝石刻，感受南朝气韵。

（5）六朝诗文之美

通过对六朝诗歌、小说的细读解析，把握其文学及美学风格，并对这一时期在中国小说诗歌发展史上的重大意义有清晰认知。

后续可拓展六朝建筑之美、六朝书画之美、六朝科技之美、六朝乐舞之美、六朝服饰之美等单元。在地文化精神类课程开发之授课计划表见表7-2。

表7-2 在地文化精神类课程开发之授课计划表

授课计划表

（2022/2023学年第一学期9~14周）

课程：六朝美学　　　　　　　　　　　教师：南京旅游职业学院、六朝博物馆

日/月	理论与实践	教学内容	学时数	备注	授课教师
11月4日	理论	六朝美学概述	2	教学楼3105	朱丽
11月11日	理论+实践	六朝人物之美	4	六朝博物馆实地学习	王子木
11月18日	理论+实践	六朝器物之美	4	六朝博物馆实地学习	王一迪
11月25日	理论+实践	六朝石刻之美	4	六朝石刻实地考察学习	张南岚
12月2日	理论	六朝诗文之美	2	教学楼3105	朱丽
12月9日	实操+理论	讲解+小论文	2	考查	

2022年下半学期，29名同学选修了六朝美学课程，通过校馆双方资深教师和研究者的共同努力，组织同学两次赴六朝博物馆理论授课和实地参观，组织同学赴栖霞区狮子冲、仙林萧宏石刻公园考察六朝时期石刻。通过理论与实践课程的共同推进，参与的同学在历史素养、审美素养及人文综合素养方面有了很大的提升，课程论文和讲解汇报展现了诸多精彩的细节，以及对历史的思考、强烈的文化自信。课程整体效果非常好。后期我们会在校馆课程开放方面继续深化，设计、印制活页式教材，创新课程的组织方式，进一步深化主题设计等。

近三年，新时代应用型旅游人才的人文素质培养与提升项目，从应用型旅游人才人的全面培养与发展的角度，积极构建课程体系，展开理论研究、提炼育人价值及探索实践教学，后期将立足新时代旅游高职院校立德树人教育根本，依据旅游职业教育特点，着重研究文旅融合背景下，旅游高职院校人文素质教育体系内涵、建设路径及融通文旅系统资源的人文素质教育平台实现路径。建构内在逻辑联系紧密、职能分明、主题集中、多元融通的人文素质教育体系，在课程体系之外，加强活动体系、平台系统的设计与构建，以期持续提升人文素质教育的实效性，丰富旅游高职院校人才培养体系，全面促进旅游人才综合培养质量，培养有思想的行业精英，保障其职业的可持续发展。

参考文献

[1] 卡西尔.人文科学的逻辑［M］.关之尹,译.上海：上海译文出版社,2004.

[2] 复旦大学旅游学系.文化视野下的旅游业［M］.上海：复旦大学出版社,2014.

[3] 汤一介.北大校长与中国文化［M］.北京：北京大学出版社,2018.

[4] 刘立新,周凤华.新职业教育：培养面向未来的人才［M］.北京：中国人民大学出版社,2019.

[5] 蔡达峰.我们的通识教育［M］.上海：三联书店,2017.

[6] 陈平原.文学如何教育：人文视野下的文学教育［M］.上海：三联书店,2019.

[7] 徐贲.阅读经典：美国大学的人文教育［M］.北京：北京大学出版社,2020.

[8] 徐贲.经典之外的阅读［M］.北京：北京大学出版社,2018.

[9] 朱自清,等.西南联大文学课（哲学课）［M］.北京：天地出版社,2021.

[10] 赖明谷.大学的道与治［M］.上海：复旦大学出版社,2017.

[11] 北大讲座编委会.北大讲座精华集［M］.北京：北京大学出版社,2015.

第八篇　新时代应用型旅游人才实训基地建设机制与路径研究

张岳军[①]

摘　要：本文系统研究了专业教学标准对应用型旅游人才实训基地建设的指导意义，明晰其应遵循的建设理念，并以数字经济为切入口，深入探讨数字经济对应用型旅游人才培养带来的影响，深刻剖析当前应用型旅游人才实训基地存在的主要问题，尝试构建数字经济时代应用型旅游人才实训基地的建设机制。与此同时，新时代劳动教育的重要性日益凸显，而高职实训基地作为劳动教育的重要载体，其建设与劳动教育的融合也成为必然趋势。因此，文章还深入分析了新时代劳动教育的价值与内涵，探讨了劳动教育与应用型旅游人才实训基地建设融合的必要性，并提出二者的融合路径。

关键词：应用型旅游人才实训基地；建设机制；路径

随着大众化旅游时代的到来，社会对旅游人才的需求日益增大，特别是对应用型旅游人才的需求激增。应用型旅游人才是指在旅游行业中具备一定专业知识和较强实际操作能力的人才，与一般理论型旅游人才相对应。应用型旅游人才更加突出强调实践应用和技能转化能力。而实训基地建设作为应用型旅游人才培养的重要环节，是为学生提供与旅游实践相关的真实工作环境和实训机会的场所，旨在通过实际操作、场景模拟和项目实践等方式，培养学生的实践能力、创新思维和团队合作精神，使其能够较好适应和胜任旅游行业的工作要求。

[①] 作者简介：张岳军，南京旅游职业学院副教授，旅游管理学院党总支书记，研究方向：旅游职业教育。

一、应用型旅游人才实训基地的建设理念

（一）专业教学标准对应用型旅游人才实训基地的指导意义

近年来，教育部制定出台了《职业院校专业实训教学条件建设标准》《高等职业学校专业教学标准》《职业教育专业简介》等系列政策文件，不断健全完善职业教育国家教学标准体系，对于规范教育教学过程、优化人才培养方案、改善实训条件等都具有重要的意义。因此，在专业教学标准视域下，如何进行应用型旅游人才实训基地的建设，是当前旅游职业教育领域需要解决的重要问题。在专业教学标准的概念内涵方面，孙芳芳、刘雪婷等研究认为专业教学标准与职业标准的共生网络架构具有"异质同存"的特征，它超越了"点"或"线"的简单化"对接"，是二者进行物质、能量和信息交换并产生共生效应的组织生态，其概念模型包括共生单元、共生环境和共生界面等维度[①]。韩一武在开展的高等职业学校旅游管理专业教学标准调研报告中指出，高职旅游管理专业人才的需求状况呈现新的特点，如对技能型、复合型人才需求量大，偏重毕业生的专业技能、关联知识技能、对市场前沿的敏感度等，并提出调整人才培养规格、优化核心课程体系、建立校企合作长效机制、加强职业精神培育等措施[②]。在专业教学标准与应用型人才培养方面，王丽丽、王济军等认为应从培养理念、培养模式和培养体制三个维度分析应用型人才培养的根本要求，结合市场需求导向，构建符合应用型专业人才培养理念并能够落实应用型专业教学目标的"六位一体三结合"实践教学体系[③]。张楗让提出应用型旅游人才培养的创新途径，即改革教学方法，引入体验教学、案例教学、情境教学，设置实践环节，在课程体系里设置实践环节、提高师资的实践水平、增加校企合作培养方式等[④]。此外，骞姣、韩燕妮、王校伟等对高职旅游类专业校内实训基地建设的困境进行梳理，从政策语境出发做了透彻分析，提出"产教融合、分类施策、整体规划、分步实施、打造样板"的建设路径，以打造样板建设路径和不同院情学校的建设思路[⑤]。综上，高等职业学校专业教学标准、应用型人才培养理念及旅游实训基地建设是相互关联、相互促进的，通过制定和应用专业教学标准，结合应用型人才培养理念，有助于进一步提升应用型旅游人才实训基地建设的针对性和实效性，切实增强应用型旅游人才培养的社会适应性。概括起来，主要包含以下几点具体

[①] 孙芳芳，刘雪婷.职业教育专业教学标准与职业标准的共生机理研究[J].中国职业技术教育，2022，831（35）：19-25.
[②] 韩一武.高等职业学校旅游管理专业教学标准调研报告[J].中国职业技术教育，2020，758（34）：86-91.
[③] 王丽丽，王济军.应用型人才培养理念下实践教学体系构建研究与实践[J].石家庄学院学报，2020，22（05）：43-48.
[④] 张楗让.浅议应用型旅游人才培养[J].教育与职业，2015，831（11）：81-83.
[⑤] 骞姣，韩燕妮，王校伟.高职旅游类专业校内实训基地建设困境与路径分析[J].陕西教育（高教），2020（09）：49+56.

内容：

1. 明确培养目标和内容

通过清晰地界定培养目标，实训基地能够有针对性地进行教学，以确保学生具备所需的知识、技能和素养，如掌握旅游规划、市场营销、文化遗产保护等相关领域的基础理论，了解旅游行业发展趋势、政策法规及经营管理等方面的内容；同时，具备实际操作能力，如导游专业的学生系统化接受导览、解说、活动组织与策划等方面的实践训练，熟悉掌握旅游景点或旅游项目的整体运营流程，了解如何与游客增强有效互动，且在面对紧急情况或突发事件时，能够冷静思考、分析问题，迅速做出适当的决策和行动。此外，需要关注游客满意度对于旅游活动品质体验的重要性，引导学生学会倾听游客需求，提供专业咨询建议，灵活应对游客多样化期望。总之，专业教学标准通过明确培养目标，指导实训基地制订科学合理的教学计划和培养方案，确保学生在实践中获得全面能力的提升。

2. 优化教学手段和方法

专业教学标准强调实践操作和解决问题能力的培养，在教学方法的选择上，要采用案例分析、模拟演练、团队合作项目等多种教学方法，并借助现代信息技术手段，创设沉浸式学习环境，将学生带入虚拟旅游场景，在互动和体验中开展快乐学习，增强学习效果和教学体验，提高学习的吸引力和参与度。同时，专业教学标准还要求实训基地建设注重实践环节和实习实训的安排，如参观旅游景区、企业实习、模拟运营等，多层次开展识岗、跟岗、顶岗、仿真实训、零距离上岗等不同环节的实践活动，让学生亲身体验真实工作环境，真正将所学知识融入实际操作中。此外，应积极鼓励学生参与创新创业大赛、挑战杯竞赛、调研报告写作等课外学术实践活动，推动深入研究和探索旅游行业前沿问题，培养自主创新思维和独立研究能力。

3. 提供适宜的实训环境

通过提供科学先进的实训设施和装备，实训基地可以有效地支持学生的实际操作能力和技能培养。旅游行业是应用性非常强的一个产业，在知识习得和技能训练过程中，真实工作情境的模拟十分重要。如在训练学生景区内相关工作岗位匹配能力时，建设一些虚拟景区（点），让学生身临其境地进行导览解说；模拟酒店大堂、会议室等场景，让学生学习接待客户、组织协调活动等相关技能。同时，实训基地应该提供适当的实训设施和装备，以支持学生的实践培训，包括各种操作设备、工具和技术装备，如厨房设备、电子导览系统、多媒体展示设备等，这些设施装备应当符合行业标准，并能够满足学生实际操作的需求。如在烹饪实训基地中，应提供现代化的智能厨房设备，以便学生进行菜品制作和烹调技术的实践操作。

4. 促进产学研深化合作

职业教育具有开放性、跨界性的办学特点，应用型旅游人才实训基地建设要强化产学研合作平台的搭建，不断深化院校与旅游行业企业及科研机构的紧密合作。通过与行业企业开展项目、实习、实训等形式的合作，让学生直接参与和解决实际问题，培养科研思维和创新意识，促进学生对行业发展趋势的了解和关注。学校和企业在各自领域都积累了丰富的经验和知识，通过合作将这些知识进行交流和分享，一方面，学校为企业提供专业知识和技术支持，帮助提升市场竞争力；另一方面，企业向学校提供实际案例和数据资源，为教学研究提供一手素材。这种知识的共享和传播，有助于促进学校与产业之间互相借鉴和合作，形成良性互动，也有助于推动产业发展创新。

5. 确立科学有效的评估机制

首先，科学有效的评估机制能够对实训基地的资源配置、师资力量、课程设置、教材使用、教学方法手段等进行评价，紧密围绕专业教学标准中对实训教学的要求，综合运用文献分析、问卷调查、深度访谈等方法，设计遴选相应指标，采用定性和定量分析相结合的方式，以获得全面和准确的评估结果。其次，科学有效的评估机制关注学生的实践能力培养、专业素质提升等方面，通过评估结果的反馈和分析，使实训基地在教学方法、培养方案设计等方面进行优化，提高实训教学质量。最后，科学有效的评估机制还能够提高实训基地与企业之间的合作效果，评估机制重点考察实训基地与企业之间的合作模式、合作项目的开展情况以及实习生的就业情况等方面，通过对合作效果的评估，为实训基地与企业进一步深化合作提供指导。

（二）应用型旅游人才实训基地建设遵循的基本理念

科学的实训基地建设理念能够确保实训教育教学的质量。在实训基地建设中，明确的建设理念提供了一个共同的框架，使参与者（包括教师、学生、企业等）在实践活动中保持一致性和目标导向。在专业教学标准视域下，应用型旅游人才实训基地建设应遵循以下基本理念。

1. 注重实践导向

实训基地应以实践为核心，强调将学习与实践相结合，注重将理论知识应用于实际情境中，通过与实际旅游业务紧密结合的实践活动，使学生真实地体验并掌握旅游行业的各个环节。实践导向的特点是学生置身于真实的工作场景中，通过模拟或参与实际工作来提升技能和知识。

2. 注重跨学科融合

具备跨学科的知识体系，鼓励从不同的学科获取知识，并将不同学科的知识、方法和观点相互结合，形成更全面和深入的理解；培养跨学科的理论思维，认识到不同学科之间的相互关系和影响，并灵活地运用各学科的概念、方法和理论来分析和解决问题，产生新的洞察和创新的思路，提出新颖的观点和解决方案。

3. 注重产学研结合

实训基地应与旅游企业密切合作，积极引入实际案例和项目，使学生能够接触真实的工作环境和业务需求，有效提升人才培养的质量和就业竞争力。同时，产学研结合也有助于促进知识交流、创新发展，推动实训基地不断适应社会变化和行业发展要求。

4. 注重创新创业教育

在实训基地建设中融入创新创业教育的理念，有助于在实践中培养学生的创新创业意识、创新创业能力、创新创业精神，通过提供丰富的创新实践机会，开展相关的创新创业培训课程和活动，邀请创新创业导师分享创新创业经验，给予专业建议和指导，同时在资金、场地、技术设备和社会网络等方面为学生创新创业项目的真实孵化提供必要的支持保障。

5. 注重高度适应性

一方面，技术装备应具备高度适应性，能够及时响应旅游行业新技术、新渠道、新模式等不断涌现的变化和需求，定期进行行业调研和需求分析，及时更新迭代实训技术装备，确保教学内容与最新的行业要求保持一致。另一方面，实训基地应提供灵活的学习路径、个性化的指导和支持，以及实践导向的学习环境，便于学生更好地发展自己的特长和兴趣，并根据个人发展进程进行学习规划和调整，实现个人成长和职业发展的目标。

6. 注重国际化视野

实训基地建设应倡导国际化视野，鼓励参与跨文化交流和合作项目，注重培养学生的外语能力，帮助学生提高语言表达能力和交流技巧，搭建国际交流平台，引入国际课程和认证体系，提供与国际标准接轨的教学内容和评价方式，提供经验、项目和资源共享的机会。

（三）专业教学标准视域下应用型旅游人才实训基地的实践路径

1. 进行科学合理的定位与规划

在应用型旅游人才实训基地的建设中，准确定位和科学规划是确保其发展成功的关键。一是分析了解旅游行业最新发展动态、市场需求以及技术变革等方面的信息，进行实训基地的科学定位和规划，如文化和旅游部发布的《关于提升假日及高峰期旅游供给品质的指导意见》指出着力开发文化体验游、乡村民宿游、研学知识游、红色教育游、康养体育游、邮轮游艇游、自驾车房车游等11个旅游新业态，这些都需要有针对性地培养人才，实训基地应根据行业发展导向，选择适合时宜的培养方向。二是积极与教育部门、行业协会、企业等相关利益方进行沟通和研讨，明确实训基地功能拓展目标，如定位为专业技能培训中心或创新研发基地等。三是综合考虑师资队伍、设施装备、课程设置等要素的规划，根据专业教学标准和行业需求，开发设计有针对性的实践环节，使学生能够真实地接触和应用旅游行业的知识和技能，培养其综合素质和创新能力。

2. 强化"双师型"师资内培外引

"三教"改革之中，教师是根本，拥有高水平、专业化的师资队伍将为学生提供优质的教育和培训，促进他们的综合素质提升以及实践技能培养。一是建立完善的内部培养机制，通过定期的教学研讨、工作坊和培训课程，提升教师的学科专业素养和教学能力。二是引进外部导师和专家，与旅游行业相关的企业、社会组织和高等院校建立合作关系，为教师提供指导和培训，分享最新的行业发展趋势、案例和实践经验。三是设立项目实践导师，由内部教师或外部导师担任，负责指导学生进行实际项目的设计、策划和执行，帮助他们将学习内容应用到实践中。四是建立激励机制，将其与教师薪酬分配、职称职务晋升等因素相结合，激发教师工作的主动性和积极性，提高在应用型旅游人才实训基地建设中的投入和贡献。

3. 注重设施装备的时代性、应用性

设施与装备建设是确保教学质量和实训效果的重要环节，要充分考虑到旅游行业的特点和需求，以及教学和实践的要求，合理规划和建设适应性强的设施与装备，确保基地内设备设施能够模拟真实的旅游场景和运营环境，如仿真酒店前台、旅游景点接待区、旅行社操作室等。积极引进应用新兴技术，如虚拟现实（VR）、增强现实（AR）、人工智能（AI）等，以提升教学效果和实践体验。在设施与装备建设过程中，安全性和实用性也是需要重视的方面。安全管理是实训教学管理的重中之重[①]，设施和装备的设计应符合相关安全标准和规范，确保师生人身安全，在实训设施布局中，要注意通道的合理设置、消防设施的配备以及紧急疏散通道的规划等。同时，设施和装备的选购应注重实用性，选择耐用且易于维护的设备，以降低运营成本，确保设施可持续使用。

4. 持续强化实践教学校企合作

通过对行业发展趋势、人才需求等进行研究和分析，校企需要明确合作的目标和需求，确定双方合作的重点和方向，建立起有效沟通渠道和机制，如通过定期召开联席会议、成立联络小组等方式，促进双方的沟通与合作。通过参与真实案例、模拟实

---

① 付芬，王鹏.旅游实训室安全管理现状与对策研究[J].才智，2022（07）：110-112.

践等形式的教学活动，校企共同设计和实施实践教学项目，确保教学内容与行业需求紧密结合。校企合作建立实践基地，与企业共享设备、技术、数据等资源，并定期进行复核评估，收集师生和企业代表的反馈意见，及时调整合作策略和措施，确保合作效果的达成。此外，校企合作还应注重推动学生就业创业，通过与企业联合举办就业招聘会、创业指导沙龙等，为促进学生顺利就业创业奠定基础。

5. 构建评估与改进机制

开展评估主要包括教学质量、实训效果和学生综合素质三个方面的评估，其中教学质量的评估考察课程设置、教师教学水平和教学资源的使用情况，实训效果的评估关注学生在实践中的表现和成果，学生综合素质的评估涉及专业知识、技能和职业道德等方面。要注意选择合适的评估方法与工具，如通过观察、访谈和案例分析等方式来获取信息和数据，了解学生的实践能力和素养水平；通过问卷调查、成绩统计和测试等方式来收集数据，对学生的知识掌握和技能应用进行量化分析。同时，还可以结合自评与互评机制，鼓励学生对自身表现进行反思和评价，促进他们的自主学习和成长。此外，从组织层面，应设立专门的评估与改进团队，将评估结果及时反馈给教师和管理者，以便科学制订改进方案。

二、数字经济时代应用型旅游人才实训基地的建设机制

随着数字经济发展战略的深入实施，数字技术在赋能传统产业转型升级、支撑现代化经济体系构建、助推经济社会高质量发展等方面，展现出强劲活力和巨大发展潜力。进入新时代，"建设高质量教育体系，增强职业技术教育适应性"是新时期国家提出的政策导向与目标要求。高素质高技能旅游人才的培养和输出是旅游高等职业教育的办学目标，也是职业教育的重要组成。在数字经济背景下，探讨数字经济对高职旅游人才技能培养带来的影响，并提出高职旅游人才实训基地的建设机制，对旅游业高质量发展具有重要的时代意义和现实意义。

（一）数字经济对高职旅游人才技能培养的影响

根据旅游职业教育的特性，旅游职业教育链需紧密对接旅游产业链和旅游创新链，要深入分析数字经济对高职旅游人才技能培养的影响，必须首先弄清旅游产业数字化和数字旅游产业化的具体内涵及外在表现。综合已有相关研究成果[①]，本文认为旅游产业数字化主要指传统旅游产业以5G、互联网、虚拟现实等新兴技术为基础，进行产业的数字化改造与转型升级。数字旅游产业化主要指基于数字化技术的休闲旅游类产品，突破时空因素制约，吸引目标受众人群并形成一定规模竞争优势的新兴旅游消费市场。

---

① 戴斌. 数字时代文旅融合新格局的塑造与建构[J]. 人民论坛，2020（Z1）：152-155.

1. 旅游产业数字化重新定义技能需求

一直以来，国际上公认旅游业属于劳动密集型服务性产业，具有拉动人群就业、解决贫困、促进发展等经济社会效益。近年来伴随着第四次以智能制造为主导的产业革命和技术变革时代的到来，人工智能、云计算、AR/VR、人机交互、区块链等技术的大量应用，释放了大量技术红利，旅游业也主动融合其中，并深受其益。通过携程网上30万家酒店约3500万个样本的面板数据，实证发现：数字化进程每增加1个百分点，可提升酒店入住率0.03个百分点，约占样本期间平均入住率的2%，每年可带来1800亿元客房收入[①]。从技术进步与衍变的长远发展趋势来看，旅游业对技术嵌入和优化升级的需求，催使旅游业的发展进入由人力资源占优向智能化驱动转变的新阶段。某种程度上，旅游产业的数字化改变了旅游行业企业对旅游职业人才的传统技能需求，重新定义和塑造了新的技能要求，使面向服务一线的工作岗位性质也发生了颠覆性变革。

2. 旅游新兴职业催生就业岗位多样化

从市场发育主体看，数字经济、在线新经济的发展，改变了传统的就业面向和就业机会，使得就业变得更加灵活、更加积极、更加多元。据统计，产业数字化领域面向消费端的第三产业就业岗位占比高达60.2%，人才需求远超第一、第二产业，对包括新媒体、自媒体、直播、视频等领域的人才展现出较强的就业吸纳能力[②]。具体到旅游业领域，诞生了包括旅游电商主播、徒步旅游直播、线上旅游讲解等新的平台经济。从国家宏观调控层面看，自2019年起，人力资源和社会保障部新增发布了4批56个新职业，并于2022年全面修订《国家职业分类大典》，首次标注了数字职业97个，其中互联网营销师、电子商务师、全媒体运营师等都与旅游业密切相关。与此同时，教育部《职业教育专业目录（2021年）》对旅游大类高等职业教育的专业名称和内涵也进行了一些优化调整，将原"酒店管理"更名为"酒店管理与数字化运营"，新增设"智慧旅游技术应用"等专业。可以看出，无论是更名专业或新增专业，都旨在凸显数字经济时代背景，促进旅游专业数字化改造，致力解决旅游职业人才供给结构性矛盾问题。

3. 旅游职业人才岗位迁移能力愈加重要

社会经济快速发展使得合适的技能组合在劳动力市场上的重要性与日俱增，尤其是高级认知技能、社会行为技能以及能够预测适应能力的技能组合[③]。当前，旅游行业

---

① 夏杰长，刘诚.契约精神、商事改革与创新水平［J］.管理世界，2020，36（06）：26-36+48+242.
② 赵姗.数字经济对人才综合素质提出更高要求［N］.中国经济时报，2022-07-22（002）.
③ 周灵灵."十四五"时期提升技能型人力资本研究［J］.重庆理工大学学报（社会科学），2020，34（12）：1-11.

企业对拥有跨学科知识背景、熟悉掌握新技术新工艺的复合型旅游职业人才求贤若渴，而职业教育的一大特性就是跨界性，必须聚焦产教融合，开设专业围绕产业转。高职旅游人才区别于一般理论旅游人才，关键之处就在于实操性和应用性，即除了具备较强的专业技能，还需拥有岗位迁移和生涯持续发展综合能力，尤其是在旅游产业数字化迭代升级的背景下，"一专多能"应成为高职旅游人才的能力标签。依托于智能化、信息化等管控技术的引入，传统旅游行业依托于劳动或服务的流程分工得到进一步细化，从职业发展梯级来看，从一开始的基层岗位升迁至中高层管理岗位，需要对全部工作过程的熟悉和掌握，并能够对重要节点的组织协调、应急处置和闭环整改，形成系统化的思维和行为方式，兼备产业基础知识、岗位核心技能和多岗位迁移能力。

（二）当前高职旅游人才实训基地建设存在的问题

实训基地是开展实践教学的重要场所，是锻造职业人才实践技能的基础性保障。虽然我国旅游职业教育发展很快，但培养的人才目标规格和能力素质要求远不能满足社会需要，究其原因，旅游实训基地建设发展滞后是重要因素之一①。

1. 基地建设理念思路模糊，紧密对接行企需求不够

理念是行动的先导，如果理念不对或发生偏差，则会导致后续系列行为"事倍功半"。从人才培养目标规格的角度，高职旅游人才的培养除了知识和素质之外，应该具备哪些通用能力、专业能力、综合能力，全面科学的能力体系是实训基地在建设之前必须花功夫进行严谨论证的必答题。现实当中，不少院校在建设旅游实训基地时，往往缺乏对上级政策文件的研读、对行企发展趋势的研判、对学生学情特点的研析，以主观思维替代客观审视，以一种本本主义的理念来谋划和构思实训基地的整体建设框架、建设内容、建设技术等。特别是对新时代旅游就业岗位的演变认知不足，拘泥于固化经验和传统思维，紧跟旅游行业发展新趋势、新工艺、新技术不够，从而整体影响了实训基地建设的根本宗旨及预期成效。

2. 实训师资队伍能力不足，运用现代教学方法欠缺

互联网、大数据、人工智能的深度应用，数字科技正在全面融入旅游产业，改变了旅游供给和旅游消费方式，促进了旅游商业模式的优化。教师的行业企业实践经验是否具备、现代信息技术的教学能力是否掌握、实训软件的使用是否熟练，都影响着实训基地功能的有效发挥。一方面，现有教师的招录体制制约了职业院校教师的"双师"能力和素质，大多数教师是从高校毕业，直接进入教学角色，对旅游行业企业发展的最新导向、最新要求和最新趋势认识不深，知识体系和能力体系存在先天短板和

---

① 张岳军."互联网+"背景下智能化仿真化烹饪实训平台建设研究［J］.产业与科技论坛，2018，17（18）：70-72.

不足；另一方面，院校对于教师的接力培养不够，教师以企业顶岗实践等多种形式深入旅游行企一线的时长得不到充足保障，往往是走马观花、浅尝辄止，学得不深不透，回到课堂上依旧会出现能力恐慌和本领恐慌。

3. 课程教材建设更新滞后，人才培养目标规格不高

课程教材建设在人才培养环节中至为重要，是人才培养规格和人才培养目标具体落地深化的载体。高职旅游教育起步相对较晚，在实训教材建设方面有所滞后，特别是实训教材体系不够健全。教育管理者和一线专任教师往往自信和自觉于编写理论教材，对于实训教材的编写重视程度不够，数字化教材、活页式教材、工作手册式教材等实训教材样态不够丰富。特别是结合旅游服务面向对象"人"的多样化、个体化特性，让学生成为学习中心主体，参与真实岗位情景模拟训练、虚拟仿真演练等还较为缺乏，在边学边做、边做边学的"工学结合"方面做得还远远不够，没有真正实现智商与情商"两商并重"，将课堂学习变为就业岗位演练，导致学生很多时候也是一知半解、似懂非懂，没有培养训练出学生独立自主开展某项工作的实际能力。

4. 资源投产效益缺乏评估，调整优化机制不健全

不少职业院校重实训基地建设、轻运营评估，往往把重点放在硬件建设层面，比较忽视实训基地建成后如何促进其运行，发挥实训基地的作用[①]。高职旅游实训基地的建设投入资金大、维护成本高，如果不重视对其运行效益进行动态评估和反馈，则不可避免地会造成资源闲置或浪费，甚至出现一些为了塑造硬件建设形象的面子工程。开展旅游实训基地的投入产出评估，不是为了完成一项任务，而是一种重要的管理手段，通过评估反映出的问题，利于科学决策和优化调整。在评估过程中，评估指标体系的设计、评估方法的选择、评估对象的参与等多种要素甚为关键，要坚持关注旅游实训基地建设的科学性、前瞻性、实用性等方面，重点评估其教学、实训、培训、科研、竞赛、科普等功能发挥，以及示范、引领、辐射、带动等作用发挥的情况。

5. 产教学研深度融合不够，企业主体作用发挥不佳

由全国旅游职业教育教学指导委员会编写的《中国旅游职业教育年度报告（2019—2020）》中指出，企业对产教融合成效满意度不高，积极性不强，校企合作方式"提供实习基地"仍是大部分院校选择的模式，只有不到三分之一的院校开展了"现代学徒制"和"订单班"人才培养模式，产业学院、混合所有制办学等合作模式较少。职业院校要改变传统以学校建设实训基地为主体的思维束缚，根据旅游产业发展的需求深化改革，及时调整和优化专业结构与课程设置；离开了旅游企业主体的参与，旅游实训基地的建设则成了无源之水、无本之木，缺少竞争优势和发展动力，培养和

---

① 杨长亮. 职业教育实训基地运行绩效评估必要性研究［J］. 职教论坛，2009（21）：42-44.

输出的旅游技术技能人才无法适应和满足行企用人需求。

（三）数字经济时代高职旅游人才实训基地建设机制

1. 组织机制：做好顶层设计，确立科学建设导向

职业院校的顶层决策者、教育教学管理者等关键利益主体，要切实从国家数字经济发展战略、区域经济发展重点、行企发展需求、院校办学特色等角度出发，认真谋划思考实训基地建设的宗旨和目的，准确把握高职旅游人才培养的规律和特点，紧密围绕院校实际和学生学情，全面统筹实训教学资源，牢固树立"一盘棋"的理念，坚持以旅游岗位群带动旅游专业群的思路，构建融合学生通用能力、专业能力和持续发展能力等多维于一体的能力体系锻造平台，破除各院系、各专业"单打独斗、各自为政"的分散状态，致力打造资源信息共享、能力培养互通、功能发挥互补的融合型实训基地。

2. 质量机制：注重"三教"改革，提升实训教学成效

《国家职业教育改革实施方案》提出了"三教"改革任务。"三教"改革中，教师是根本，教材是基础，教法是途径。为此，要强化教师实践经验积累和实训教学能力培养，花大力气培养"双师型"教师，特别是对当前旅游产业数字化和数字旅游产业化的相关内容要精通擅长，在传授知识过程中"教有所教"，让学生真正"学有所用"，避免将实训教学虚化成理论课程的延伸和补充；要以职业岗位实际应用为基点，改变既往的学术知识型教材编撰体例和内容组合模式，鼓励支持多使用工作手册式教材、活页式教材、数字化教材等，确保知识体系和能力培养的适时更新；要主动融入"互联网+教育"发展趋势，多维运用现代信息技术，改进教学方式和教学方法，创设学习情境，推进翻转课堂、虚拟仿真实训等学习生态空间建设。

3. 资源机制：坚持开放思维，汲取多方力量办学

现代职业教育是开放的教育，也是跨界的教育。职业院校实训基地建设过程中，要树立开放办学思维，注重吸引企业主体、社会团体等办学力量加入，取长补短，权责共担，利益共享，通过利用资本、技术、知识、设施、设备、场地和管理等要素，吸引行业内龙头企业、骨干企业深度参与产教融合、校企合作，构建命运共同体，提升高职旅游人才培养的社会适应性、能力培养的系统性，从而切实提升旅游技术技能人才培养质量，实现学生从好就业向高质量就业转变。

4. 评价机制：强化评估问效，动态优化调整管控

当前，职业院校实训基地建设之后的运营评估是一个共性短板问题。特别是在数字经济时代，高职旅游人才实训基地的建设投入资金量大，使用周期长，如果在立项论证阶段缺乏科学性、全面性和前瞻性，那么预期的功效发挥就会大打折扣，造成投入和产出效益悬殊。因此，对于实训基地进行动态跟踪评估显得尤为重要，要通过设

计科学的评价指标体系、运用科学的评估方法、掌握准确的评估时点，对实训基地运营的实际成效开展评估，及时发现存在的问题，进行优化调整完善，不断强化实训基地建设的外在约束，使其成为常态化的管控手段和方式，倒逼实训基地建设相关负责人主动作为、谨慎行为、持续有为。

5. 应用机制：加强理论研究，总结凝练实践经验

职业院校应以新一轮数字经济发展潮流为契机，正视旅游实训基地院校建、校企校地合作浅、服务教学功能单一等方面的现实困境，强化不同利益主体参与的社会网络关系分析，运用系统思维和集群理念，进行实践教学和实训基地建设的创新驱动，提升实训资源共建共享共治能力，提高新时代高职旅游人才实训基地的生产效率；同时，借鉴系统论、协同论等学科理论，将建立模型与调查研究、实证分析等有机结合，从理论假设出发进行演绎，将抽象复杂对象转化为具体网络图谱，为新时代高职旅游人才实训基地建设提供清晰的可视化、直观化的运营架构。

三、新时代劳动教育与高职实训基地建设的融合路径

随着社会经济的迅速发展、技术创新的快速迭代以及教育观念的转变，现代化、信息化、智能化的劳动内容不断增加。而职业教育仍未完全摆脱学科体系的教学范式和培养模式的影响，一定程度限制了学生综合能力的全面培养，尤其是对劳动教育的重视程度还不够，更加倾向于将知识传授作为主要目标，将劳动观念和劳动技能的培养置于次要位置，尚未将劳动教育真正放在与专业教育同等重要的位置进行系统规划和同步实施。众所周知，劳动教育可以为学生提供职业教育的基础，帮助他们了解各行各业的劳动内容和技能要求，体验劳动付出与收获回报之间的关系，培养良好的劳动态度和道德观念。因此，本文拟探讨劳动教育的价值与内涵，分析新时代劳动教育与高职实训基地建设融合的必要性，并提出相应的实施路径，以期为高职实训基地建设提供一些新的思路借鉴。

（一）劳动教育的价值与内涵

中共中央、国务院印发的《关于全面加强新时代大中小学劳动教育的意见》中明确指出"劳动教育是中国特色社会主义教育制度的重要内容，直接决定社会主义建设者和接班人的劳动精神面貌、劳动价值取向和劳动技能水平"。劳动教育是一种主张以劳动为核心的教育理念，是以提升学生劳动素养的方式促进学生全面发展的教育活动[①]，其内涵主要包括劳动价值观、实践能力培养、和谐劳动关系、社会责任感培养及

---

① 檀传宝. 劳动教育的概念理解：如何认识劳动教育概念的基本内涵与基本特征[J]. 中国教育学刊, 2019 (02): 82-84.

综合素质培养。这些内涵共同构成了劳动教育的基本理念和要素,具体可归纳为五个方面。第一,劳动教育强调劳动的价值和意义。劳动教育认为劳动是实现个人自我发展与社会进步的重要途径,要引导学生不仅把劳动看作一切财富的源泉,看作人的生命生存的必要活动,还要把劳动看作个体自我实现的条件①。第二,劳动教育注重实践能力的培养。劳动教育通过让学生亲身参与各类劳动活动并置身于真实劳动环境之中,帮助其掌握和提升实际操作技能,培养动手能力、创新能力和解决实际问题的能力。第三,劳动教育倡导建立和谐的劳动关系。劳动关系是基本的社会关系,劳动关系和谐是社会和谐的基础②。在劳动过程中应尊重个体权益,保障劳动者之间的平等、合作和协商,并鼓励参与者之间互惠互利、相互尊重。第四,劳动教育注重社会责任感的塑造。劳动教育引导学生关注社会问题、承担社会责任,并通过劳动活动使其认识到自身在社会中的角色、作用和责任。第五,劳动教育追求学生全面素质的培养③。劳动教育不仅需要注重学生劳动技能的培养,还要注重培养学生的思想道德、意志品质、思维能力、情感态度、审美情趣和身体素质等各个方面的综合素质。

(二)劳动教育与高职实训基地建设融合的必要性

1. 有助于适应产业发展和就业需求

社会对具备实践能力和职业素养的高素质技术技能型人才的需求日益增长,劳动教育注重实践操作和实际工作经验的积累,使学生能够快速适应工作环境和工作任务。一方面,通过将劳动教育理念融入高职实训基地建设,可以更有效地搭建实验平台、模拟实际工作流程等,使得学生更全面地掌握所学专业的实际应用技能;另一方面,劳动教育中的职业道德和职业操守是培养学生全面素质和提升职业发展的关键要素。通过知识普及、实践引导、规范建设和师生互动等方式,可以有效地培养学生的职业道德和职业操守。在实训过程中,学生不仅能熟悉工作流程和基本规范,还能领悟到职业道德的重要性,了解并遵守相关法律法规和职业规范,严谨认真地对待工作、坚守职责,确保自身行为符合职业道德要求。如在酒店管理实训基地,学生必须注重服务态度、服务礼仪和客户满意度,培养出色的职业素养。

2. 有助于提升学生的综合素质能力

劳动教育是当前教育改革中的一项重要议题,其目标在于培养学生的动手能力、创新精神和实践操作能力,引导学生崇尚劳动、尊重劳动和热爱劳动,从而提高其综合素质和创新能力。高职实训基地作为实践教学的重要平台,发挥着不可忽视的作用,

---

① 刘俊俊,林祝亮.新时代职业院校劳动教育的意义与途径[J].南方职业教育学刊,2022,12(05):78-85.
② 党印,谢倩倩.以劳动教育促进构建和谐劳动关系[N].中国劳动保障报,2023-02-03(003).
③ 何辉.劳动教育:学生素质全面发展重要的一环[J].教师,2019(33):18-19.

因为通过实践学习，学生能更好地理解专业知识，感受真实的工作场景，并增强对专业技能的运用能力。以餐饮专业实践为例，实训基地给予学生亲自参与厨房操作的机会，系统学习烹饪技巧和食品安全知识，提升他们日后在餐饮行业中的适应能力。此外，高职实训基地多样化的实践机会，为学生提供了创意创新的平台，使得学生能够紧密关注行业需求及发展趋势，并针对实际问题提出创新性的解决方案与改进措施。

3.有助于促进产学研结合

实训基地的建设不仅要紧跟时代潮流，迎合产业发展需求，还要融入劳动教育理念，以促进校企合作和提升人才培养质量。高职实训基地不仅是一个模拟实践场所，在融入劳动教育理念后，实训基地将更加注重培养学生的劳动意识和劳动精神。促进产学研结合是将学生的学习与实际生产、社会实践和科学研究相结合，使学生能够在实际生产和研究的环境中应用所学知识，体验劳动过程，承担一定的劳动任务，从而增强劳动观念，培养劳动技能。实训基地不仅是学校为学生提供实践机会的平台，还是与企业合作进行技术培训创新和人才输送的桥梁。实训基地需要紧密对接行业企业的用人需求和技术改造趋势，引入先进的生产设备、工艺流程和管理经验，动态调整优化人才培养方案和课程体系。同时，突出企业参与实训基地建设的主体作用，帮助企业培养发掘一批储备人才，提高企业的技术水平和市场竞争力。

4.有助于培养学生的社会责任感

社会主义合格公民不仅要有坚定的理想信念、高尚的道德品质、扎实的文化知识、良好的身体素质，还要有热爱劳动、尊重劳动、创造性劳动的精神和能力[①]。实训基地的建设往往与社会需求和行业发展密切相关，学生在实训过程中会接触到一系列与社会问题相关的工作任务。通过实践中的亲身参与，能够更加深入地了解社会问题的复杂性和紧迫性，从而激发对社会问题的关注和意识自觉。通过参与解决社会问题的实践活动，关注社会问题的成因和根源，主动思考如何从个人和集体层面出发，为解决这些问题做出贡献。这样的参与有助于培养学生的公民意识和责任感，使他们成为社会变革的有力推动者。

（三）新时代劳动教育与高职实训基地建设的融合路径

1.设计开发多样化劳动教育课程

课程是劳动教育落地的根本载体。在设计开发劳动教育课程时，需要统筹不同专业、不同学生的特点与特性，因地制宜设置劳动教育课程体系。要充分了解学生的专业背景、个人兴趣和未来职业规划，结合专业积极开展实习实训、专业服务、社会实

---

① 刘向兵，杨阳，曲霞.习近平总书记关于劳动教育重要论述的理论渊源与价值意蕴[J].中国人民大学教育学刊，2023（04）：1-14+181.

践、勤工助学等，重视新知识、新技术、新工艺、新方法应用。如对于文科类学生，可以设计一些与书法、绘画等有关的劳动教育课程，有针对性地培养审美能力和创造力；而对于理科类学生，则可以设计一些与实验室操作、机械制造等相关的劳动教育内容，锻炼实践能力和动手能力。同时，在设计劳动教育课程时，还应将实际工作环境纳入全盘考虑。通过与企业合作或实地考察，捕捉研判最新的行业发展趋势，为学生提供与实际需求相匹配的课程内容。

2. 加强劳动教育师资队伍建设

劳动教育师资队伍是劳动教育能否取得实效的根本保障，要以"双师型"教师专业发展为动力，采取多种措施，建立一支专兼职相结合的劳动教育师资队伍，充分发挥在劳动育人中的关键作用，积极参与劳动教育课程的设计和实施，确保教学目标的顺利实现。要注重教学方法的选择与优化，劳动教育课程具有一定的实践性和操作性，可以通过丰富多样的教学方法来激发学生的学习兴趣和参与度。如鼓励学生之间建立积极的互动支持的文化氛围，让学生在团队合作中相互学习和交流；利用现代信息技术手段，如翻转课堂、慕课网络教育等，给每个学生分配角色和任务，培养有效的沟通和配合能力。教师的角色不仅限于课堂教学，还应关注学生的思想品德教育，引导学生树立正确的劳动观念，使他们能够理解劳动的意义和价值。通过讲述劳动者的努力和奉献，以及工作的重要性，激发学生对劳动的兴趣和尊重。同时，可以组织学生参与一些实际的劳动活动，如社区义务劳动和志愿者服务，让他们亲身体验劳动的辛苦和成就感，培养他们的劳动意识和责任感。此外，还可以通过案例分析和讨论，引导学生思考劳动与就业的关系，培养树立正确的就业观念。

3. 引入现代先进设备和管理技术

通过引进现代先进设备和技术，实践教学的质量和水平可以得到提升，进而促进学生实践能力的培养。其中，一项重要的应用就是虚拟现实技术的引入。该技术能够为学生提供沉浸式的实训体验，增强实际操作能力，更好地激发学生的兴趣，并提供更为真实、更富挑战的实训场景。借助现代先进设备的自动化程度和精确性，让学生在实践中不仅可以掌握设备的使用方法，还能熟悉相关技术知识，提高技能水平。此外，智能化系统的引入，也能够提高实训基地的管理效率。通过使用智能教学平台进行实时监控和管理，可以有效地改进实训教学运作机制，实现对实训资源的合理调配和统一管理；后端平台可以实时收集和分析实训学员的数据，包括学习进展、技术评估等，这有助于实训教师对每个学生的学习情况进行全面跟踪和个性化指导，为学生提供及时的解决方案和答疑服务，从而进一步提升实践教学效果。

4. 强化校企合作的广度与深度

利用校企联动合作的优势，充分挖掘、拓展劳动教育教学资源①。企业参与劳动教育与高职实训基地的融合，可以为学校提供实践场所，这既是企业社会责任的体现，也是促进企业与高职教育良性互动的重要举措。企业具备丰富的实践资源，在生产经营过程中拥有一系列适合实训的现实场景，有助于满足高职院校对实践场所的需求。企业也能够为学生提供岗位培训支持，让学生了解企业内部的运营管理机制、组织架构及专业技能要求等。通过与企业合作举办专业培训课程、企业导师指导学生等方式，学校能够借鉴企业的优秀经验、先进技术和管理理念，进一步提升教学内容的实用性、针对性。高职院校还可以通过与企业建立产学研合作项目，共同开展科研活动，促进双方良性互动，实现共赢发展。

5. 构建健全的劳动素养评价制度

只有明确了评价目标，才能制定科学合理的评价标准和方法。劳动素养评价的目标包括个体素质的全面发展、促使个体适应多样化的工作环境、提高就业竞争力等。要基于充分的调研和广泛的讨论，结合国内外的先进经验和行业特点，科学建立包括技能水平、知识储备、职业道德、创新能力、沟通合作等方面的一套完善的劳动素养评价指标体系。在评价方式方面，除了传统的考试、教师评价等评价方式之外，要建立多元化的评价方式，全面、准确地评价学生的劳动素养。在评价结果应用方面，劳动素养评价结果不仅可以作为学生综合素质评价的重要依据，同时应该与以后的就业、培训和晋升挂钩，为个体的职业发展提供指导和参考，以激励个体持续提高劳动素养。此外，还可以在人力资源管理中广泛应用评价结果，为选拔人才、安排工作和进行岗位匹配提供科学依据。

新时代劳动教育与高职实训基地建设的融合成为积极探索具有中国特色的劳动教育模式的重要手段。高职院校需要加强对劳动教育的理论研究，精准把握新时代劳动教育与高职实训基地融合的重要性和关键因素，大力推动人才培养模式创新，不断强化课程改革和教师培养培训，切实提高劳动教育的质量和水平。同时，还应注重加强与企业的深入合作，形成联动互动机制，通过与企业深度对接实施项目，为建设社会主义现代化技能强国提供坚实的人力资源保障。

---

① 贾磊.产教融合视域下的高职院校劳动教育实践路径探索[J].职业教育（下旬刊），2022，21（08）：37-42.

后 记

《新时代应用型旅游人才研究》是南京旅游职业学院周春林教授负责的团队于2018年联合北京第二外国语学院中国旅游人才发展研究院向江苏省教育厅申报获批立项的"江苏高校哲学社会科学重点研究基地——新时代应用型旅游人才研究中心"和第三批国家职业教育教师创新团队"酒店管理与数字化运营"团队建设的研究成果。

本研究设立了九个子课题,分别是"中华优秀传统文化与高职旅游人才培养研究""新时代应用型旅游人才供给与需求研究""新时代应用型旅游人才标准研究""新时代应用型旅游人才培养质量评价研究""新时代应用型旅游人才的胜任力研究""新时代应用型旅游人才培养与培训路径研究""新时代应用型旅游人才人文素质培养与持续提升路径研究""新时代应用型旅游人才实训基地建设机制与运营模式研究"等,并根据相关条件聘请了本校的十几位熟悉并参与旅游教育,且科学研究能力突出的教师作为各子课题负责人。几年来,在学校的大力支持下,特别是在基地负责人带领下,研究团队紧紧围绕基地研究主题,有针对性地选择研究方法,开展了系统、全面、扎实有效的深入研究,取得了一批有价值的原创性科研成果,在确保高质量完成基地研究任务的同时,也为不同类型高校高质量建设旅游管理专业,培养一大批符合新时代旅游业需要的应用型旅游人才提供了具有一定理论参考价值和实践指导性的创新性科研成果,由此也充分彰显了南京旅游职业学院在社会科学研究领域,特别是在旅游职业教育方面的研究实力。现在该成果以著作形式付梓,这是基地团队智慧的呈现,也是给长期以来关心南京旅游职业学院发展、关心新时代应用型旅游人才中心建设的社会各界新老朋友的一份感激与回馈。

在此,要特别感谢江苏省教育厅将这样的高层次研究平台经过层层论证后授予我们南京旅游职业学院,这已是我校连续获批立项的第二个省高校哲学社会科学重点研究基地,既是一份荣誉,更是沉甸甸的责任。基地即将验收,而我们借此平台所开展的研究将高标准持续推进,并且将紧紧围绕党的二十大提出的"科教融汇"新理念、新模式,协同各方,整合优势,继续做好国家级职业教育教师创新团队建设,将科技成果与产业体系、人才培养紧密结合,推陈出新,取得更广泛效益。

感谢学校的高度重视和全力保障,协调各方从政策、资金、人才等多方面给予全方位支持,确保基地建设顺利推进并取得系列研究成果,为学校推进科教融汇高质量发展奠定了基础。

感谢基地聘请的十多位校内研究员,是他们作为主力军支撑起了该基地艰辛繁重的建设任务。他们克服了教学工作任务重、行政工作繁忙等困难,在基地负责人带领下,围绕各自负责的子课题研究主题,开展了大量的搜集资料、田野调研、论证探讨、执笔撰写等研究工作,相继推出了包括论文、调研报告、科研课题、专著、教材、标准、专利等多形式的具有一定创新性的科研成果,确保了基地顺利推进,并取得实效。

随着我国经济社会的快速发展,特别是国民旅游消费需求的日益增加,作为国民经济战略性支柱产业的旅游业在拉动国内经济消费、保护传承文化遗产等方面的积极效应及其影响力日渐显现,新业态、新模式、新的旅游消费增长点不断涌现,由此,便对旅游人才以及从事培养培训旅游人才的高校等提出了新的更高的要求。正如有专家指出的,应用型旅游人才培养必须紧扣新时代呈现的"智能化""数字化"和"跨界化"等发展趋势,在人才培养目标上要突出"专业技能+创新能力+优秀品质+国际化视野"的特性,未来的专业建设要与行业、市场需求紧密结合,强调产教融合是必由之路,真正意义上的"双师型教师"团队的培养尤其关键。而这样一些新的变化要求我们旅游科研工作者必须加强具有前瞻性和指导性的理论研究,以此使实践更有效,而这正是江苏高校哲学社会科学中研究基地——新时代应用型旅游人才研究中心和"酒店管理与数字化运营"国家级职业教育教师创新团队今后努力的研究方向。为此,我们的使命光荣却又艰巨,让我们一起努力。

图书在版编目（CIP）数据

新时代应用型旅游人才研究 / 周春林，操阳，邱平伟主编． -- 北京：旅游教育出版社，2024.5
ISBN 978-7-5637-4717-7

Ⅰ.①新… Ⅱ.①周… ②操… ③邱… Ⅲ.①旅游业－人才培养－研究－中国 Ⅳ.①F592

中国国家版本馆CIP数据核字(2024)第085578号

新时代应用型旅游人才研究

周春林　操　阳　邱平伟　主编

策　　划	李荣强
责任编辑	何　玲
出版单位	旅游教育出版社
地　　址	北京市朝阳区定福庄南里1号
邮　　编	100024
发行电话	（010）65778403　65728372　65767462（传真）
本社网址	www.tepcb.com
E - mail	tepfx@163.com
排版单位	北京旅教文化传播有限公司
印刷单位	天津雅泽印刷有限公司
经销单位	新华书店
开　　本	787毫米×1092毫米　1/16
印　　张	16.5
字　　数	262千字
版　　次	2024年5月第1版
印　　次	2024年5月第1次印刷
定　　价	68.00元

（图书如有装订差错请与发行部联系）